Berlitz®

Francês
guia de conversação

martins fontes
selo martins

© 2003, Berlitz Publishing/Apa Publications GmbH & Co. Verlag KG, Singapore Branch, Singapore

Berlitz Trademark Reg. U.S. Patent Office and other countries. Marca Registrada.
Used under license.

Todos os direitos reservados. É proibido reproduzir esta obra, sem autorização prévia,
ainda que parcialmente, copiá-la ou retransmiti-la por qualquer meio, seja eletrônico
seja mecânico (fotocópia, microfilme, registro sonoro ou visual, banco de dados
ou qualquer outro sistema de reprodução ou transmissão).

© 2007, Livraria Martins Fontes Editora Ltda., São Paulo, para a presente edição.

Tradução
Mariana Nunes Ribeiro Echalar

Produção editorial
Pólen Editorial

Preparação de texto
Lizandra M. Almeida

Transcrição fonética
Laurence Leclercq

Revisão
Adriana Oliveira e Edméa G. Neiva

Produção Gráfica
Demetrio Zanin

Dados Internacionais de Catalogação na Publicação (CIP)
(Câmara Brasileira do Livro, SP, Brasil)

Guia de conversação : francês / Berlitz ; [tradução Mariana Nunes
Ribeiro Echalar] . — São Paulo : Martins, 2007. — (Série Guias de
conversação)

Título original : Berlitz phrase book & dictionary : french
ISBN 978-85-99102-47-3

1. Francês - Vocabulários e manuais de conversação -
Português 2. Português - vocabulários e manuais de conversação
- Francês I. Série.

07-1083   CDD-443.69

Índices para catálogo sistemático:
1. Guia de conversação francês-português :
Lingüística 443.69
2. Guia de conversação português-francês :
Lingüística 443.69

Todos os direitos desta edição reservados à **Martins Editora Livraria Ltda**.
Av. Dr. Arnaldo, 2076
01255-000 São Paulo SP Brasil
Tel.: (11) 3116 0000
info@martinseditora.com.br
www.martinsmartinsfontes.com.br

1ª edição Março de 2007 | **3ª reimpressão** Março de 2012
Diagramação Pólen Editorial | **Fonte** Palatino
Papel Offset 75g/m² | **Impressão e acabamento** Yangraf

Sumário

Pronúncia — 6

Expressões Básicas — 10

- Saudações/Desculpas — 10
- Dificuldades comunicativas — 11
- Perguntas — 12
  - Onde? — 12
  - Quando? — 13
  - Que tipo de...? — 14
  - Quanto? — 15
  - Por quê? — 15
  - De quem? — 16
  - Como?/Há (Tem)...? — 16
  - Pode/posso? — 16
  - O que gostaria? — 17
  - Quem?/Quais? — 18
  - Outras palavras úteis — 19
- Exclamações — 19

Hospedagem — 20

- Reservas — 21
- Recepção — 22
- Problemas — 25
- Especificações — 26
- Aluguel — 28
- Albergues da juventude — 29
- Camping — 30
- Saída — 32

Comer fora — 33

- Restaurantes — 33
- Cozinha francesa — 34
- Buscando um lugar para comer — 35
- Reservando uma mesa — 36
- Fazendo o pedido — 37
- Pratos rápidos/Café — 40
- Reclamações — 41
- Pagamento — 42
- Prato a prato — 43
  - Café-da-manhã — 43
  - Aperitivos/Entradas — 43
  - Sopas — 44
  - Peixes e frutos do mar — 45
  - Carne — 45
  - Legumes/Verduras — 47
  - Queijo — 48
  - Sobremesas — 48
- Bebidas — 49
  - Bebidas não-alcoólicas — 51
- Leitura do menu — 52

VIAGEM 65

Segurança	65	Pedindo carona	83
Chegada	65	Táxi	83
Avião	68	Carro	84
Trem	72	Aluguel de carros	86
Ônibus de viagem	78	Posto de gasolina	87
Ônibus	78	Falha do motor	90
Metrô	80	Acidentes	92
Balsa ou ferry boat	81	Perguntando endereços	94
Bicicleta/Moto	82	Sinais de trânsito	96

PONTOS TURÍSTICOS 97

Posto de informação turística	97	Impressões	101
		Vocabulário do turista	102
Excursões	98	O quê?/Quando?	103
Locais	99	Fora da cidade	106
Horário de funcionamento	100		

LAZER 108

Entradas	109	Vida noturna	112
Cinema	110	Crianças	113
Teatro	110	Esportes	114
Ópera/Balé/Dança	111	Na praia	116
Música/Show	111	Estações de esqui	117

FAZENDO AMIGOS 118

Apresentações	118	Aproveitando a viagem	123
De onde você é?	119	Convites	124
Com quem você está?	120	Encontros	126
O que você faz?	121	Telefonemas	127

LOJAS E SERVIÇOS — **129**

Serviços 131	Joalheria 148
Horários 131	Banca de jornal 149
Pagamento 135	Fotografia 150
Reclamações 136	Polícia 151
Reparos/Limpeza 136	Objetos perdidos/
Banco/Conversão	Roubados 152
de moeda 137	Correios 153
Farmácia 139	Suvenires 155
Vestuário 142	Supermercado 157
Saúde e beleza 146	Conversões 160
Artigos para casa 147	

SAÚDE — **161**

Doutor (geral) 161	Hospital 166
Acidentes e ferimentos 162	Oculista 166
Sintomas 162	Dentista 167
Partes do corpo 163	Pagamento e
Perguntas do médico 164	Plano de Saúde 167
Ginecologista 166	

DICIONÁRIO PORTUGUÊS–FRANCÊS — **168**

DICIONÁRIO FRANCÊS–PORTUGUÊS — **200**

REFERÊNCIA — **215**

Gramática 215	Saudações 221
Números 219	Feriados 221
Dias/Meses/Datas 220	Hora 222
Estações do Ano 221	Mapa 224

Pronúncia

Esta seção foi criada para familiarizá-lo com os sons do francês. Você encontrará a pronúncia das letras e sons do francês explicadas abaixo, ao lado de seus equivalentes "imitados". Simplesmente leia a pronúncia como se fosse português, notando as regras e caracteres especiais a seguir.

A língua francesa

Aqui estão os países onde o francês é falado (os números são aproximados):

La France França
O francês é falado por quase toda a população (56 milhões). Outras línguas podem ser empregadas ocasionalmente: provençal (no sudeste), bretão (na Bretanha), alsácio (dialeto alemão falado na Alsácia-Lorena), corso (dialeto italiano da Córsega) e catalão e basco (na fronteira com a Espanha).

La Belgique Bélgica
O francês é uma das línguas oficiais; é compreendido em todo lugar e tem 3,5 milhões de falantes nativos. O flamengo tem 4,5 milhões de falantes nativos e 1 milhão de bilíngües.

Le Luxembourg Luxemburgo
O francês é a língua oficial. Outras línguas: alemão e às vezes luxemburguês.

La Suisse Suíça
O francês é uma das línguas nacionais; 20% da população é falante nativa. Outras línguas: alemão no norte e leste, italiano no sul e raramente o romanche.

Le Canada Canadá
O francês é uma das línguas oficiais, ao lado do inglês. Há 7 milhões de falantes, especialmente em Quebec.

L'Afrique África
O francês é a língua oficial (ou uma delas) em: Benin, Burkina Faso, Burundi, Camarões, Chade, Congo, Gabão, Guiné, Costa do Marfim, Madagascar, Nigéria, República Centro-Africana, Ruanda, Senegal, Togo e Zaire. É falado em vários níveis, ao lado das línguas nativas. Também é ouvido na Argélia, em Marrocos e na Tunísia.

Les Antilles Françaises Antilhas Francesas
São as ilhas do Caribe de Guadalupe e Martinica. Outras línguas: creole francês, inglês. O francês também é a língua oficial do Haiti.

O alfabeto francês é o mesmo do português, incluindo o **k** e o **y**. A letra **w** aparece apenas em palavras estrangeiras. Também usa vários acentos: grave (`), agudo ( ), circunflexo (^), trema (¨) e o cê-cedilha (**ç**).

A influência francesa no Brasil com a colonização de alguns estados e o intercâmbio nos séculos XIX e início do XX fez com que várias palavras do francês fossem incorporadas. Mas atenção para os falsos cognatos, que não significam o que você pensa.

CONSOANTES

Letra	Pronúncia aproximada	Símbolo	Exemplo	Pronúncia
ch	como *ch* de *ch*ato	ch	**chercher**	ché<u>rr</u><u>ch</u>ê
g	1) antes de **e, i, y** como *j* de *j*á	j	**manger**	mãj<u>ê</u>
	2) antes de **a, o, u** como *g* de *g*arota	g	**garçon**	garr<u>ss</u>õ
gn	como o *nh* em ba*nh*o	nh	**ligne**	linh
gu	como em *gu*aroto	gh	**guide**	ghid
qu	como *q* em *qu*em	k	**qui**	ki
r	como *r* de *r*azão	rr	**garage**	ga<u>rr</u>a<u>j</u>
s	1) entre duas vogais, como em ca*s*a	z	**chose**	chôz
	2) como em *s*al	s	**sel**	sél
t	na sílaba final *-tion* tem som de *s*	s	**portion**	porr<u>s</u>iõ
w	1) como o *v* de *v*ocê	v	**wagon**	vagõ
	2) como o *u* de Ma*u*á	u	**week-end**	ui<u>kénd</u>
x	1) como em tá*x*i	ks	**mixte**	mikst
	2) às vezes como *s* em *s*ó	s/ss	**soixante**	sua<u>ss</u>ã̄t

VOGAIS

a, à ou â	como em ca*t*ar	a / á	**Paris**	pa<u>rr</u>i
é	como em você	ê	**café**	ka<u>fê</u>
è, ê	como em café	é	**forêt**	forré
e	1) antes de 2 consoantes: *é*	é	**terre**	térr
	2) senão quase não pronunciado parecido com *a* de por*t*a	ø	**je**	jø
i, î	como em r*i*so	i / í	**il**	il
o	1) só ou no final na palavra como *ô* de av*ô*	ô	**trop**	trrô
	2) senão como em av*ó*	ó	**corps**	kórr
ô	como em av*ô*	ô	**tôt**	tô
u	um *i* pronunciado com os lábios arredondados	û	**une**	ûnn
y	1) como *i* de r*i*so	i	**rythme**	rritm
	2) como em Paragua*i*	y	**voyage**	vua<u>yaj</u>

As letras **b, c, ç, d, f, h, j, m, n, p, t, v, z** se pronunciam como em português. (Cuidado com a combinação **te** e **de**, para não falar a *tchi*, *dji*). Quando o som **s**, na transcrição, está entre 2 vogais, dobramos essa letra **s**. As combinações com som **ém** ou **én** no final da palavra foram transcritas da seguinte forma: *émm*, *énn*, pois o som não é nasalizado. Quando o **a**, ou o **i**, vem depois do **u** ou **û** as duas letras são pronunciadas normalmente e por isso foram transcritas com acento (*á* ou *í*).

SONS PRONUNCIADOS COM DUAS OU MAIS LETRAS

ai, ay, ey	como em vo*cê*	ê	**j ai**	jê	
aient, ais, ait, aî, ei	como em caf*é*	é	**mais**	mé	
(e)au	como *ô* de av*ô*	ô	**nouveau**	nuvô	
eu, oeu	1) como *ê* de m*ês* com os lábios aredondados	ö	**peu**	pö	
	2) um pouco mais aberto	œ	**heure**	œrr	
euil, euille	som de *eu* (caso 2) com *i*	œy	**feuille**	fœy	
ail, aille	como em paragu*ai*	ay	**taille**	tay	
oi, oy	como em *ua* de Ma*uá*	ua/uá	**moi**	muá	
ou, oû	como em t*u*	u	**nouveau**	nuvô	
ui	som de *û* mais *i*	ûi / üí	**puis-je**	pûíj	

SONS NASAIS

O francês contém vogais nasais, que são transcritas foneticamente com o uso do *til*. Esse som não deve ser pronunciado com ênfase, mas é incluído para mostrar a qualidade nasal da vogal. A vogal nasal é pronunciada simultaneamente na boca e no nariz.

am, an, em, en	como *ã* de ma*çã* com os lábios um pouco arredondados	ã	**enfant**	ãfã
ien	mais ou menos como o *ã* de ma*çã*, com *i* na frente	ẽ	**bien**	biẽ
im, in, aim, ain, eim, ein, um, un	o mesmo som sem *i* na frente	ẽ	**rein**	rẽ

oin	o mesmo som com *u* na frente	uẽ	**loin**	luẽ?
om, on	como em português	õ	**maison**	mê<u>zõ</u>

LIGAÇÕES

Normalmente, as consoantes finais das palavras não são pronunciadas no francês. Porém, quando uma palavra que termina em consoante é seguida de uma que começa com vogal, muitas vezes são pronunciadas juntas, e a consoante é falada como se fosse o início da palavra seguinte. Exemplos:

nous	*nu*
nous avons un enfant	*nu za<u>võ</u> zẽ nã<u>fã</u>*
comment	*ko<u>mã</u>*
comment allez-vous?	*ko<u>mã</u> ta<u>lê</u> vu*

SÍLABA TÔNICA

O francês não tem sílabas tônicas muito acentuadas, mas a tendência é acentuar levemente a última vogal pronunciada, com exceção do **e** mudo. Para indicar a tônica, foi sublinhada a sílaba um pouco mais acentuada.

PRONÚNCIA DO ALFABETO FRANCÊS

A	*a*	**J**	*ji*	**S**	*és*
B	*bê*	**K**	*ka*	**T**	*tê*
C	*sê*	**L**	*él*	**U**	*û*
D	*dê*	**M**	*émm*	**V**	*vê*
E	*ø*	**N**	*énn*	**W**	*dubl vê*
F	*éf*	**O**	*ô*	**X**	*iks*
G	*jê*	**P**	*pê*	**Y**	*i grrék*
H	*ach*	**Q**	*kû*	**Z**	*zéd*
I	*i*	**R**	*érr*		

Expressões Básicas

Saudações/Desculpas

ESSENCIAL	
Sim.	**Oui.** *uí*
Não.	**Non.** *nõ*
OK.	**D'accord.** *dakórr*
Muito bem.	**Très bien.** *trré biẽ*
Por favor.	**S'il vous plaît.** *sil vu plé*
(Muito) obrigado(a)	**Merci (beaucoup).** *mérrsi (bôku)*
De nada.	**De rien.** *dø rriẽ*

Oi!/Olá!	**Bonjour!/Salut!** *bõjurr!/salû*
Bom-dia/Boa tarde.	**Bonjour.** *bõjurr.*
Boa-noite (ao chegar).	**Bonsoir.** *bõssuarr.*
Boa-noite (ao sair).	**Bonne nuit.** *bónn nûî.*
Até logo/Tchau.	**Au revoir.** *ô røvuarr*
Com licença/Desculpe (por favor).	**Excusez-moi, (s'il vous plaît)!** *ékskûzê muá/sil vu plé.*
Desculpe!/Perdão!	**Excusez-moi!/Pardon!** *ékskûzê muá/parrdõ*
Perdão!/Sinto muito!	**Pardon!/Désolé(e)!** *parrdõ !/dêzolê*
Não foi de propósito.	**Je ne l'ai pas fait exprès.** *jø nø lê pa fé exprré*
Por favor/Não seja por isso.	**Je vous en prie.** *jø vu zã prri*
Não foi nada.	**Ça ne fait rien.** *sa nø fé rriẽ*

DIFICULDADES DE COMUNICAÇÃO

Você fala português?	**Parlez-vous portugais?**	
	parrlê vu pórtûghé	
Alguém aqui fala português?	**Y a-t-il quelqu'un ici qui parle portugais?**	
	i a til kélkē issi ki parrl pórtûghé	
Poderia falar mais devagar?	**Pourriez-vous parler plus lentement?**	
	purriê vu parrlê plû lãtømã	
Poderia repetir?	**Pourriez-vous répéter ça?**	
	purriê vu rrêpêtê	
Perdão? O que você disse?	**Pardon?/Qu'avez-vous dit?**	
	parrdõ/kavê vu di	
Poderia soletrar?	**Pourriez-vous l'épeler?**	
	purriê vu lêpølê	
Poderia escrever isso, por favor?	**Pourriez-vous l'écrire, s'il vous plaît?**	
	purriê vu lêkrrirr, sil vu plé	
Poderia traduzir para mim?	**Pourriez-vous me traduire ça?**	
	purriê vu mø trradûirr sa	
O que quer dizer isso?	**Qu'est-ce que ça veut dire?**	
	kés kø sa vö dir	
Poderia me mostrar a expressão no livro?	**Pourriez-vous me montrer l'expression dans le livre?** *purriê vu mø mõtrrê lexprressiõ dã lø livrr*	
Eu (não) compreendo.	**Je (ne) comprends (pas).**	
	jø nø kõprrã pa	
Você me compreende?	**(Est-ce que) vous comprenez?**	
	(ésk) vu mø kõprrønê	

EXPRESSÕES BÁSICAS

NA RUA

Bonjour! Ça va? *bõjurr! sa va?* *(Olá! Como vai?)*
Très bien, merci. Et vous? *trré biã, mérrsi. ê vu o*
(Muito bem, obrigado(a). E você?)
Très bien, merci. *trré biã, mérrsi* *(Muito bem, obrigado(a).)*

11

PERGUNTAS
Onde?

Onde é?	**Où est-ce?** *u és*
Aonde você vai?	**Où allez-vous?** *u alê vu*
ao ponto de encontro	**au point de rendez-vous** *ô puẽ dø rrãdêvu*
na frente do mercado	**en face du marché** *ã fas dû marrchê*
longe de mim	**loin de moi** *luẽ dø muá*
embaixo	**en bas** *ã ba*
do Brasil	**du Brésil** *dû brêsil*
aqui	**ici** *issi*
no carro	**dans la voiture** *dã la vuatûrr*
na França	**en France** *ã frãs*
dentro	**à l'intérieur** *a lẽtêrrioerr*
perto do banco	**près de la banque** *prré dø la bãk*
ao lado das maçãs	**à côté des pommes** *a kotê dê pómm*
à esquerda/à direita	**à gauche/à droite** *a gôch/a drruat*
lá	**là-bas** *la ba*
no hotel	**à l'hôtel** *a lôtél*
para/na direção de Paris	**vers Paris** *ver parri*
na frente do café	**devant le café** *devã lø kafé*
até o semáforo	**jusqu'aux feux** *jûskó fö*
em cima	**en haut** *ã ô*

Quando?

Quando o museu abre?	**Quand le musée est-il ouvert?**	*kã lø mûzé é til uvérr*
A que horas chega o trem?	**À quelle heure arrive le train?**	*a kél œrr arriv lø trrẽ*
depois do almoço	**après le déjeuner**	*aprré lø dêjœnê*
sempre	**toujours**	*tujurr*
por volta da meia-noite	**vers minuit**	*vérr minûí*
às 7 horas	**à sept heures**	*a sét œrr*
antes de sexta-feira	**avant vendredi**	*avã vãdrødi*
para amanhã	**pour demain**	*purr dømẽ*
cedo/de manhã cedo	**tôt/de bonne heure**	*tô/dø bónn œrr*
toda semana	**chaque semaine**	*chak søménn*
durante duas horas	**pendant deux heures**	*pãdã dö zœrr*
das 9 às 18 horas	**de neuf heures à dix-huit heures**	*dø növ œrr a dizûît œrr*
imediatamente	**tout de suite**	*tu dø sûit*
em 20 minutos	**dans vingt minutes**	*dã vã minût*
nunca	**jamais**	*jamé*
ainda não	**pas encore**	*pa zãkórr*
agora	**maintenant**	*mẽtønã*
freqüentemente	**souvent**	*suvã*
em 8 de março	**le huit mars**	*lø ûí marrs*
durante a semana	**pendant la semaine**	*pãdã la søménn*
às vezes	**quelquefois**	*kélkøfuá*
logo	**bientôt**	*biẽtô*
então/em seguida/depois	**alors/ensuite/puis**	*alórr/ãssûît/pûí*
em 2 dias	**en deux jours**	*ã dö jurr*
há 10 minutos	**il y a dix minutes**	*il i a di minût*

Que tipo de…?

Eu queria algo…	**Je voudrais quelque chose de…** *jø vu<u>drré</u> kélk chôz dø*
É/Está…	**C'est…** *sé…*
bonito(a)/feio(a)	**beau (belle)/laid(e)** *bô (bél)/lé(d)*
melhor/pior	**mieux/pire** *miö/pirr*
grande/pequeno(a)	**grand(e)/petit(e)** *grrã́/pø<u>ti</u>*
barato(a)/caro(a)	**bon marché/cher** *bõ marrchê/chérr*
limpo(a)/sujo(a)	**propre/sale** *prróprr/sal*
escuro(a)/claro(a)	**foncé/clair(e)** *fõssé/klérr*
delicioso(a)/repulsivo(a)	**délicieux(-ieuse)/dégoûtant(e)** *dêl<u>iciö</u> (-ciöz)/dêgutã́(t)*
fácil/difícil	**facile/difficile** *fassil/difissil*
vazio(a)/cheio(a)	**vide/plein** *vid/plẽ (plén)*
bom(boa)/ruim	**bon(ne)/mauvais(e)** *bõ (bónn)/mové(z)*
pesado(a)/leve	**lourd(e)/léger(-ère)** *lur/lêgê (-érr)*
quente/frio(a)	**chaud(e)/froid(e)** *chô(d)/frruá(d)*
moderno(a)/fora de moda	**moderne/démodé(e)** *mo<u>dérrn</u>/dêmo<u>dê</u>*
apertado(a)/largo(a)	**étroit(e)/large** *ê<u>trruá</u>(t)/larrj*
velho(a)/novo(a)	**vieux (vieille)/neuf (neuve)** *viö (viéy)/nœf (nœv)*
aberto(a)/fechado(a)	**ouvert(e)/fermé(e)** *u<u>vérr</u> (t)/ferr<u>mê</u>*
agradável, bonito(a)/ desagradável	**agréable, beau (belle)/désagréable** *agrrê<u>abl</u>, bô (bel)/dêzagrrê<u>abl</u>*
rápido(a)/lento(a)	**rapide/lent(e)** *rra<u>pid</u>/lã(t)*
silencioso(a)/barulhento(a)	**silencieux(-ieuse)/bruyant(e)** *silãss<u>iö</u>(z)/brûí<u>yã</u>(t)*

certo(a)/errado(a)	**juste/faux (fausse)** *jûst/fô (fôs)*
grande/pequeno(a)	**grand(e)/petit(e)** *grrã(d)/pøti(t)*
livre/ocupado(a)	**libre/occupé(e)** *librr/okûpê*
jovem/velho(a)	**jeune/vieux (vieille)** *jœnn/viö (viéy)*

Quanto?

Quanto custa?	**C'est combien?** *sé kõbiẽ*
Quantos são?	**Combien y en a-t-il?** *kõbiẽ i ã natil*
1/2/3	**un/deux/trois** *ẽ/dö/truá*
4/5	**quatre/cinq** *katrr/sẽk*
nenhum(a)	**aucun(e)** *ôkẽ*
cerca de 20 euros	**environ vingt euros** *ãvirrõ vẽ törrô*
um pouco	**un peu** *ẽ pö*
muito tráfego	**beaucoup de circulation** *bôku dø sirrkûlassiõ*
bastante/suficiente	**assez** *assê*
alguns/alguns dele(a)s	**quelques/quelques-un(e)s** *kélk/kélk zẽ (zûnn)*
mais que isso	**plus que ça** *plûs kø sa*
menos que isso	**moins que ça** *muẽ kø sa*
muito mais	**beaucoup plus** *bôku plûs*
nada mais	**rien d'autre** *rriẽ dôtrr*
demais	**trop** *trrô*

Por quê?

Por quê?	**Pourquoi?** *purrkuá*
Por que não?	**Pourquoi pas?** *purrkuá pa*
por causa do tempo	**à cause du temps** *a kôz dû tã*
porque estou com pressa	**parce que je suis pressé(e)** *parrsk jø sûí prrêssê*
Não sei por quê.	**Je ne sais pas pourquoi.** *jø nø sé pa purrkuá*

Como?

Como quer pagar?	**Comment voulez-vous payer?** *komã vulê vu payê*	
com cartão de crédito	**avec une carte de crédit** *avék ûnn karrt dø krrêdi*	
Como você vai?	**Comment y allez-vous?** *komã ti alê vu*	
de carro	**en voiture** *ã vuatûrr*	
por acaso	**par hasard** *par azarr*	
igualmente	**également** *êgalømã*	
extremamente	**extrêmement** *ékstrrémømã*	
a pé	**à pied** *a piê*	
depressa/rapidamente	**vite/rapidement** *vit/rrapidømã*	
devagar/lentamente	**lentement** *lãtømã*	
muito depressa	**trop vite** *trrô vit*	
totalmente	**totalement** *totalømã*	
muito	**très** *trré*	
com um(a) amigo(a)	**avec un(e) ami(e)** *avék ẽ(û) nami*	
sem passaporte	**sans passeport** *sã paspórr*	

Há…?/Está…?

Está…?	**(Est-ce que) c'est …?** *(ésk) sé*
Está livre?	**C'est libre?** *sé librr*
Não está pronto.	**Ce n'est pas prêt.** *sø né pa prré*
Há…?	**Y a-t-il …?** *i a til*
Há algum ônibus para ir à cidade?	**Y a-t-il des bus pour aller en ville?** *i a til dê bûs pur alê ã vil*
Aqui está/estão.	**Le/Les voici.** *lø (lê) vuassi*
Lá está/estão.	**Le/Les voilà.** *lø (lê) vualá*

Posso…?

Eu posso…?	**Est-ce que je peux avoir …?** *ésk jø pö avuar*
Nós podemos…?	**Est-ce que nous pouvons avoir …?** *ésk nu puvõ avuar*

Pode me dizer…?	**Pouvez-vous me dire …?** *pu<u>vê</u> vu mø dirr*
Pode me ajudar?	**Pouvez-vous m'aider?** *pu<u>vê</u> vu mê<u>dê</u>*
Posso ajudar você?	**Est-ce que je peux vous aider?** *ésk jø pö vu zê<u>dê</u>*
Pode me indicar o caminho para…?	**Pouvez-vous m'indiquer le chemin pour …?** *pu<u>vê</u> vu mẽdi<u>kê</u> lø chø<u>mẽ</u> purr*
Não posso.	**Je ne peux pas.** *jø nø pö pa*

O que gostaria?

Eu queria...	**Je voudrais …** *jø vu<u>drr</u>é*
Eu poderia...?	**Est-ce que je pourrais avoir …?** *ésk jø pu<u>rré</u> avuarr*
Nós queríamos...	**Nous voudrions …** *nu vudrri<u>õ</u>*
Dê-me…	**Donnez-moi …** *do<u>nê</u> muá*
Estou procurando...	**Je cherche …** *jø chérrch*
Eu preciso…	**Je dois …** *jø duá*
ir…	**aller …** *a<u>lê</u>*
encontrar…	**trouver …** *trru<u>vê</u>*
ver…	**voir …** *vuarr*
falar com…	**parler à …** *parr<u>lê</u> a*

EM UMA LOJA

Comment voulez-vous payer? *ko<u>mã</u> vu<u>lê</u> vu pa<u>yê</u>*
(Como quer pagar?)
En liquide, s'il vous plaît. *ã li<u>kid</u>, sil vu plé*
(Em dinheiro, por favor.)

EXPRESSÕES BÁSICAS

Quem?/Qual?

Quem está aí?	**Qui est là?**	ki é la
Sou eu!	**C'est moi!**	sé muá
Somos nós!	**C'est nous!**	sé nu
alguém	**quelqu'un**	kélkẽ
ninguém	**personne**	pérr<u>s</u>ónn
Qual você quer?	**Lequel voulez-vous?** løk<u>é</u>l vulê vu	
um igual a esse	**un(e) comme ceci** ẽ (ûnn) kómm sø<u>ss</u>i	
aquele/este	**celui-là/celui-ci** sø<u>lû</u>í la/sø<u>lû</u>í si	
aquele não	**pas celui-là** pa se<u>lû</u>í la	
alguma coisa	**quelque chose** kélk chôz	
nada	**rien** rriẽ	
nenhum	**aucun** ôk<u>ẽ</u>	

De quem?

De quem é isso?	**À qui est-ce?**	a ki és
É...	**C'est ...**	sé
meu/nosso/seu	**à moi/à nous/à vous** a muá/a nu/a vu	
dele/dela/deles	**à lui/à elle/à eux** a lûí/a él/a ö	
É... vez.	**C'est ... tour.**	sé... turr
minha/nossa/sua	**mon/notre/votre** mõ/nótr/vótrr	
dele/dela/deles	**son/son/leur** sõ/sõ/lœrr	

EM UMA LOJA

Quand les magasins sont-ils ouverts? kã lê maga<u>z</u>ẽ sõ til u<u>v</u>érr *(A que horas as lojas abrem?)*
À neuf heures. a növ œrr *(Às 9 horas.)*
Merci. mérr<u>s</u>i *(Obrigado.)*

Outras palavras úteis

felizmente	**heureusement**	*örrözømã*
esperamos que sim	**en espérant ...**	*ã nesperrã*
é claro	**bien sûr**	*biẽ sûrr*
talvez	**peut-être**	*pö tétrr*
provavelmente	**probablement**	*probablømã*
infelizmente	**malheureusement**	*malörrözømã*

Exclamações

Finalmente!	**Enfin!**	*ãfẽ*
Vá em frente.	**Continuez.**	*kõtinûê*
Droga!	**Zut!**	*zût*
Meu Deus!	**Mon Dieu!**	*mõ diö*
Não me importa.	**Ça ne me fait rien.**	*sa nø fé rriẽ*
Nem pensar!/Impossível!	**Pas question!/Pas possible!**	*pa késtiõ !/pa possibl*
É mesmo?/Verdade?	**Ah bon?/Vraiment?**	*a bõ ?/vrrêmã*
Que besteira!	**Quelle bêtise!**	*kél bêtiz*
Já chega!	**Ça suffit!**	*sa sûfi*
É verdade.	**C'est vrai.**	*sé vrré*
Como vai?	**Comment ça va?**	*komã sa va*
Bem, obrigado.	**Bien, merci.**	*biẽ, mérrsi*
legal	**super**	*sûpérr*
formidável	**formidable**	*fórrmidabl*
muito bem	**très bien**	*trré biẽ*
nada mal	**pas mal**	*pa biẽ*
tudo bem	**ça va**	*sa va*
nada bem	**pas bien**	*pa biẽ*
bem mal	**plutôt mal**	*plûtô mal*
(tudo) péssimo	**(ça ne va) pas du tout**	*(sa nø va) pa dû tu*

HOSPEDAGEM

Todos os tipos de acomodações, de hotéis a *campings*, podem ser encontrados por meio do centro de informação ao turista (**Office du Tourisme** ou **Syndicat d'Initiative**).

Hôtels ô*tél*
Em geral chamados de **hôtels** ou **hôtels de tourisme**, os hotéis na França são oficialmente classificados em quatro categorias, variando da acomodação básica de uma estrela ao luxuoso hotel quatro estrelas. As diárias, fixadas de acordo com as facilidades disponíveis, o tamanho do quarto e o número de estrelas do hotel, devem estar em local visível na recepção e atrás da porta dos quartos. A maioria dos hotéis oferece café-da-manhã (raramente incluído no preço da diária, a menos que seja especificado), mas nem todos têm restaurante. **Hôtel garni** significa quarto com café-da-manhã.

Châteaux-Hôtels de France *chatô ôtel de frrãs*
Os hotéis que pertencem a essa associação são hotéis de quatro estrelas, em geral **châteaux** (castelos) reformados. Costumam ser caros, mas oferecem serviço de altíssima qualidade. Os centros de informação ao turista mantêm uma lista desses estabelecimentos.

Logis de France *lôji de frrãs*
Essa organização voluntária enfatiza a acolhida calorosa, o conforto, a boa comida regional e a melhor relação custo/benefício. Em geral esses hotéis estão localizados fora das cidades e têm ambiente descontraído. São classificados em quatro níveis, de uma a quatro **cheminées** (chaminés). Uma lista pode ser obtida no centro de informação ao turista.

Auberges *ôbérrj*
Esses albergues campestres costumam ser pequenos e oferecem acomodações simples e econômicas. Alguns têm restaurantes muito bons e com freqüência estão situados em locais agradáveis.

Gîtes de France *jit de frrãs*
Gîtes são chalés ou apartamentos em áreas rurais, alugados com mobília para temporadas.

Auberges de jeunesse *ôbérrj dø jønés*
Os albergues da juventude exigem que você mostre seu cartão de associado, mas em geral é possível obtê-lo no local. Algumas associações de estudantes oferecem alojamentos na alta temporada.

RESERVAS

Pode me recomendar
um hotel em...?
**Pouvez-vous me recommander un hôtel
à ...?** *pu<u>vê</u> vu mø rrøkomā<u>dê</u> ẽ nô<u>tél</u> a*

É perto do centro
da cidade?
Est-ce près du centre-ville?
sé pré dû sātrr vil

Quanto é por noite?
C'est combien par nuit?
sé kõb<u>iē</u> parr nûî

Há algum mais barato?
Y a-t-il quelque chose de moins cher?
i a til kélk chôz dø muẽ chérr

Poderia me reservar
um quarto, por favor?
**Pourriez-vous m'y réserver une chambre,
s'il vous plaît?** *purriẽ vu mi rrêsérr<u>vê</u>
ûnn chãbrr, sil vu plé*

No hotel

Você tem quartos livres?
Avez-vous des chambres libres?
a<u>vê</u> vu dê chãbrr librr

Lamento, o hotel
está lotado.
Je regrette, l'hôtel est complet.
jø rrøgrét, lô<u>tél</u> é kõplé

Há um outro hotel
perto daqui?
Y a-t-il un autre hôtel près d'ici?
i a til ẽ nôtrr ô<u>tél</u> pré dissi

Eu queria um quarto
com uma cama/para
duas pessoas.
**Je voudrais une chambre à un
lit/chambre pour deux personnes.**
*jø vu<u>drré</u> ûnn chãbrr a ẽ li/
chãbrr purr dö perr<u>sónn</u>*

Eu queria um quarto com...
Je voudrais une chambre avec ...
jø vu<u>drré</u> ûnn chãbrr a<u>vék</u>

banheiro/chuveiro
salle de bains/douche *sal dø bẽ/duch*

H
O
S
P
E
D
A
G
E
M

NA RECEPÇÃO DO HOTEL

Avez-vous des chambres libres? *a<u>vê</u> vu dê chãbrr librr*
(Você tem quartos vagos?)
Je regrette. L'hôtel est complet. *jø rrøgrrét. lô<u>tél</u> é kõplé*
(Lamento, o hotel está lotado.)
Merci, madame/monsieur. *mérrsi ma<u>damm</u>/møssiö*
(Obrigado, senhora/senhor.)

21

Recepção

Eu fiz reserva. Meu nome é...	**J'ai réservé. Je m'appelle ...** jê rrêzérrvê. jø mapél
Nós reservamos quarto duplo e um simples.	**Nous avons réservé une chambre pour deux personnes et une chambre à un lit.** nu zavõ rrêzérrvê ûnn chãbrr purr dö perrsónn ê ûnn chãbrr a ê li
Eu confirmei por carta.	**J'ai confirmé par lettre.** jê cõfirrmê par létrr
Pode nos dar quartos contíguos?	**Pourrions-nous avoir des chambres côte à côte?** purriõ nu avuarr dê chãbrr kôtakôt

Serviços e instalações

Há... no quarto?	**Y a-t-il ... dans la chambre?** i a til... dã la chãbrr
ar-condicionado	**la climatisation** la klimatizassiõ
TV/telefone/fax	**la télévision/le téléphone/le fax** la têlêviziõ/le têlêfónn/le fax
Há... no hotel?	**Y a-t-il ... à l'hôtel?** i a til... a lôtel
TV a cabo	**la télévision par câble** la têlêviziõ par kabl
serviço de lavanderia	**un service de nettoyage** ẽ serrvis dø nêtuayaj
solário	**un solarium** ã solarriómm
piscina	**une piscine** ûnn pissinn
Você poderia colocar... no quarto?	**Pourriez-vous mettre ... dans la chambre?** purriê vu métrr... dã la chãbrr
mais uma cama	**un lit supplémentaire** ẽ li sûplêmãtérr
um berço	**un lit d'enfant** ẽ li dãfã
Há acesso para crianças/deficientes?	**Y a-t-il des aménagements pour enfants/handicapés?** i a til dê zamênajømã pur zãfã/ãdikapê?

Quanto tempo?

Nós ficaremos...	**Nous resterons ...**	*nu réstørrõ*
somente uma noite	**une nuit seulement**	*ûnn nuí sœlømã*
alguns dias	**quelques jours**	*kélk jurr*
uma semana (pelo menos)	**une semaine (au moins)**	*ûnn søménn (ô muã)*
Eu queria ficar mais uma noite.	**Je voudrais rester une nuit supplémentaire.**	*jø vu<u>drr</u>ê rrés<u>tê</u> ûnn nuí sûplêma<u>térr</u>*

VOCÊ PODE VER

CHAMBRE SEULE … EUROS	quarto somente… euros
PETIT DÉJEUNER COMPRIS	com café-da-manhã
REPAS	refeições
NOM/PRÉNOM	sobrenome/nome
LIEU DE RÉSIDENCE/RUE/NUMÉRO	local de residência/rua/número
NATIONALITÉ/PROFESSION	nacionalidade/profissão
DATE/LIEU DE NAISSANCE	data/local de nascimento
NUMÉRO DE PASSEPORT	número do passaporte
NUMÉRO D'IMMATRICULATION DE LA VOITURE	número da placa do carro
LIEU/DATE	local/data
SIGNATURE	assinatura

VOCÊ PODE OUVIR

Est-ce que je peux voir votre passeport, s'il vous plaît?	Posso ver seu passaporte, por favor?
Pouvez-vous remplir cette fiche?	Pode preencher esta ficha?
Quel est votre numéro d'immatriculation?	Qual é o número da placa do seu carro?

Diárias

Quanto custa...?	**Combien coûte ...?**	*kõbiẽ kut*
por noite/por semana	**par nuit/semaine**	*parr nûí/par sœménn*
o quarto com café-da-manhã	**pour la chambre et le petit déjeuner** *purr la chãbrr ê lø pøti dêjœnê*	
sem as refeições	**sans les repas**	*sã lê rrøpa*
pensão completa	**pour la pension complète** *purr la pãssiõ kõplét*	
meia pensão	**pour la demi-pension** *purr la dømi pãssiõ*	
Isso inclui...?	**Est-ce-que cela comprend ...?** *ésk søla kõprrã*	
o café-da-manhã	**le petit déjeuner**	*lø pøti dêjönê*
os impostos [TVA]	**la T.V.A.**	*la tê vê a*
Preciso fazer um depósito?	**Dois-je verser des arrhes?** *duaj verrsê dê zarr*	
Há desconto para crianças?	**Y a-t-il une réduction pour enfants?** *i a til ûnn rrêdûksiõ purr ãfã*	

Decisão

Posso ver o quarto?	**Puis-je voir la chambre?** *pûíj vuarr la chãbrr*	
Está bem. Vou ficar com ele.	**C'est bien. Je la prends.** *sé biẽ. jø la prrã*	
Ele é muito...	**Elle est trop ...**	*él (il) é trrô*
escuro/pequeno	**sombre/petite**	*ssõbrr/pøtit*
barulhento	**bruyante**	*brruíyãt*
Você tem algum...?	**Avez-vous quelque chose de ...?** *avê vu kélk chôz dø*	
maior/mais barato	**plus grand/moins cher** *plû grrã/muẽ chérr*	
mais sossegado/mais quente	**plus calme/plus chaud**	*plû kalm/plû chô*
Não, não vou ficar com ele.	**Non, je ne la prends pas.** *nõ, jø nø la prrã pa.*	

Problemas

... não está funcionando.	**... ne marche pas.** *nø marrch pa*	
O ar-condicionado	**La climatisation** *la klimatizassiõ*	
O ventilador	**Le ventilateur** *lø vãtilatœrr*	
O aquecedor	**Le chauffage** *lø chôfaj*	
A luz	**La lumière** *la lûmiérr*	
Não consigo ligar/ desligar o aquecedor.	**Je ne peux pas allumer/éteindre le chauffage.** *jø nø pö pa alûmê / êtẽdrr lø chôfaj*	
Não há água quente/ papel higiênico.	**Il n'y a pas d'eau chaude/de papier toilette.** *il ni a pa dô chôd/dø papiê tualét*	
A torneira está pingando.	**Le robinet fuit.** *lø rrobinê fûí*	
A pia/o vaso está entupida(o).	**Le lavabo est bouché./Les toilettes sont bouchées.** *lø lavabô é buchê/ lê tualét sõ buchê*	
A janela/a porta está emperrada.	**La fenêtre/porte est coincée.** *la fønétrr/la pórrt é kuẽssê*	
Meu quarto não está arrumado.	**Ma chambre n'a pas été faite.** *ma chãbrr na pa zêtê fét*	
... está quebrado(a).	**... est cassé(e).** *é kassê*	
A persiana	**Le store** *lø stórr*	
A fechadura	**La serrure** *la sêrrûrr*	
Há insetos no nosso quarto.	**Il y a des insectes dans notre chambre.** *il i a dê zẽssekt dã nótrr chãbrr*	

Resoluções

Você poderia resolver isso?	**Pourriez-vous vous en occuper?** *purriê vu vu zã nokûpê*
Eu queria mudar de quarto.	**Je voudrais changer de chambre.** *jø vudrrê chãjê dø chãbrr*
Eu queria falar com o gerente.	**Je voudrais parler au directeur.** *jø vudrrê parrlê ô dirréktœr*

Requisitos

A corrente alternada de 220V e 50Hz é praticamente universal na França, na Bélgica e na Suíça, embora o 110V ainda possa ser encontrado, em especial nos prédios mais antigos.

Se quiser levar seus aparelhos elétricos, compre um plugue adaptador continental (pinos redondos, não chatos) antes de viajar. Talvez você também precise de um transformador adequado à voltagem do equipamento.

Sobre o hotel

Onde é...?	**Où est ...?**	*u é*
o bar	**le bar**	*lø barr*
o estacionamento	**le parking**	*lø parrking*
o salão de refeições	**la salle à manger**	*la sal a mãjê*
o elevador	**l'ascenseur**	*lassãssœrr*
o chuveiro	**la douche**	*la duch*
a piscina	**la piscine**	*lu plssinn*
o quadro de avisos da agência de viagens	**le tableau d'affichage de l'agence de voyages**	*lø tablô dafichaj dø lajãs dø vuayaj*
Onde é o banheiro?	**Où sont les toilettes?**	*u sõ lê tualét*
A que horas vocês fecham a porta de entrada?	**À quelle heure fermez-vous la porte d'entrée?**	*a kél œrr ferrmê vu la pórrt dãtrrê*
A que horas vocês servem o café-da-manhã?	**À quelle heure servez-vous le petit déjeuner?**	*a kél œrr serrvê vu lø pøti déjönê*
Há serviço de quarto?	**Y a-t-il un service de chambre?**	*i a til ã serrvis dø chãbrr*

VOCÊ PODE VER

COMPOSER LE ... POUR L'EXTÉRIEUR	disque... para ligações externas
NE PAS DÉRANGER	não perturbar
PORTE COUPE-FEU	porta corta-fogo
PRISE POUR RASOIRS	tomada para barbeador
SORTIE DE SECOURS	saída de emergência

NECESSIDADES PESSOAIS

A chave do quarto..., por favor.	**La clé de la chambre ..., s'il vous plaît.** la clê dø la chãbrr..., sil vu plé
Perdi minha chave.	**J'ai perdu ma clé.** jê pérrdû ma clê
Não consigo abrir a porta do meu quarto.	**Je ne peux plus ouvrir la porte de ma chambre.** jø nø pö plû uvrrirr la pórrt dø ma chãbrr
Poderia me acordar às..., por favor?	**Pourriez-vous me réveiller à ..., s'il vous plaît?** purriê vu me rrêvêyê a..., sil vu plé
Eu queria o café-da-manhã no quarto.	**Je voudrais le petit déjeuner dans ma chambre.** jø vudrré lø pøti dêjönê dã ma chãbrr
Posso deixar isso no cofre do hotel?	**Puis-je laisser ceci dans le coffre-fort de l'hôtel?** púíj lêssê søssi dã lø kófrr fórr lôtél
Posso pegar minhas coisas no cofre?	**Puis-je prendre mes affaires dans le coffre-fort?** púíj prãdrr mê zaférr dã lø kófrr fórr
Onde está o responsável pela nossa excursão?	**Où est le représentant de notre voyage organisé?** u é lø rrøprrêzãtã dø nótrr vuayaj orrganizê
a camareira	**la femme de chambre** la famm dø chãbrr
Poderia me dar mais...?	**Puis-je avoir... (supplémentaire)?** púíj avuarr... (sûplêmãtérr)
uma toalha de banho	**une serviette de bain** ûnn sérrviét dø bẽ
um cobertor	**une couverture** ûnn cuverrtûrr
cabides	**des cintres** dê sẽtrr
travesseiro	**un oreiller** ẽ norrêyê
sabonete	**du savon** dû savõ
Há correspondência para mim?	**Y a-t-il du courrier pour moi?** i a til du kurriê purr muá
Há mensagens para mim?	**Y a-t-il des messages pour moi?** i a til dê mêssaj purr muá

HOSPEDAGEM

Aluguel

Nós reservamos um apartamento/uma casa em nome de...	**Nous avons réservé un appartement/une maison au nom de...** nu zavõ rrêzérrvê ẽ naparrtømã/ûnn mêzõ ô nõ dø
Onde devemos pegar as chaves?	**Où devons-nous prendre les clés?** u døvõ nu prrãdrr lê clé
Onde é...?	**Où est...?** u é
o relógio de luz	**le compteur électrique** lø kõtœrr êléktrrik
a caixa de fusíveis	**la boîte à fusibles** la buat a fûzibl
o registro geral	**le robinet d'arrêt** lø rrobiné darré
o aquecedor de água	**le chauffe-eau** lø chôfô
Há... de reposição?	**Y a-t-il des... de rechange?** i a til dê... dø rrøchãj
fusíveis	**fusibles** fûzibl
botijões de gás	**bouteilles de gaz** butéy dø gaz
lençóis	**draps** drra
Que dia vem a faxineira?	**Quel jour vient la femme de ménage?** kél jurr viẽ la famm dø mênaj
Onde/Quando devo pôr o lixo para fora?	**Où/Quand dois-je sortir les poubelles?** u/kã duaj sorrtirr lê pubél

Problemas

Como posso entrar em contato com você?	**Où est-ce que je peux vous contacter?** u ésk jø pö vu kõtaktê
Como funciona o aquecedor de água/o fogão?	**Comment fonctionne le chauffe-eau/la cuisinière?** komã fõcksiónn lø chôfô/la kûiziniérr
...está sujo(a)/estão sujo(a)s.	**...est sale/sont sales.** é sal/sõ sal
...está quebrado(a).	**...est cassé(e).** é kassê
Nós quebramos/perdemos...	**Nous avons cassé/perdu...** nu zavõ kassê/pérrdû
Já estava danificado quando chegamos.	**C'était déjà abîmé quand nous sommes arrivés.** ssêtê dêja abimê kã nu sómm zarrivê

Termos úteis

o boiler	**la chaudière** *la chôdiérr*
o congelador	**le congélateur** *lø kõjêlatœrr*
a frigideira	**la poêle** *la pual*
a chaleira	**la bouilloire** *la buyuarr*
a lâmpada	**la lampe** *la lãp*
a louça	**la vaisselle** *la vêssél*
a geladeira/frigobar	**le réfrigérateur/frigo** *lø rrêfrrijêrratœrr/lø frrigô*
a panela	**la casserole** *la kassørról*
o fogão	**la cuisinière** *la kûíziniérr*
o papel higiênico	**le papier toilette/hygiénique** *lø papiê tualét/ijiênik*
os talheres	**les couverts** *lê kuvérr*
a máquina de lavar	**la machine à laver** *la machinn a lavê*

Cômodos

o terraço	**le balcon** *lø balkõ*
o banheiro/chuveiro	**la salle de bains** *la sal dø bẽ*
o quarto	**la chambre** *la chãbrr*
a sala de jantar	**la salle à manger** *la sal a mãjê*
a cozinha	**la cuisine** *la kûízinn*
a sala de estar	**la salle de séjour/le salon** *la sal dø sêjurr/lø salõ*
o banheiro/WC	**les toilettes/les WC** *lê tualét/lê vêssê*

ALBERGUE DA JUVENTUDE

Você ainda tem vaga para esta noite?	**Vous reste-t-il des places pour ce soir?** *vu rrést til dê plas purr sø suarr*
Você aluga lençóis?	**Louez-vous des draps?** *luê vu dê drra*
A que horas vocês fecham as portas?	**À quelle heure les portes ferment-elles?** *a kél œrr lê pórrt férrm tél*
Tenho uma carteira internacional de estudante.	**J'ai une carte d'étudiant internationale.** *jê ûnn karrt dêtûdiã ẽtérrnassional*

HOSPEDAGEM

CAMPING

Os campings são muito organizados. Na maioria das cidades, é possível encontrar um **camping municipal** (área pública de *camping*). Nas áreas mais turísticas haverá também *campings* privados.

Fazendo o *check-in*

Há um *camping* perto daqui?	**Y a-t-il un camping près d'ici?** *i a til ẽ kãping prré dissi*
Você tem espaço para uma barraca/um *trailer*?	**Avez-vous de la place pour une tente/une caravane?** *avẽ vu dø la plas purr ûnn tãt/ûnn karravann*
Qual é o preço...?	**Quel est le tarif ...?** *kél é lø tarrif*
por dia/semana	**par jour/semaine** *parr jurr/søménn*
pela barraca/pelo carro	**pour une tente/voiture** *purr ûnn tãt/ûnn vuaturr*
pelo *trailer*	**pour une caravane** *pur ûnn karravann*

Instalações

É possível cozinhar no local?	**Est-il possible de faire la cuisine sur le terrain?** *é til possibl dø fér la kûízinn sûrr lø térrẽ*
Há pontos de energia?	**Y a-t-il des branchements électriques?** *i a til dê brrãchømã êléktrrik*
Onde é/estão...?	**Où est/sont ...?** *u é/sõ*
a água potável	**l'eau potable** *lô pôtabl*
as lixeiras	**les poubelles** *lê pubél*
os tanques/as máquinas de lavar	**les bacs à linge/les machines à laver** *lê bak a lẽj/lê machinn a lavẽ*
os chuveiros	**les douches** *lê duch*
Onde posso encontrar gás de cozinha?	**Où puis-je trouver du gaz butane?** *u pûíj trruvẽ dû gaz bûtann*

VOCÊ PODE VER

CAMPING INTERDIT	proibido acampar
EAU POTABLE	água potável
FEUX/BARBECUES INTERDITS	fogueira/fogareiros proibidos

Reclamações

Há sol/sombra/gente demais aqui.	**Il y a trop de soleil/d'ombre/de gens ici.** *il i a trrô dø sôléy/dõbrr/dø jã issi*
O chão é muito duro/irregular.	**Le sol est trop dur/inégal.** *lø sól é trrô dûrr/inégal*
Você tem um lugar mais plano?	**Avez-vous un emplacement plus plat?** *avê vu ẽ nãplassømã plû pla*
Você não pode acampar aqui.	**Vous ne pouvez pas camper ici.** *vu nø puvê pas kãpê issi*

Equipamento de *camping*

gás de cozinha	**du gaz butane** *dû gaz bûtann*
cama de campanha	**un lit de camp** *li dø kã*
carvão	**du charbon** *charrbõ*
um martelo	**un marteau** *ẽ marrtô*
uma marreta	**un maillet** *ẽ mayé*
fósforos	**des allumettes** *dê zalûmét*
colchão (inflável)	**un matelas (pneumatique)** *ẽ matøla (pnömatik)*
um fogareiro	**un réchaud (de camping)** *ẽ rrêchô dø kãping*
uma mochila	**un sac à dos** *ẽ sak a dô*
uma corda de barraca	**une corde de tente** *ûnn kórrd dø tãt*
um saco de dormir	**un sac de couchage** *ẽ sak dø kuchaj*
um encerado	**un tapis de sol** *ẽ tapi de sól*
uma barraca	**une tente** *ûnn tãt*
estacas de barraca	**des piquets de tente** *dê pikê dø tãt*
uma estaca (grande) de barraca	**un (grand) piquet de tente** *ẽ (grrã) pikê dø tãt*
uma lanterna de bolso/elétrica	**une lampe de poche/électrique** *ûnn lãtérrn dø póch/êléktrrik*

Fazendo o *check-out*

A que horas devemos liberar o quarto?	**À quelle heure devons-nous libérer la chambre?** *a kél œrr d<u>ø</u>v<u>õ</u> nu lib<u>ê</u>rr<u>ê</u> la chãbrr*
Poderíamos deixar nossa bagagem aqui até às... horas?	**Pourrions-nous laisser nos bagages ici jusqu'à... heures du soir?** *pu<u>rriõ</u> nu l<u>ê</u>ss<u>ê</u> nô ba<u>gaj</u> <u>issi</u> jû<u>ska</u>... œrr dû suarr*
Estou saindo agora.	**Je pars maintenant.** *jø parr mẽt<u>ø</u>nã*
Poderia me chamar um táxi, por favor?	**Pourriez-vous m'appeler un taxi, s'il vous plaît?** *pu<u>rriê</u> vu map<u>ø</u>l<u>ê</u> ẽ ta<u>ksi</u>, sil vu plé*
Tive uma ótima estada.	**J'ai passé un très bon séjour.** *jê pa<u>ssê</u> ẽ trré bõ sê<u>ju</u>rr*

Pagando

Posso ver a conta, por favor?	**Puis-je avoir ma note, s'il vous plaît?** *pûij a<u>vua</u>rr ma nót, sil vu plé*
Acho que há um erro nessa conta.	**Je crois qu'il y a une erreur sur cette note.** *jø krruá kil i a ũnn <u>ê</u>rr<u>œ</u>rr sûrr sét nót*
Fiz... chamadas telefônicas.	**J'ai passé... coups de téléphone.** *jê pa<u>ssê</u> ... ku dø têlêfónn*
Peguei... do frigobar.	**J'ai pris... au mini-bar.** *jê prri... ô mini<u>barr</u>*
Pode me dar uma nota detalhada?	**Est-ce que je peux avoir une note détaillée?** *ésk jø pö a<u>vua</u>rr ũnn nót dêtayê*
Pode me dar um recibo?	**Est-ce que je peux avoir un reçu?** *ésk jø pö a<u>vua</u>rr ẽ rr<u>ø</u>ss<u>û</u>*

Gorjetas

Em geral é incluída uma taxa de serviço nas contas dos hotéis e restaurantes. No entanto, se o serviço foi particularmente bom, talvez você queira deixar uma gorjeta a mais. A tabela abaixo é uma referência:

	França	*Bélgica*	*Suíça*
Carregador/Porteiro	1 euro	1 euro	1 a 2 francos
Camareira, por semana	8 a 15 euros	8 a 15 euros	10 francos
Garçom	opcional	opcional	opcional

COMER FORA

ESSENCIAL	
Uma mesa para…	**Une table pour…** *ûnn tabl purr*
1/2/3/4	**un/deux/trois/quatre** *ẽ/dö/trruá/katrr*
Obrigado.	**Merci.** *mérr<u>si</u>*
A conta, por favor.	**L'addition, s'il vous plaît.** *ladi<u>ssiõ</u> sil vu plé*

RESTAURANTES

Auberge *Ô<u>bérrj</u>*
Albergue, com freqüência no campo; serve refeições completas e bebidas.

Bistrot *Bi<u>strrô</u>*
Pode variar de um café, onde se encontram principalmente bebidas e pratos rápidos (sanduíches, saladas, aperitivos), a um restaurante mais pitoresco, de culinária francesa tradicional; em geral não é muito caro.

Brasserie *Brrassø<u>rri</u>*
Um grande café que serve comida boa e simples, e bebidas; costuma oferecer um **plat du jour** (prato do dia).

Buffet *Bû<u>fé</u>*
Restaurante encontrado nas principais estações de trem; em geral a comida é boa.

Café/bar *ka<u>fê</u>/barr*
Pode ser encontrado em qualquer esquina; serve café, bebidas e às vezes refeições leves. Vá pela manhã para comer um *croissant* com café; atualmente muitos cafés também oferecem aperitivos, saladas e sanduíches. Cerveja, vinho e licor são servidos, mas não espere encontrar coquetéis mais elaborados.

Crêperie *Krrépø<u>rri</u>*
Oferece crepes leves, com diversos recheios.

Restaurant *Rresto<u>rrã</u>*
São avaliados por *gourmets* profissionais e amadores. Você encontrará restaurantes classificados por estrelas, garfos e facas, e endossados por todos,

até agências de viagem, associações automobilísticas e clubes gastronômicos. Tenha em mente que toda forma de classificação é relativa.

Restoroute *Rréstôrrut*
Grande restaurante à beira de auto-estradas; serviço de mesa e/ou balcão disponível.

Rôtisserie *Rrotissørri*
Muito freqüentemente associada a uma **charcuterie** e especializada em pratos de carne: frango assado, quiches, salsichas, presunto, entradas etc.

Routier *Rrutiê*
Restaurante de beira de estrada onde a comida é simples, mas pode ser surpreendentemente boa se você cair no lugar certo.

Refeições

le petit déjeuner *lø pøti dêjœnê*
Café-da-manhã: das 7 às 10 horas. Tradicionalmente inclui apenas pão, manteiga, geléia, um *croissant* e um **petit noir** (café preto), chá ou chocolate quente; os hotéis agora oferecem opções mais variadas.

le déjeuner *lø dêjœnê*
Almoço: de meio-dia às 14 horas. Se você não tiver tempo para uma refeição muito demorada, procure um restaurante que ofereça um **plat du jour** (prato do dia) ou saladas leves. Se estiver com pressa, procure um fast-food, pizzarias ou creperias, ou apenas compre um sanduíche na baguette.

le dîner *lø dinê*
O jantar é servido geralmente tarde, das 20 às 22 horas. Os franceses gostam de refeições longas; por isso o serviço pode parecer um pouco lento.

COZINHA FRANCESA

São poucos os países como a França, onde você pode passar horas tão maravilhosas apenas comendo, pois, além das muitas especialidades regionais que valorizam os produtos locais, você pode experimentar, entre outras coisas, a **haute cuisine** (pratos sofisticados, elaborados a partir de receitas consagradas) ou a **nouvelle cuisine** (uma preparação mais refinada, que enfatiza os sabores delicados da comida).

A maioria dos restaurantes exibe o cardápio (**la carte**) na porta. Além de pedir **à la carte**, você pode pedir um cardápio a preço fixo – **le menu (à prix fixe)**. Refeições mais baratas freqüentemente incluem três pratos, com ou sem vinho, mas o serviço está sempre incluso. Cardápios mais caros chegam a ter quatro ou cinco pratos, mas raramente incluem vinho.

PROCURANDO UM LUGAR PARA COMER

Você poderia nos recomendar um bom restaurante?	**Pouvez-vous nous recommander un bon restaurant?** *puvê vu nu rrøkomãdê ẽ bõ rréstorrã*
Há um restaurante... perto daqui?	**Y a-t-il un restaurant... près d'ici?** *i a til ẽ rréstorrã... prré dissi*
um local tradicional	**local traditionnel** *lokal trradissionél*
chinês	**chinois** *chinuá*
grego	**grec** *grrék*
italiano	**italien** *italiẽ*
francês	**français** *frrãssé*
barato	**bon marché** *bõ marrchê*
vegetariano	**végétarien** *vêjêtarriẽ*
Onde posso encontrar...?	**Où puis-je trouver ...?** *u pûij trruvê*
uma barraquinha de hambúrguer	**un kiosque à hamburger** *ẽ kiósk a ãbœrrghœr*
um café	**un café** *ẽ kafê*
um café/restaurante com jardim/terraço	**un café/restaurant avec jardin/terrasse** *ẽ kafê/rréstorrã avék jarrdẽ/têrras*
um fast-food	**un fast-food** *ẽ fastfud*
uma casa de chá	**un salon de thé** *ẽ salõ dø tê*
uma pizzaria	**une pizzeria** *ûnn pidzérria*
uma churrascaria	**un restaurant-grill** *ẽ rréstorrã grril*

COMER FORA

RESERVAS

Eu queria reservar uma mesa para duas pessoas.	**Je voudrais réserver une table pour deux personnes.** jø vu<u>drr</u>é rrêsérr<u>v</u>ê ûnn tabl purr dö pérrs<u>ónn</u>
Para esta noite/amanhã às... horas.	**Pour ce soir/demain à ... heures.** purr sø suarr/dø<u>mẽ</u> a ... œrr
Nós viremos às 8 horas.	**Nous viendrons à huit heures.** nu viẽ<u>drr</u>õ a ûit œrr
Uma mesa para dois, por favor.	**Une table pour deux, s'il vous plaît.** ûnn tabl purr dö sil vu plé
Nós fizemos reserva.	**Nous avons réservé.** nu zavõ rrêsérrvê

VOCÊ PODE OUVIR

C'est à quel nom, s'il vous plaît?	Em nome de quem, por favor?
Je regrette. Il y a beaucoup de monde/Nous sommes complets.	Lamento, há muita gente/ Estamos lo<u>ta</u>dos
Nous aurons une table libre dans... minutes.	Nós teremos uma mesa livre em... minutos.
Revenez dans... minutes.	Volte em... minutos.

ONDE SE SENTAR

Podemos nos sentar...?	**Pouvons-nous nous asseoir...?** puvõ nu nu za<u>ss</u>uarr
lá fora	**dehors** døórr
na área de não-fumantes	**dans une zone non-fumeur** dã zûnn zônn nõ fû<u>m</u>œrr
perto da janela	**près de la fenêtre** prré dø la fø<u>né</u>trr

EM UM RESTAURANTE

Une table pour deux, s'il vous plaît.
ûnn tabl purr dö sil vu plé
(Uma mesa para dois, por favor.)
Fumeur ou non-fumeur? fu<u>m</u>œrr u nõ fu<u>m</u>œrr
(Fumante ou não-fumante?)
Non-fumeur. Merci. nõ fu<u>m</u>œrr mérr<u>si</u>
(Não-fumante. Obrigado(a).)

EM UM RESTAURANTE

Mademoiselle (Monsieur)! *madəmua__zé__l/mə__ssiö__*
(Garçonete/Garçom!)
Oui, monsieur. *uí mə__ssiö__* (Sim, senhor.)
La carte, s'il vous plaît. *la karrt sil vu plé*
(O cardápio, por favor.)
Entendu. *ãtã__d__û* (Pois não.)

VOCÊ PODE OUVIR

Vous désirez commander?	Deseja fazer seu pedido?
Qu'est-ce que vous prendrez?	O que vai beber?
Voulez-vous prendre un apéritif pour commencer?	Deseja tomar um aperitivo para começar?
Je vous recommande/conseille …	Eu recomendo/aconselho...
Nous n'avons pas de …	Nós não temos...
Il faudra attendre … minutes.	Terá de esperar... minutos.
Bon appétit.	Bom apetite.

FAZENDO O PEDIDO

Garçonete!/Garçom!	**Mademoiselle!/Monsieur!** *madəmua__zé__l/mə__ssiö__*
Posso ver a carta de vinhos, por favor?	**Puis-je avoir la carte des vins, s'il vous plaît?** *pûíj a__vuarr__ la karrt dê vẽ sil vu plé*
Você tem um menu a preço fixo?	**Avez-vous un menu à prix fixe?** *a__vê__ vu ẽ mə__nû__ a prri fiks*
Pode me recomendar as especialidades regionais?	**Pouvez-vous recommander des spécialités régionales?** *pu__vê__ vu rrəkomã__dê__ dê spêssialitê__ rrêjional*
Poderia me dizer o que é...?	**Pourriez-vous me dire ce qu'est...?** *pu__rriê__ vu mə dirr sə kə sé*
O que vai nesse prato?	**Qu'y a-t-il dedans?** *ki a til də__dã__*
Eu queria...	**Je voudrais...** *jə vu__drr__é*
uma garrafa/um copo/ um jarro...	**une bouteille/un verre/une carafe de...** *ûnn bu__tey__/ẽ vérr/ûnn ka__rraf__*

COMER FORA

37

Acompanhamentos

Posso pedir... sem...?	**Est-ce que je pourrais avoir ... sans ...?** *ésk jø purré avuarr... sã*
Com... como acompanhamento.	**Avec ... comme accompagnement.** *avék... kómm akõpãnhømã*
Posso pedir uma salada em vez dos legumes?	**Est-ce que je pourrais avoir une salade à la place des légumes?** *ésk jø purré avuarr ûnn salad a la plas dê lêgûmm*
O prato é servido com legumes/salada?	**Le plat est-il servi avec des légumes/ pommes de terre?** *lø pla é til sérrvi avék dê légûmm/pómm dø térr*
Você tem molho?	**Avez-vous des sauces?** *avê vu dê sôs*
Quer... junto?	**Est-ce que vous voulez ... avec?** *ésk vu vulê... avék*
legumes/salada	**des légumes/de la salade** *dê lêgûmm/dø salad*
batatas/batatas fritas	**des pommes de terre/des frites** *dê pómm dø térr/dê frrit*
molho	**de la sauce** *dø la sôs*
gelo	**des glaçons** *dê glassõ*
Poderia me trazer...?	**Puis-je avoir ...?** *pûij avuarr*
pão	**du pain** *dû pẽ*
manteiga	**du beurre** *dû bœrr*
limão	**du citron** *dû sitrrõ*
mostarda	**de la moutarde** *dø la mutarrd*
pimenta (-do-reino)	**du poivre** *dû puavrr*
sal	**du sel** *dû sél*
temperos/vinagrete	**de l'assaisonnement/de la vinaigrette** *dø lasséźonnmã/dø la vinégrrét*
açúcar	**du sucre** *dû sûkrr*
adoçante	**de l'édulcorant** *dø lêdûlkorrã*
vinagrete	**de la vinaigrette** *dø la vinégrrét*

Questões gerais

Poderia me trazer... (limpo)?	**Pourriez-vous m'apporter ... (propre)?** *pu<u>rr</u>iê vu mapó<u>rr</u>tê ... (p<u>rr</u>óp<u>rr</u>)*
um cinzeiro	**un cendrier** ẽ sã<u>d</u><u>rr</u>iê
uma xícara/um copo	**une tasse/un verre** ûnn tas/ẽ vé<u>rr</u>
um garfo/uma faca	**une fourchette/un couteau** ûnn fu<u>rr</u><u>ch</u>ét/ẽ ku<u>t</u>ô
um guardanapo	**une serviette** ûnn sé<u>rr</u>v<u>i</u>ét
um prato/uma colher	**une assiette/une cuillère** ûnn a<u>ss</u>iét/ûnn kûiyé<u>rr</u>
Eu queria um pouco mais de...	**Je voudrais un peu plus de...** jø vu<u>dr</u>ré ẽ pö plüs dø
É suficiente, obrigado(a).	**Ça suffit, merci.** sa sû<u>fi</u> mé<u>rr</u><u>si</u>
Onde é o banheiro?	**Où sont les toilettes?** u sõ lê tualét

Exigências especiais

Não posso comer pratos que contenham...	**Je ne dois pas manger de plats contenant ...** jø nø duá pa mãjê dø pla kõtø<u>nã</u>
sal/açúcar	**du sel/du sucre** dû sél/dû sûk<u>rr</u>
Você tem refeições/bebidas para diabéticos?	**Avez-vous des repas/boissons pour diabétiques?** a<u>vê</u> vu dê <u>rr</u>ø<u>pa</u>/bua<u>ss</u>õ pu<u>rr</u> diabê<u>ti</u>k
Você tem refeições vegetarianas?	**Avez-vous des repas végétariens?** a<u>vê</u> vu dê <u>rr</u>ø<u>pa</u> pu<u>rr</u> vêjêta<u>rr</u>iẽ

Para crianças

Vocês fazem porções para crianças?	**Faites-vous des portions pour enfants?** fét vu dê pó<u>rr</u><u>si</u>õ pu<u>rr</u> ãfã
Poderia me trazer um cadeirão (para bebê)?	**Pourrions-nous avoir une chaise haute (pour bébé)?** pu<u>rr</u>iõ nu a<u>vuarr</u> ûnn <u>ch</u>éz ôt (pu<u>rr</u> bêbê)
Onde posso amamentar/trocar o bebê?	**Où est-ce que je peux allaiter/changer le bébé?** u ésk jø pö alê<u>t</u>ê/<u>ch</u>ãjê lø bêbê

COMER FORA

39

FAST-FOOD/CAFÉ
Algo para beber

Eu queria uma xícara de...	**Je voudrais une tasse de...** jø vu<u>drr</u>é ûnn tas dø
chá/café	**thé/café** tê/ka<u>fê</u>
puro/com leite	**noir/au lait** nuarr/ô lé
Eu queria... de vinho tinto/branco.	**Je voudrais ... de vin rouge/blanc.** jø vu<u>drr</u>é... dû vẽ rruj/blã
uma jarra/uma garrafa/ um copo	**une carafe/une bouteille/un verre** ûnn ka<u>rr</u>af/ûnn bu<u>tèy</u>/ẽ vérr
Você tem cerveja...?	**Avez-vous de la bière ...?** avê vu dø la biérr
em garrafa/a pressão [chope]	**en bouteille/pression** ã bu<u>tèy</u>/prrê<u>ssi</u>õ

E para comer

Uma porção de..., por favor.	**Un morceau de ..., s'il vous plaît.** ẽ mórr<u>s</u>ô dø... sil vu plé
Eu queria dois.	**J'en voudrais deux.** jã vu<u>drr</u>é dö
um hambúrguer/ batatas fritas	**un hamburger/des frites** ẽ ãbœrr<u>gh</u>œrr/dê frrit
um bolo/um sanduíche	**un gâteau/un sandwich** ẽ ga<u>tô</u>/ẽ sã<u>duich</u>

une glace ûnn glas
um sorvete: os sabores mais comuns são **à la vanille** (creme), **au chocolat** (chocolate), **à la fraise** (morango).

une pizza ûnn pi<u>dza</u>
uma pizza: as mais populares são **marguerita** (queijo e tomate), **quatre saisons** (quatro ingredientes diferentes, em geral presunto, cogumelo, queijo e anchova), **reine** (presunto e cogumelo).

Uma... fatia, por favor.	**Une ... tranche, s'il vous plaît.** ûnn... trrãch sil vu plé
porção pequena	**petite portion** pø<u>tit</u> pórr<u>si</u>õ
porção média	**portion moyenne** pórr<u>si</u>õ mua<u>yénn</u>
porção grande	**grosse portion** grôs pórr<u>si</u>õ

É para viagem.	**C'est pour emporter.**	*sé purr ãpórrtê*
É só, obrigado(a).	**C'est tout, merci.**	*sé tu mérrsi*

> ### EM UM CAFÉ
> **Deux cafés, s'il vous plaît.** *dö kafê sil vu plé*
> *(Dois cafés, por favor.)*
> **Et avec ça?** *ê avék sa* *(Algo mais?)*
> **C'est tout. Merci.** *sé tu mérrsi* *(É só. Obrigado(a).)*

RECLAMAÇÕES

Eu não tenho faca/garfo/colher.	**Je n'ai pas de couteau/fourchette/cuillère.**	*jø nê pa dø kutô/furrchét/kûiyérr*
Não é o que pedi.	**Ce n'est pas ce que j'ai commandé.**	*sø né pa sø kø jê komãdê*
Eu pedi...	**J'ai demandé ...**	*jê dømãdê*
A carne está...	**La viande est ...**	*la viãd é*
muito cozida	**trop cuite**	*trrô kûit*
pouco cozida	**pas assez cuite**	*pa assê kûit*
muito dura	**trop dure**	*trrô dûrr*
Está muito...	**C'est trop ...**	*sé trrô*
amargo/ácido	**amer/acide**	*amérr/assid*
A comida está fria.	**La nourriture est froide.**	*la nurritûr é frruad*
Quanto tempo ainda vai demorar?	**Il y en a encore pour combien de temps?**	*il i ã na ãkórr purr kõbiẽ dø tã*
Nós não podemos esperar. Nós vamos embora.	**Nous ne pouvons plus attendre. Nous partons.**	*nu nø puvõ plû zatãdrr. nu parrtõ*
Não está limpo.	**Ce n'est pas propre.**	*sø né pa prróprr*
Eu queria falar com o maître/o gerente.	**Je voudrais parler au maître d'hôtel/au patron.**	*jø vudrré parrlê ô métrr dotél/ô patrrõ*

COMER FORA

PAGANDO

Gorjeta: em geral o serviço é incluído na conta (15% na França); mas, se você ficou satisfeito com o serviço, uma gorjeta diretamente para o garçom é apropriada e apreciada – acrescente 1 ou 2 euros ao total.

A conta, por favor.	**L'addition, s'il vous plaît.** ladi_ssi_õ sil vu plé
Nós queremos pagar separadamente.	**Nous voudrions payer séparément.** nu vu_drri_õ pêyê sêparrê_mã_
Pode cobrar tudo junto, por favor.	**Tous les repas ensemble, s'il vous plaît.** tu lê rrø_pa_ ãssã_bl_ sil vu plé
Acho que há um erro na conta.	**Je crois qu'il y a une erreur sur l'addition.** jø krruá kil i a ûnn êrr_œ_rr sûrr ladi_ssi_õ
O que representa esse total?	**Que représente ce montant?** kø rrøprrê_sã_t sø mon_tã_
Não pedi isso. Eu pedi..,	**Je n'ai pas pris ça. J'ai pris…** je nê pa prri sa. jê prri
O serviço está incluído?	**Le service est-il compris?** le sérr_vis_ é til kõ_prri_
Posso pagar com este cartão de crédito?	**Puis-je payer avec cette carte de crédit?** pûij pêyê a_vék_ sét karrt dø krrê_di_
Esqueci minha carteira.	**J'ai oublié mon porte-monnaie.** jê u_bli_ê mõ pórrtmô_né_
Não tenho dinheiro suficiente.	**Je n'ai pas assez d'argent.** jø nê pa a_ssê_ darr_jã_
Poderia me dar um recibo?	**Puis-je avoir un reçu?** pûij a_vu_arr ẽ rrø_ssû_
A comida estava muito boa.	**C'était un très bon repas.** sê_té_ ẽ trré bõ rrø_pa_

EM UM RESTAURANTE

L'addition, s'il vous plaît. ladi_ssi_õ, sil vu plé
(A conta, por favor.)
Bien sûr. Voilà. biẽ sûrr. vua_la_ *(Claro. Aqui está.)*
Merci. mérr_si_ *(Obrigado(a).)*

Prato a prato
Café-da-manhã

Um café-da-manhã típico consiste em café, pão, *croissant* e geléia. A maioria dos grandes hotéis costuma oferecer cafés-da-manhã inglês e americano.

Eu quero...	**Je voudrais ...**	jø vu<u>drré</u>
pão	**du pain**	dû pẽ
manteiga	**du beurre**	dû bœrr
ovos	**des œufs**	dê zö
fritos	**au plat**	ô pla
mexidos	**brouillés**	brruyê
mel	**du miel**	dû miél
geléia	**de la confiture**	dø la konfi<u>tûrr</u>
doce de frutas	**de la marmelade**	dø la marrmø<u>lad</u>
leite	**du lait**	dû lé
um suco de laranja	**un jus d'orange**	ẽ jû dorrãj
pão de leite	**des petits pains**	dê pøti pẽ
torrada	**du pain grillé**	dû pẽ grriyê

Aperitivos/Entradas

andouille(tte) ãduy(<u>ét</u>)
lingüiça de tripas temperada e aromatizada, servida grelhada ou frita.

bouchée à la reine bu<u>ch</u>ê a la rrén
massa folhada recheada em geral com creme de miúdos e cogumelos.

pâté pa<u>tê</u>
patê de fígado, que pode ser misturado a outros tipos de carne, como o **pâté de campagne**; **pâté de foie gras** designa um fino patê de fígado de pato ou de ganso, em geral com trufas (**truffé**); **pâté en croûte** é envolvido em massa.

quenelles kø<u>nél</u>
bolinhos cozidos, feitos de peixe, ave ou carne, servidos com um molho cremoso; as mais conhecidas são as **quenelles de brochet**, feitas de lúcio.

quiche kich
torta aberta com um recheio cremoso de queijo, legumes, carne ou frutos do mar; **quiche lorraine**, o mais conhecido, leva *bacon*.

COMER FORA

Sopas

As sopas aparecem nos cardápios de várias formas: **bouillon**, **consommé**, **crème**, **potage**, **soupe** e **velouté**. Experimente estas especialidades:

aïgo bouïdo	*aígô buídu*	sopa de alho (Provença)
bisque	*bisk*	caldo/sopa de frutos do mar
bouillabaisse	*buyabés*	sopa de peixes e frutos do mar (Marselha)
consommé	*konsomê*	caldo de carne concentrado
à l'œuf	*a lœf*	com ovo cru
au porto	*pórrtô*	com vinho do Porto
Célestine	*sêléstinn*	com galinha e macarrão
Colbert	*kólbérr*	com ovos *pochés* e legumes
garbure	*garrbûrr*	sopa de repolho, em geral com porco ou ganso
pot-au-feu	*pôtôfö*	sopa de carne e legumes
potage	*potaj*	sopa (mais consistente)
à l'ail	*a lay*	de alho
au cresson	*ô krrêssô*	de agrião
bilibi	*bilibi*	de peixe e ostras
bonne femme	*bónn famm*	de batata, alho-poró e às vezes *bacon*
Condé	*kondê*	de feijão amassado
Crécy	*krrêssi*	de cenoura e arroz
du Barry	*dû barri*	creme de couve-flor
julienne	*jûliénn*	de legumes picados
Parmentier	*parrmentiê*	de batata
soupe	*sup*	sopa
à la bière	*a la biérr*	de cerveja com caldo de galinha e cebola
à l'oignon	*a lonhô*	de cebolas
au pistou	*ô pistu*	de legumes (Provença)/manjericão
aux choux	*ô chu*	de repolho
de Pélous	*dø pêlu*	de caranguejo com tomates
de poisson	*dø puassô*	de peixes pequenos, amassados
de volaille	*dø volay*	de galinha
velouté	*vølutê*	cremosa

Peixes, moluscos e frutos do mar

Nas regiões litorâneas, aproveite a maravilhosa variedade de peixes e frutos do mar frescos. Você reconhecerá: **carpe** (carpa), **escargots** (escargôs), **harengs** (arenques), **perche** (perca), **sardines** (sardinhas), **saumon** (salmão), **truite** (truta).

crabe	krrab	caranguejo
maquereau	makørrô	cavala
morue	môrrû	bacalhau
moules	mul	mexilhões
scampi	skãpi	lagostim
sole	sól	linguado
thon	tõ	atum

bar aux herbes en chemise barr ô zérrb ã chømiz
peixe recheado com espinafre e ervas, envolvido em alface escaldado em vinho branco.

cotriade kotrriad
sopa de peixes variados com mariscos, cebolas, cenouras, batatas, alho, Calvados e vinho branco (Bretanha).

homard à l'américaine omarr a lamêrrikénn
lagosta salteada em pedaços, flambada no conhaque e cozida no vinho com legumes, ervas e tomates.

Carnes

Eu gostaria de...	**Je voudrais ...** jø vudrré
bacon	**du lard** dû larr
carne de vaca	**du bœuf** dû bœf
frango	**du poulet** dû pulé
pato	**du canard** dû kanarr
ganso	**de l'oie** dø luá
presunto	**du jambon** dû jãbõ
cordeiro	**de l'agneau** dø lanhô
porco	**du porc** dû pórr
coelho	**du lapin** dû lapẽ
salsicha	**des saucisses** dê sôssis
bife	**du steak** dû sték
vitela	**du veau** dû vô

COMER FORA

Cortes de carne

contre-filet	_kontrrøfilé_	contrafilé
côte de bœuf	_kôt dø bœf_	costela de boi
côtelettes	_kôtlét_	costeletas
entrecôte	_ãtrrøkôt_	filé de costela
escalope	_éskalóp_	escalope
gigot	_jigô_	pernil
médaillon	_mêdayõ_	medalhão
rognons	_rrônhõ_	rins
selle	_sél_	lombo
tournedos	_turrnødô_	medalhões de filé mignon

Pratos de carne

blanquette de veau _blankét dø vô_
vitela cozida no molho branco (com ovos e creme de leite), cebola e cogumelos.

bœuf bourguignon _bœf burrghinhõ_
carne bovina com legumes, refogada em vinho tinto da Borgonha.

canard à l'orange _kanarr a lôrrãj_
pato refogado com laranjas e licor de laranja.

cassoulet toulousain _kassulê tuluzẽ_
caçarola de feijão branco, cordeiro ou carne de porco salgada, linguiças e conserva de ganso.

civet _sivé_
guisado de caça e cebola ao molho pardo; p. ex., **civet de lièvre** (lebre).

coq au vin _kók ô vẽ_
galo (ou frango) com cebola, cogumelos e _bacon_, cozido num molho de vinho tinto. Algumas vezes o cardápio indica que tipo de vinho foi usado, por exemplo, **coq au Chambertin**.

couscous _kuskus_
prato quente de origem árabe, feito com sêmola de trigo e acompanhado de legumes e carne.

lapin à la flamande _lapẽ a la flamãd_
coelho marinado, refogado com batatas, cenouras, repolho, nabos, _bacon_, linguiças e cozido na cerveja (Bélgica).

ragoût _rragu_
guisado de carne, em geral servido com um caldo delicado de legumes; por exemplo, **ragoût de bœuf** (guisado de carne bovina).

Legumes

Você reconhecerá: **artichaut** (alcachofra), **carottes** (cenoura), **lentilles** (lentilhas), **radis** (radicchio), tomates.

oignons	o<u>nh</u>õ	cebolas
haricots verts	arri<u>kô</u> vérr	vagens
laitue	lê<u>tû</u>	alface
petits pois	pø<u>ti</u> puá	ervilhas

champignons chã<u>pi</u>nhõ
cogumelos: as variedades silvestres mais comuns usadas na culinária francesa incluem **bolets** (boletus), **cèpes** (cepa-de-bordéus), **chanterelle** (cantarelo) e **morille** (fungão).

pommes (de terre) pómm dø térr
batatas: podem aparecer como **allumettes** (palitos finos), **dauphine** (em purê e fritas), **duchesse** (em purê), **en robe des champs** (com casca), **frites** (fritas), **gaufrettes** (xadrez), **mignonettes** (fritas), **paille** (palha), **pont-neuf** (palitos grossos).

truffes trrûf
trufas: cogumelos altamente apreciados, de aroma almiscarado intenso e consistente. A trufa negra do Périgord é considerada a delícia suprema.

chou rouge à la flamande chu rruj a la fla<u>mã</u>d
repolho roxo, cozido com maçã, cebola, vinho tinto e vinagre (Bélgica).

chou fassum chu fa<u>ssẽ</u>
repolho recheado com arroz, ovos, queijo e carne de porco moída (Provença).

Saladas

Os franceses comem a salada depois do prato principal.

salade composée	sa<u>lad</u> kõpô<u>sê</u>	salada mista
salade de foies	sa<u>lad</u> dø fuá	salada de alface e
de volaille	dø vo<u>lay</u>	fígado de galinha
salade russe	sa<u>lad</u> rrûs	salada russa
salade de thon	sa<u>lad</u> dø tõ	salada de atum
salade verte	sa<u>lad</u> vérrt	salada de folhas verdes

salade antiboise sa<u>lad</u> ãti<u>bua</u>z
peixe cozido em cubos, filés de anchova, pimentão verde, beterraba, arroz e alcaparras em vinagrete.

salade niçoise sa<u>lad</u> ni<u>ssua</u>z
salada da Riviera preparada com atum, filés de anchova, azeitonas e legumes.

Queijos

Com cerca de 400 tipos de queijo apenas na França, há fartura para agradar a qualquer paladar. Experimente o queijo de cabra (**fromage de chèvre**), se quiser um sabor característico e marcante.

suave	**beaumont, belle étoile, boursin, brie, cantal, coulommiers, mimolette, Port-Salut, reblochon, saint-paulin, tomme**
acentuado, forte	**bleu de Bresse, brousse, camembert, livarot, maroilles, munster, pont-l'évêque, roquefort, vacherin**
queijos de cabra	**bûcheron, cabécou, crottin de Chavignol, rocamadour, st. marcellin, valençay**
queijos suíços	**beaufort, comté, emmental, gruyère**

croque-monsieur krrók mø<u>ss</u>iö
sanduíche quente de queijo e presunto.

croûte au fromage krrut ô frrô<u>maj</u>
quente, queijo derretido servido sobre uma fatia de torrada, às vezes com presunto e um ovo frito por cima.

fromage blanc frrô<u>maj</u> blã
queijo branco cremoso, para comer com açúcar ou sal e pimenta.

raclette rra<u>klét</u>
pedaço de queijo duro aquecido até sua superfície começar a derreter; a parte derretida é raspada sobre uma superfície aquecida e então saboreada com carnes frias, batatas cozidas, pepinos e cebolas em conserva.

Sobremesas

crêpe krrép
panqueca fina; **à la confiture** (com geléia); **au sucre** (com açúcar); **normande** (com Calvados e creme de leite); **suzette** (com suco de laranja e creme de leite).

diplomate diplo<u>mat</u>
tipo de pavê, com creme e frutas cristalizadas, feito de bolachas champanhe previamente mergulhadas em licor.

sabayon saba<u>yõ</u>
sobremesa cremosa de gema de ovo, vinho, açúcar e aromatizantes.

tarte Tatin tarrt ta<u>tẽ</u>
maçãs caramelizadas com massa por cima e servidas com sorvete de creme, **chantilly** ou **crème anglaise** (creme inglês).

BEBIDAS
Cerveja
A cerveja está para os belgas assim como o vinho está para os franceses, e freqüentemente é servida em copos próprios. Procure pelos seguintes tipos:
bière blanche (cerveja clara): turva e melada, p. ex., *Hoegaarden*, *Kwak*
bière blonde (tipo lager): clara, tipo Pilsener, p. ex., *Jupiler*, *Lamot*, *Stella Artois*
bière brune (cerveja escura avermelhada): refrescante e ácida, p. ex., *Rodenbach*
bières trappistes (cervejas artesanais das abadias): escuras e encorpadas, p. ex., *Chimay*, *Orval*
Lambic (cerveja de trigo): fermentadas como vinho, com sabor ácido de maçã. As marcas populares incluem, entre outras: *Kronenbourg*, *Pelforth* e *Kanterbraü* (França) e *Cardinal* e *Hürlimann* (Suíça).
Gueuze (cervejas Lambic blended): p. ex., *Kriek* (cereja), *Frambozen* (framboesa), *Faro* (açúcar).

Vinho
Cozinha e vinho franceses são ingredientes inseparáveis que se complementam. O garçom encarregado do vinho (**le sommelier**) ficará feliz em aconselhá-lo – e uma gorjeta é bem-vinda para esse tipo de serviço. As principais variedades de uva são:

tinto: **Cabernet-Sauvignon, Carignan, Cinsaut, Gamay, Grenache, Merlot, Mourvedre, Pinot Noir, Syrah**;

branco: **Chardonnay, Chenin Blanc, Gewurztraminer, Muscadet, Muscat, Riesling, Sauvignon Blanc, Sémillon**.

Lendo o rótulo

AC (appellation contrôlée)/AOC vinho de alta qualidade	**mis en bouteilles par** engarrafado por
blanc branco	**mousseux** espumoso
brut muito seco	**rosé** rosé
cépage variedade de uva	**rouge** tinto
château local de produção	**sec** seco
côte/coteaux encosta/colina	**VDQS** vinho regional de boa qualidade
crémant espumante	**vignoble** vinhedo
cru vinhedo de qualidade superior	**vin de garde** vinho que se guarda deitado para amadurecer
demi-sec meio seco	
doux doce	**vin de pays** vinho da região – controle de qualidade menos estrito que na AC
millésime safra	
mis en bouteilles dans nos caves engarrafados em nossas caves	**vin de table** vinho de mesa
	vin ordinaire vinho comum

COMER FORA

Regiões viníferas

Alsácia (quase só vinhos brancos secos) especialmente Gewurztraminer, Riesling, Sylvaner.

Bordeaux (principal área vinífera) esp. Entre-Deux-Mers, Graves, Médoc (tinto: Listrac, Margaux, Moulis, Pauillac, St-Estèphe, St-Julien), Pessac-Léognan, Pomerol (tinto: Château-Pétrus, Lalande-de-Pomerol, Néac), Sauternes (branco: Château-d'Yquem, Barsac), Sainte-Croix-du-Mont (doce), St-Émilion (Lussac, Montagne, Parsac, Puisseguin, St-Georges).

Bourgogne (Borgonha: principal área vinícola e que compreende cinco regiões) Beaujolais (tinto: Chiroubles, Fleurie, Juliénas, Moulin-à-Vent, Morgon, Régnié, St-Amour); Chablis (branco); Côte Chalonnaise (Mercurey); Côte de Beaune (Aloxe-Corton, Beaune, Blagy, Chassagne-Montrachet, Chorley-lès-Beaune, Meursault, Pernand-Vergelesses, Pommard, Puligny-Montrachet, St-Romain, Santenay, Savigny-lès-Beaune, Volnay); Côte de Nuits (Chambolle-Musigny, Fixin, Gevrey-Chambertin, Marsannay, Morey-St-Denis, Nuits-St-Georges, Vosne-Romanée); Mâconnais (tinto: St-Véran).

Champagne (região do vinho espumante mais famoso do mundo) Bollinger, Jacquart, Krug, Laurent Perrier, Moët & Chandon, Mumm.

Côtes-du-Rhône (ampla variedade de brancos, tintos e rosés) norte do Ródano (Cornas, Côte-Rôtie, Crozes-Hermitage, St-Joseph); sul do Ródano (Châteauneuf-du-Pape, Gigondas, Lirac, Muscat de Beaumes-de-Venise, Rasteau, Tavel-rosé, Vacqueyras); Côtes du Ventoux; Côtes du Lubéron.

Jura (pequena área vinícola entre a Borgonha e a Suíça) esp. Arbois, Château-Chalon, Côtes du Jura, L'Etoile.

Languedoc Blanquette de Limoux, Clairette de Bellegarde, Clairette du Languedoc, Corbières, Costières de Nîmes, Faugères, Fitou, Muscat (doce: Lunel, Minervois, Mireval, St-Jean-de-Minervois), St-Chinian.

Loire Anjou (Coteaux-de-l'Aubance, Coteaux-du-Layon, Quarts-de-Chaume, Savennières); Berry e Nivernais (Menetou-Salon, Pouilly-Fumé, Quincy, Reuilly, Sancerre); Nantais (Muscadet); Saumur; Touraine (Bourgueil, Chinon, Montlouis, Vouvray).

Lorraine (menor área vinícola) Vins de la Moselle, Côtes-de-Toul.

Provença (grande extensão de tinto, branco e rosé) esp. Bandol, Bellet, Cassis, Coteaux-d'Aix-en-Provence, Côtes-de-Provence, Palette, Coteaux Varois.

Roussillon (produz 3/4 do vinho doce francês) tinto: Côtes-du-Roussillon; doce: Banyuls, Côtes-du-Haut-Roussillon, Grand-Roussillon, Muscat de Rivesaltes, Rivesaltes.

Savoie (fronteira com a Suíça – basicamente vinhos brancos secos) Crépy, Seyssel.

Suíça (produz basicamente vinhos brancos leves) esp. Neuchâtel (Auvernier, Cormondrèche, Cortaillod, Hauterive), Valais (Arvine, Dôle, Ermitage, Fendant, Johannisberg, Malvoisie), Vaud (Aigle, Dézaley, Mont-sur-Rolle, Lavaux, Yvorne).

Outras bebidas

Aperitivos são muito mais comuns que coquetéis ou uísque. Muitos são preparados com vinhos, destilados de ervas e *bitters* (p. ex., *Amer Picon*®, *Byrrh*®, *Dubonnet*®); o pastis, feito de anis, é tipicamente francês (p. ex., *Pernod*®, *Ricard*®). Mas talvez você prefira uma bebida à base de licor, como **blanc-cassis** ou **kir** (vinho branco gelado com xarope de cassis). Você reconhecerá **un gintonic**, **un rhum**, **un vermouth**, **une vodka**, **un whisky**.

Após uma refeição, se você quiser saborear um destilado de frutas, encontrará, entre outros, os seguintes tipos: **calvados** (maçã), **kirsch** (cereja), **marc** (uva), **poire William** (pêra) ou **quetsche** (ameixa). Outros licores populares incluem os famosos *Grand Marnier*® e *Cointreau*®, de sabor de laranja; e *Bénédictine*®, destilado à base de ervas.

Bebidas não-alcoólicas

A França oferece uma ampla variedade de águas minerais, como *Badoit*®, *Evian*®, *Perrier*®, *Vichy*®, *Vittel*®, *Volvic*®. Você não terá nenhuma dificuldade em encontrar seus refrigerantes favoritos, tais como *Coca-Cola*®, *Fanta*®, *Pepsi*®.

Eu quero…	**Je voudrais …** *jø vudré*
um chocolate (quente)	**un chocolat (chaud)** *ẽ chokola (chô)*
uma coca/uma soda	**un coca/une limonade** *ẽ koka/ûnn limonad*
um milk-shake	**un frappé** *ẽ frapê*
uma água mineral	**de l'eau minérale** *dø lô minêral*
gasosa	**gazeuse** *gazöz*
não-gasosa	**non gazeuse** *nõ gazöz*
uma água tônica	**un Schweppes** *ẽ chuéps*

un café *ẽ kafê*
O café pode ser servido: **au lait** (com leite); **complet** (com pão, pão de leite, manteiga e geléia); **crème** (com creme); **décaféiné** (descafeinado); **frappé** (batido, café gelado); **noir** (puro); sans caféine (sem cafeína); **soluble** (solúvel).

un jus de fruits *ẽ jû dø frûí*
Os sucos de frutas mais comuns são **jus d'orange** (laranja), **jus de pamplemousse** (*grapefruit*), **jus de poire** (pêra), **jus de pomme** (maçã) e **jus de tomate** (tomate).

un thé *ẽ tê*
O chá pode ser bebido à maneira britânica, **au lait** (com leite), mas o mais usual é **au citron** (com limão), **à la menthe** (com menta), **glacé** (gelado) ou **nature** (puro). A **tisane** (chá de ervas) também é uma opção popular.

Lendo o Cardápio

à la vapeur	a la vap*oe*r	ao vapor
au four	ô fur	no forno
bouilli	buy*i*	cozido na água
braisé	brê*zê*	na brasa
coupé en dés	kupê ã dê	cortado em cubos
en ragoût	ã ra*gu*	ensopado
épicé	êpis*sê*	condimentado
farci	far*si*	recheado
frit (dans la friture)	fri (dã la fri*tûr*)	frito (no óleo)
fumé	fû*mê*	defumado
grillé	gri*yê*	grelhado
mariné	mari*nê*	marinado
pané	p*a*n*ê*	empanado
poché	pô*chê*	pochê
rôti	rô*ti*	assado
sauté	sô*tê*	salteado
velouté de…	vølutê dø	creme de…
bleu	blö	malpassado (muito)
saignant	*sé*nhã	malpassado
à point	a puẽ	ao ponto
bien cuit	biẽ kûí	bem-passado

A

à la, à l', au, aux à moda de, como em, com
à l'étouffée abafado
à la croque au sel cru, temperado com sal e com molho
abricot abricó
agneau cordeiro
aiglefin (églefin) badejo (peixe)
aïgo bouïdo sopa de alho (*Prov.*)
aiguillettes de canard au vinaigre filé de pato no vinagre de framboesa (*Dord.*)
ail alho
aïoli maionese de alho
alose sável (peixe de textura fina e carne delicada)
alouette cotovia (ave)
alouettes sans têtes carne de vitela enrolada e recheada
amandes amêndoas
américaine vinho branco, conhaque, alho, cebola, tomates e camarão ou lagosta
amuse-gueule canapé, salgadinho
ananas abacaxi

anchois anchovas (filé)
anchoïade pasta de anchova e azeite de oliva (*Prov.*)
andouille(tte) lingüiça de tripa
aneth endro ou dill
anglaise legumes cozidos na água ou no vapor, empanados e fritos
anguille enguia
anguille au vert enguia temperada com azedinha, sálvia e salsa (*Bél.*)
anis anis
A.O.C. denominação de origem controlada
apéritifs aperitivos
artichaut alcachofra
asperges aspargos
aspic (carne ou peixe em) gelatina
assaisonnement condimento
assiette anglaise tábua de frios, legumes crus, ovo e maionese
assiette de charcuterie tábua de frios
attente: 15 min espera: 15 minutos
au bleu (em especial para trutas) cozido quando ainda fresco
au choix à escolha
au citron com limão
au four no forno
au gril na grelha
au lait com leite
aubergine beringela
avec de l'eau gazeuse com água gasosa
avec des glaçons com gelo (cubos)

B

baguette baguete
ballon copo bojudo
bananes Baronnet bananas fatiadas com limão, creme e *kirsch*
bar robalo (peixe)
bar aux herbes en chemise robalo com ervas
barbue espécie de linguado (peixe)
barquette barquete, massa recheada com frutas
basilic manjericão
bâtard baguete pequena
baudroie xarroco (peixe)
bavarois bolos bávaros de creme
béarnaise molho cremoso de vinagre, ovo, vinho branco, cebola, estragão
bécasse galinhola
bécassine maçarico (ave)
béchamel molho branco
beignet bolinho frito, em geral com recheio de frutas, legumes ou carne
betterave beterraba
beurre manteiga
beurre blanc manteiga, cebola, vinagre, vinho branco
beurre noir manteiga escurecida, vinagre e/ou suco de limão
bien cuit bem cozido
bière cerveja
bière blonde/brune cerveja clara/escura
bière en bouteilles cerveja em garrafa
bière sans alcool cerveja sem álcool
bifteck bife
bigarade laranja-azeda
bigorneaux mariscos
biscuit de Savoie biscoito champanhe
biscuits biscoitos
biscuits apéritifs biscoitos salgados, aperitivos
biscuits salés biscoitos salgados
bisque sopa de frutos do mar
bisque d'écrevisses sopa de pitus
bisque de homard sopa de lagosta
blanc branco (vinho); peito (frango)
blanchaille peixe miúdo
blanquette de veau vitela com creme de leite
bleu muito malpassado; tipo de queijo; cozido quando ainda fresco (peixe)
bœuf boi
bœuf bourguignon guisado de carne com vinho
bœuf mode guisado de carne com cenouras e cebolas no vinho tinto
bœuf salé carne-seca
boissons bebidas

boisson non alcoolisée bebida não-alcoólica
bolets boletus (cogumelos)
bombe mousse de sorvete enformado
bordelaise mousse de sorvete enformado (*Bord.*)
bouchée à la reine massa folhada recheada com miúdos
boudin chouriço
bouillabaisse sopa de peixe e frutos do mar (*Mar.*)
bouilleture d'anguilles guisado de enguia com creme de leite (*Anjou*)
bouilli cozido na água; caldo do cozimento
bouillon caldo
bouillon de poulet caldo de frango
boulettes (de viande) almôndegas
bourguignonne vinho tinto, ervas, cogumelos, cebola
bourride sopa de peixe (*Prov.*)
braisé na brasa
brandade de morue bacalhau desfiado
brème brema (peixe)
brioche brioche (pão doce)
brioche au sucre brioche coberto de açúcar
(à la) broche (no) espeto
brochet lúcio (peixe)
brochette espetinho
brugnon nectarina
brut muito seco (vinho)
bûche de Noël rocambole de Natal
bulots espécie de marisco

C

cabillaud bacalhau (fresco)
cabri cabrito
cacahuètes amendoins
cade bolo de zimbro (*Riv.*)
café café
café au lait café com leite
café complet café com pão, pão de leite, manteiga e geléia
café crème café com creme
café décaféiné café descafeinado
café frappé café gelado batido
café noir café preto
café sans caféine café sem cafeína
café soluble café solúvel
caille codorna
calissons doce de amêndoas e marzipã (*Aix*)
cal(a)mars lulas
calvados destilado de maçã (*Norm.*)
canard (sauvage) pato (selvagem)
canard à l'orange pato com laranja
canard laqué pato à Pequim
caneton pato jovem
caneton à la rouennaise pato jovem ao molho de vinho tinto (*Norm.*)
cannelle canela
câpres alcaparras
carafe jarra, garrafa
carbonnade carne na brasa
carbon(n)ade flamande carne refogada com cebolas e cerveja (*Bélg.*)
caricoles caracóis do mar (*Bélg.*)
carottes cenouras
carpe carpa
carré d'agneau carrè de cordeiro
carré braisé à la niçoise carrè na brasa com vermute e casca de limão
carrelet linguado europeu (peixe)
casse-croûte sanduíche
cassis cassis; licor de cassis
cassoulet toulousain caçarola de carne de vaca e de porco
céleri(-rave) aipo
cèpes cepa-de-bordéus (cogumelo)
céréales cereais
cerf cervo
cerfeuil cerefólio
cerises (noires) cerejas (pretas)
cervelas salsicha condimentada de carne e miolos de porco
cervelle cérebro, miolo
chabichou queijo de cabra, de sabor frutado
champignons (de Paris) champignon
chantilly creme *chantilly*
chapon capão

charcuterie frios; produtos variados de porco
charlotte creme de frutas consistente, rodeado de bolachas champanhe
Chartreuse licor de ervas
chasseur vinho, cogumelos, cebola e ervas
chateaubriand bife de espessura grossa grelhado
chaud quente
chaud-froid carne de caça servida fria
chaudrée guisado de peixes e frutos do mar
chausson aux pommes massa folhada recheada com maçã
chevreuil cabrito montês
chichifregi bolinhos fritos, vendidos em centímetros *(Riv.)*
chicorée chicória
chips batatas chips
chocolat (chaud) chocolate quente
chocolat froid chocolate frio
chocolatine massa folhada de chocolate
chou (rouge) repolho (roxo)
chou rouge à la flamande repolho roxo no vinho tinto *(Bélg.)*
chou fassum repolho recheado *(Prov.)*
chou-fleur couve-flor
chou-fleur au gratin couve-flor gratinada
choucroute chucrute
choucroute garnie chucrute, lingüiças e conserva de porco
choux de Bruxelles couve-de-bruxelas
ciboulette cebolinha
citron limão-galego
citron pressé limonada
citron vert limão
civet guisado de carne de caça
clafoutis bolo de frutas
clous de girofle cravo-da-índia
cochon de lait leitão
(en) cocotte (em) panela de ferro
cœurs d'artichaut corações de alcachofra
cognac conhaque
colonel sorvete de limão com vodca
communard vinho tinto e licor de cassis
compris(e) incluído(a)
concombre pepino
confit conserva de carne (na gordura)
confiture geléia
congolais bolo de coco
consommé consommé, caldo
consommé à l'œuf consommé com ovo cru
consommé au porto consommé com vinho do Porto
consommé Célestine consommé com galinha e macarrão
consommé Colbert consommé com ovos pochês e legumes
contre-filet contrafilé
coq au vin galo (ou frango) no vinho tinto
coq de bruyère galinha caipira
coquelet à l'estragon frango com molho de estragão
coquilles St-Jacques vieiras
coriandre coriandro
cornichons picles
corsé encorpado (vinho)
côte costela
côte de bœuf costela de boi
côtelettes costeletas
cotriade sopa de peixe *(Bret.)*
cou d'oie farci pescoço de ganso recheado *(Dord.)*
coulis calda; molho cremoso
coupe (glacée) sobremesa de sorvete, *sundae*
courgette abobrinha italiana
couronne rosca (pão)
couscous prato árabe de sêmola de trigo e carne
couvert talheres
crabe caranguejo
crème creme
crème anglaise creme inglês, à base de leite e ovos
crème brûlée pudim com crosta de caramelo por cima
crème caramel pudim de caramelo
crème Chantilly creme *chantilly*
crème d'asperges creme de aspargos

crème de bolets creme de cogumelo boletus
crème de volaille creme de galinha
crème pâtissière creme doce
crêpe crepe, panqueca
crêpe à la confiture crepe de geléia
crêpe au sucre crepe de açúcar
crêpe dentelle crepe de massa muito fina (*Bret.*)
crêpe normande crepe com Calvados e creme de leite
crêpe suzette crepes finos e grandes, regados com suco de laranja e flambados com licor de laranja
crépinette lingüiça chata condimentada
cresson agrião
crevettes camarões
croissants *croissants*, pães de massa folhada em forma de lua crescente
croquembouche bombinhas recheadas, unidas por caramelo
croque-madame croque-monsieur com ovo
croque-monsieur sanduíche quente de queijo e presunto
crottin de Chavignol queijo de cabra
croustade torta fechada de massa folhada
croûte au fromage queijo derretido no pão torrado, com presunto e ovo frito por cima
cru cru; vinhedo de qualidade superior
crudités salada mista de vegetais crus
crustacés crustáceos
cuisses de grenouilles coxas de rãs
cuit à la vapeur cozido no vapor
cuit au bleu cozido quando ainda fresco (esp. truta)
cul de veau à l'angevine alcatra de vitela com molho de legumes (*Loire*)
cumin cominho

D

dartois pastel de massa folhada com recheio salgado
dattes tâmaras
daube de bœuf carne bovina cozida com tomates e azeitonas (*Prov.*)
daurade dourado (peixe)

décaféiné descafeinado
délice sobremesa, especialidade do chefe
délimité de qualité supérieure vinho de qualidade superior
demi-bouteille meia garrafa
demi-poulet grillé meio frango grelhado
dessert sobremesa
diable molho de pimenta
diabolo menthe soda limonada com xarope de menta
dinde peru
dinde aux marrons peru com castanhas portuguesas
dindonneau peru jovem
diplomate tipo de sobremesa
doux suave (vinho)
dur duro (ovo)
duxelles com cogumelos

E

eau (chaude) água (quente)
eau minérale água mineral
eau minérale gazeuse água mineral gasosa
eau minérale non gazeuse água mineral não-gasosa
échalote echalota, cebola pequena
éclair au chocolat/café bomba de chocolate/café
écrevisses lagostins
émincé de bœuf aux morilles guisado de carne com cogumelos
emporter, à viagem, para
en chemise cozido em papel manteiga
en saison da estação
endives endívias
entrecôte bife de costela
entrées entradas, aperitivos
entremets prato que se serve antes do queijo; sobremesa
épaule quarto dianteiro (de animal)
épaule braisée aux marrons quarto dianteiro na brasa com castanhas
éperlans eperlano (peixe similar ao salmão)
épices especiarias, condimentos
épinards espinafres
escalope escalope

escalope à la crème escalope de vitela com creme de leite
escalope viennoise escalope de vitela empanado
escargots escargôs
espadon peixe-espada
estouffade de bœuf ensopado de carne bovina
estragon estragão
expresso café expresso

F

faisan faisão
far pudim, em geral com frutas secas (*Bret.*)
farces recheios, esp. fígado e trufas
farci recheado
faux-filet contrafilé
fenouil funcho
féra espécie de salmão
fèves favas
ficelle pão fino e comprido
figues figos
filet filé
filet mignon au poivre vert filé mignon com pimenta verde
financière vinho Madeira, trufas, azeitonas, cogumelos
fines herbes mistura de ervas finas; com ervas
flageolets feijões brancos
flamiche saboroso pastel de queijo com alho-poró ou cebola
flan flã
florentin bolo fino de amêndoas e chocolate amargo
(à la) florentine com espinafre
foie fígado
foie de veau grillé à la moutarde fígado de vitela grelhado com mostarda e miúdos
foie gras fígado de ganso ou pato (patê)
fond d'artichaut fundo de alcachofra
fondue fondue (*Suíça*)
fondue bourguignonne *fondue* de carne com molhos diversos
fondue chinoise carne finamente fatiada e mergulhada em caldo fervente
forestière com cogumelos, cebola e vinho branco
fougasse espécie de pizza grossa, com filés de anchova, azeitonas e queijo (*Prov.*)
(au) four no forno
fraises morangos
framboises framboesas
frappé batido, gelado; *milkshake*
fricassée carne dourada em molho espesso
frigousse caçarola de frango, *bacon* e castanhas (*Bret.*)
frisée alface crespa
frit frito
frites batatas fritas
friture de mer peixes pequenos, em geral fritos e servidos com batata frita
froid frio
fromage queijo
fromage blanc queijo branco cremoso, para comer com açúcar ou sal e pimenta
fromage blanc à la crème queijo branco cremoso servido com creme de leite
fromage de chèvre queijo de cabra
fruits frutas
fruits confits compotas
fruits de mer frutos do mar
fruits frais frutas frescas
fruits secs frutas secas
fumé defumado

G

galette crepe da Bretanha, recheado como torta
galette complète crepe com ovo, presunto e queijo
ganses bolinhos fritos cobertos com açúcar (*Prov.*)
garbure sopa de repolho com carne de porco ou ganso
garniture au choix acompanhamento (de legumes) à escolha
gâteau bolo
gâteau au chocolat bolo de chocolate
gâteau Bigarreau biscoitos champanhe com cobertura de pralinê
gâteau breton bolo à base de ovos e manteiga
gâteau de riz pudim de arroz

gâteau de semoule pudim de semolina
gâteau lyonnais bolo de chocolate e castanhas
gaufres *waffles*
(à la) gelée (com) geléia
génoise bolo leve
gibelotte de lapin coelho cozido no vinho branco
gibier caça
gigot pernil de cordeiro
gigot à la bretonne pernil de cordeiro assado com feijões
gin-tonic gim-tônica
gingembre gengibre
glace sorvete
glace à la fraise/à la vanille sorvete de morango/creme
glacé gelado
goujon cadoz (peixe de água doce)
grand veneur molho para carne de caça
(au) gratin gratinado com miúdos ou queijo
gratin dauphinois batatas fatiadas e gratinadas com leite, creme de leite e alho
gratin de queues d'écrevisses caudas de lagostim cozidas
gratinée au four gratinado com queijo e presunto
grattons toucinho grelhado (*Lyon*)
grenadine xarope de frutas vermelhas com água
grillades grelhados
grillé grelhado
grive tordo (ave)
grondin peixe-roncador (peixe de carne firme)
groseilles groselhas
groseilles à maquereau groselha-espinhosa

H

hachis Parmentier carne moída e batatas
hareng arenque
haricots blancs feijões brancos (grandes)
haricots verts vagens

(aux) herbes (com) ervas
hollandaise gema de ovo, manteiga, vinagre
homard lagosta
homard à l'américaine lagosta salteada
homard thermidor lagosta gratinada com queijo
hors-d'œuvre entradas, aperitivos
hors-d'œuvre variés entradas variadas
huîtres ostras

I

île flottante merengue com calda doce
(à l')indienne (com) *curry*

J

jambon presunto
jambon de Bayonne presunto cru
jambon-beurre sanduíche de presunto e manteiga
jambonneau presunto de pernil
jardinière legumes variados
jarret jarrete
Joconde biscoito de amêndoas
julienne legumes picados
jus suco (fruta)
jus d'orange suco de laranja
jus de fruits suco de frutas
jus de pamplemousse suco de *grapefruit*
jus de poire suco de pêra
jus de pomme suco de maçã
jus de tomate suco de tomate

K

Kig-Ha-Farz mistura de carne de porco e de vaca, legumes e trigo sarraceno (*Bret.*)
kir vinho branco com licor de cassis
kir royal champanhe e licor de cassis
kirsch licor de cereja
kouing-aman massa crocante caramelizada (*Bret.*)

L

lait leite

laitue alface
lamproie lampreia (peixe)
langouste lagosta
langoustines lagostim
langue língua
lapin coelho
lapin à la flamande coelho marinado (*Bélg.*)
lard bacon, toucinho
laurier louro (tempero)
léger leve (vinho)
légumes legumes
lentilles lentilhas
lièvre lebre
limonade soda limonada
liqueur licor
(à la) lorraine na brasa com vinho tinto e repolho roxo
lotte peixe de carne branca e firme, semelhante ao bacalhau
lotte de mer tamboril (peixe de gosto suave, adocicado e textura borrachenta)
loup robalo (peixe)
(à la) lyonnaise salteado com cebola

M

madère com vinho Madeira
magret de canard filé de peito de pato gordo (*Dord.*)
maïs milho
maison caseiro
maître d'hôtel maître, chefe dos garçons
mandarine tangerina
manons chocolate recheado com creme de leite fresco (*Bélg.*)
maquereau cavalinha (peixe)
marc destilado de uva
marcassin javali jovem
marchand de vin negociante de vinho
mariné marinado
marinière vinho branco, caldo de mexilhões engrossado com gema de ovo
marjolaine manjerona; bolo de nozes em camadas
marrons castanhas portuguesas

matelote (d'anguilles) peixe (esp. enguia) cozido no vinho (*Tours, Anjou*)
médaillon medalhão
melon melão
menthe menta
menthe à l'eau xarope de menta com água
menu à prix fixe menu a preço fixo
menu gastronomique menu gastronômico
menu touristique refeição a preço fixo, em que há escolha dos pratos
meringue merengue, suspiro
merlan pescada (peixe)
méthode champenoise método/estilo campestre
meunière manteiga escurecida, salsinha, suco de limão
miel mel
(à la) milanaise com queijo parmesão e manteiga
milhassou bolo de milho
milkshake milk-shake
mille-feuille mil-folhas
(à la) mode (à) moda, esp. receita local
moelle medula, tutano
molle, pâte mole (queijo)
mollet mole (ovo)
mont-blanc sobremesa de castanhas com creme batido
morilles cogumelos morilles
Mornay molho de queijo
mortadelle mortadela
morue bacalhau
moules mexilhões
moules marinière mexilhões cozidos no vinho branco, com cebola, tomilho e salsinha
mousse au chocolat mousse de chocolate
mousse de foie patê de fígado
mousseline maionese com creme de leite; purê de peixe cru com creme de leite
mousseux espumoso (vinho)
moutarde mostarda; molho de mostarda

LENDO O CARDÁPIO

59

mûres amoras
muscade noz-moscada
myrtilles mirtilos

N

nature ao natural; puro (chá)
navets nabos
nectar d'abricot suco de abricó
(à la) niçoise com alho, filés de anchova, azeitonas, cebola e tomates
Noilly Prat® vermute francês
noir preto, puro (café/chá)
noisette avelã; pedaço redondo de carne sem osso
noisette de porc aux pruneaux lombo de porco/filé com ameixas secas e creme de leite (*Loire*)
noix nozes
noix de coco coco
noix de muscade noz-moscada
(à la) normande cogumelos, ovos e creme de leite
nouilles espaguete

O

œufs ovo
œuf à la coque ovo cozido (gema mole)
œuf dur ovo duro
œufs Argenteuil ovos em tortinhas, com aspargos e creme de leite
œufs à la Bruxelles ovos com chicória refogada e creme de leite
œufs à la diable ovos apimentados
œufs à la neige suspiro com calda
œufs au bacon ovos com *bacon*
œufs au jambon ovos com presunto
œufs au plat ovos fritos
œufs brouillés ovos mexidos
œufs mimosa ovos duros servidos com maionese
oie ganso
oignons cebolas
olives azeitonas
omble (chevalier) espécie de salmão (peixe saboroso e delicado)
omelette (nature) omelete (ao natural)
omelette au fromage omelete de queijo
omelette au jambon omelete de presunto
omelette aux champignons omelete de cogumelos
omelette aux fines herbes omelete de ervas finas
onglet corte superior de carne
opéra bolo de nozes e chocolate em camadas
orange laranja
orangeade laranjada
origan orégano
ormeaux espécie de marisco (textura borrachenta)
ortolan verdelhão (ave comestível)

P

pain pão
pain au chocolat massa folhada com recheio de chocolate
pain au levain pão de levedura
pain aux raisins pão doce com uvas passas
pain blanc/bis pão branco/escuro
pain complet/intégral pão integral
pain d'épices pão de mel e gengibre (*Dijon*)
pain de seigle pão de centeio
pain de son pão de farelo de trigo
pain grillé torrada
paillasson batata frita em fatias (*Lyon*)
palourdes palurdas (espécie de marisco)
pamplemousse *grapefruit*
panaché misto; bebida feita de cerveja e limonada ou cerveja de gengibre
panbagna/pan bagnat sanduíche de atum e salada (*Riv.*)
pannequet crepe em forma de envelope
(en) papillote cozido em envelope de papel-alumínio
parfait glacé sobremesa gelada
Paris-Brest rosca de massa folhada com creme
(à la) parisienne com cogumelo e molho de vinho branco
Parmentier com batatas
pastèque melancia
pastis bebida à base de anis (*Prov./Midi*); torta flocada de maçã (*Dord.*)
pâté forma de massa folhada; patê de fígado e porco

pâtes massas, macarrão
pâtes fraîches massas frescas
pâtisseries doces
paupiettes de veau Valentino vitela enrolada com aspargos e molho de tomate
(à la) paysanne com legumes
pêche pêssego
perche perca (peixe)
perdreau perdiz jovem
perdrix perdiz
Périgueux com paté de fígado de ganso ou pato e trufas
Pernod® aperitivo de anis
persil salsinha
petit déjeuner café-da-manhã
petit four petit-four, biscoitinho
petit noir café expresso
petit pain pãozinho, pão de leite
petit pain au cumin pãozinho com semente de cominho
petit pain aux pavots pãozinho com semente de papoula
petit salé aux lentilles carne de porco salgada com lentilhas
petit-suisse queijo fresco espesso (tipo coalhada) servido com açúcar ou geléia
petits pois ervilhas
petits trianons barras de chocolate ao leite
pieds pés/patas
pieds (et) paquets patas de cordeiro recheadas (*Mar.*)
pigeon pombo
pigeonneau pombo jovem
pignons *croissants* amanteigados com pinole (*Prov.*)
pilaf arroz cozido em caldo de cebola
piment pimenta
pintade galinha-d'angola
pintadeau galinha-d'angola jovem
pissaladière espécie de pizza de cebola e filés de anchova (*Prov.*)
pistou sopa de legumes e macarrão; pasta de alho e manjericão fresco (*Riv.*)
plaque de chocolat barra de chocolate (grande)

plat (du jour) prato (do dia)
plateau bandeja
plat principal prato principal
plie linguado europeu (peixe)
poché poché
poire pêra
poire à la Condé pêra quente em leito de arroz aromatizado com baunilha
poire Belle-Hélène pêra com sorvete de creme e calda de chocolate
poireaux alhos-porós
pois mange-tout ervilhas tortas
poissons peixes
poivrade molho de pimenta
poivre pimenta-do-reino
poivrons pimentões
polenta polenta
pomme maçã
pommes de terre batatas
pommes allumettes batatas fritas (palitos finos)
pommes dauphine batatas amassadas com manteiga e gema de ovo, temperadas, misturadas com farinha e fritas
pommes duchesse batata amassada com manteiga e gema de ovo
pommes en robe des champs batatas com casca
pommes frites batatas fritas
pommes mousseline batatas amassadas
pommes nature batatas cozidas
pommes nouvelles batatas novas
pommes vapeur batatas no vapor
pompes à l'huile bolo aromatizado com água de flor de laranjeira ou anis (*Riv.*)
porc porco (carne de)
porto vinho do Porto; com vinho do Porto
pot-au-feu carne bovina cozida com legumes
potage sopa
potage à l'ail sopa de alho
potage au cresson sopa de agrião
potage bilibi sopa de peixe e ostras
potage bonne femme sopa de batatas, alho-poró e às vezes *bacon*
potage Condé sopa de feijão

potage du Barry creme de couve-flor
potage julienne sopa de legumes picados
potage Parmentier sopa de batatas
potiron abóbora
poularde galinha gorda
poule galinha
poule au pot guisado de galinha com legumes
poulet frango
poulet créole frango ao molho branco e arroz
poulet Marengo frango ao vinho branco
poulet rôti frango assado
poulette galeta com manteiga, creme de leite e gema de ovo
poulpes polvos
pour deux personnes para duas pessoas
poussin frango jovem
praires espécie de marisco
pressé suco natural
pression chope
profiterole bombinha recheada
(à la) provençale cebolas, tomates, alho
pruneaux ameixas secas
prunes ameixas
pudding à la Reine pudim de pão, com limão, creme e abricó
puits d'amour forma de massa folhada com calda de licor
purée de pommes de terre purê de batatas

Q

quatre-quarts bolo cujos quatro ingredientes têm peso igual
quenelles bolinhos cozidos de peixe ou carne branca
quiche savory quiche ou torta aberta

R

raclette prato com queijo derretido
radis rabanetes
ragoût ensopado de carne bovina
raie arraia
raifort raiz-forte
raisin (blanc/noir) uva (branca/preta)
raisins secs uvas passas
ramequin tortinha de queijo
râpé ralado
rascasse peixe utilizado na *bouillabaisse*
ratatouille caçarola de legumes
ravigote molho de vinagre com ovos, alcaparras e ervas
religieuse au chocolat/café bombinha com recheio de chocolate/café
rémoulade molho aromatizado com mostarda e ervas
réserve du patron adega da casa (café, restaurante)
rhubarbe ruibarbo
rhum rum
Ricard® aperitivo à base de anis
rillettes patê, em geral de pato
rillettes de porc carne de porco moída, servida em terrinas
rillons espécie de torresmo; entrada
ris de veau vísceras de vitela
riz arroz
rognons rins
romarin alecrim
rosbif rosbife
rosé rosé (vinho)
rosette espécie de salame (*Lyon*)
rôti assado
rouge tinto (vinho)
rouget salmonete
rouille maionese de alho e pimenta vermelha
rouilleuse molho de vinho branco, engrossado com sangue

S

sabayon zabaione (sobremesa cremosa)
sablé au beurre espécie de biscoito amanteigado
sacristains massa retorcida coberta com açúcar ou queijo
safran açafrão
saignant sangrento, malpassado
saint-cyr merengue com mousse gelada de chocolate
saint-honoré massa de bomba com creme
saint-pierre são-pedro ou st. peter (peixe com sabor adocicado de nozes)
salade salada

salade composée salada mista
salade au cabécou salada de queijo de cabra (*Dord.*)
salade chiffonnade alface crespa e azedinha com manteiga derretida
salade de foies de volaille alface e fígado de galinha
salade de museau de bœuf salada de focinho de boi marinado
salade de thon salada de atum
salade niçoise salada de atum, filés de anchova, azeitonas pretas e arroz
salade russe salada russa (legumes picados com maionese)
salade verte salada de folhas
sandre espécie de peixe
sandwich sanduíche
sandwich au fromage sanduíche de queijo
sandwich au jambon sanduíche de presunto
sanglier javali
sans glaçon sem gelo (cubos)
sarcelle cerceta (espécie de marreco)
sardines sardinhas
sauces molhos
sauce bleue vinagrete com queijo blue (tipo de roquefort)
sauce diable molho com pimenta-de-caiena, cebola, pimenta-do-reino
sauce Périgueux molho Madeira com conhaque e trufas
saucisse salsicha
saucisse de Francfort salsicha de vitela e porco
saucisse de Morteau salsicha de porco para cozinhar
saucisse de Strasbourg salsicha de porco
saucisson salsichão
saucisson brioché pão recheado com salsichão (*Lyon*)
sauge sálvia
saumon salmão (peixe)
sauté salteado
savarin bolo regado com rum
scallopini escalopes empanados

scampi camarões empanados
Schweppes® água tônica
sec seco (vinho)
sel sal
selle lombo
selon arrivage conforme a chegada
selon grosseur/grandeur (s.g.) preço cobrado conforme o tamanho
sirop xarope
socca panqueca de farinha de grão-de-bico, servida quente (*Nice*)
sole linguado (peixe)
sorbet sorvete à base de água
soubise molho de cebola e creme de leite
soufflé suflê
soufflé au Grand Marnier suflê doce, feito com licor de laranja
soufflé Rothschild suflê de baunilha e frutas cristalizadas
soupe sopa
soupe à la bière sopa de cerveja com caldo de galinha e cebola (*Bélg.*)
soupe à l'oignon sopa de cebola
soupe au pistou sopa de legumes com molho de pesto (*Prov.*)
soupe aux choux sopa de repolho
soupe de Pélous sopa de caranguejo com tomates, açafrão e pão
soupe de poisson sopa de peixes pequenos, cozidos com tomates e açafrão, amassados e passados na peneira
soupe du jour sopa do dia
spécialités locales especialidades da região
steak bife
steak au poivre bife coberto com pimenta em grão
steak tartare carne bovina crua, servida com ovos, alcaparras e salsa
steak-frites bife e batatas fritas
sucre açúcar
supplément/en sus suplemento/extra
suprême caldo grosso de galinha
suprême de volaille peito de frango com creme de leite
sur commande sob encomenda

LENDO O CARDÁPIO

T

tablier de sapeur pé/bucho de porco frito e empanado
tajine cordeiro com amêndoas e uvas passas
tapenade patê de azeitonas e filés de anchova (*Prov.*)
tartare maionese temperada com mostarda e ervas
tarte à la brousse torta de queijo, doce ou salgada (*Córsega*)
tarte à la cannelle torta de mirtilo e canela
tarte au citron meringuée torta de limão com merengue
tarte au fromage torta de queijo
tarte aux pommes torta de maçã
tarte de blettes torta de folhas de beterraba, queijo e uvas passas
tarte frangipane torta com recheio de amêndoas
tarte Tatin torta invertida de maçã
tartelette torta pequena
tartine pão com manteiga e presunto, geléia ou mel
tarte tropézienne bolo com *crème pâtissière*
tasse de thé xícara de chá
tellines amêijoa (espécie de marisco) temperada com alho e salsa (*Riv.*)
terrine terrina, patê de textura grossa
tête de nègre merengue coberto com chocolate amargo
thé chá
thé à la menthe chá com menta
thé au citron chá com limão
thé au lait chá com leite
thé glacé chá gelado
thé nature chá puro
thon atum
thym tomilho
tian de courgettes guisado de abobrinha italiana (*Riv.*)
(en) timbale massa recheada, de forma circular
tisane chá de ervas
tomates tomates
tomate aux crevettes tomate recheado com camarões e maionese (*Bélg.*)
tourain/tourin sopa (*Dord.*)
tournedos medalhões de filé mignon
tournedos Rossini medalhões com molho de vinho Madeira
tourte torta salgada
tourteau fromager torta de queijo de cabra
tranche fatia
tripes à la mode de Caen guisado de tripas com Calvados
triple sec licor de laranja
truffes trufas
truite trutas
truite saumonée truta (peixe)
turbot linguado (peixe)

V

vacherin glacé merengue de sorvete
veau vitela
velouté creme de...
velouté de tomates creme de tomates
velouté de volaille creme de galinha
veloutée caldo grosso de galinha ou de carne
verre copo
verre de lait copo de leite
verte maionese de espinafre, agrião, ervas
viande carne
viande séchée des Grisons carne-seca defumada
vin vinho
vinaigrette vinagrete
vin du pays vinho da região
vin ordinaire vinho comum
volaille ave, galinha
V.S.O.P. conhaque de mais de 5 anos

WXY

waterzooi de poulet frango ao vinho branco (*Bélg.*)
xérès xerez
yaourt/yoghourt iogurte

VIAGEM

ESSENCIAL	
1/2/3 para...	**Un/deux/trois pour...**
	ẽ/ẽdö/trruá purr
Para..., por favor.	**À..., s'il vous plaît.**
	a..., sil vu plé
Só ida.	**aller-simple**
	alê sẽpl
Ida e volta.	**aller-retour** *alê rrøturr*
Quanto é?	**C'est combien?**
	sé kõbiẽ

SEGURANÇA

Poderia me acompanhar...?	**Pourriez-vous m'accompagner...?**
	purriê vu makõpanhê
até o ponto de ônibus	**jusqu'à l'arrêt d'autobus**
	jûska larré dø bûs
até o meu hotel	**jusqu'à mon hôtel**
	jûska mõ nôtél
Não quero... sozinho(a).	**Je ne veux pas... tout(e) seul(e).**
	jø nø vö pa... tu(t) sœl
ficar aqui	**rester ici** *rréstê issi*
voltar a pé	**rentrer chez moi à pied**
	rrãtrrê chê muá a pié
Não me sinto	**Je ne me sens pas en sécurité ici.**
em segurança aqui.	*jø nø mø sã pa ã sêkûrritê issi*

CHEGADA

Restrições de importação entre países da UE foram diminuídas para itens de uso ou consumo pessoal que sejam adquiridos dentro da UE e fora dos *free-shops*. Máximo sugerido: 90 litros de vinho ou 60 litros de vinho espumante, 20 litros de vinhos fortificados, 10 litros de destilados e 110 litros de cerveja.

Ao comprar vinho diretamente do produtor, verifique se a TVA (taxa sobre o valor agregado) foi paga (selo **capsule-congé** na garrafa ou na caixa). Na dúvida, peça um recibo de TVA (**un reçu TVA**).

Documentos exigidos

Cidadãos brasileiros não precisam de visto para entrar na França como turistas, se pretendem permanecer até no máximo 90 dias. O que se exige é um seguro de viagem internacional, que inclua assistência médica e hospitalar e repatriação, com cobertura total de € 30 mil. Além disso, a imigração pode pedir um comprovante de estada, que pode ser o *voucher* do hotel ou da excursão. Em caso de hospedagem na casa de particulares, é preciso que o hospedador retire a **attestation d'accueil** na *Mairie* (Prefeitura) e envie ao hóspede pelo correio. Em caso de viagem a negócios, é preciso comprovar meios financeiros de estada e levar uma carta do empregador explicando o motivo da viagem.

Verificação de passaporte

Nós temos um passaporte conjunto.	**Nous avons un passeport joint.** *nu zavõ ẽ paspórr juẽ*
As crianças estão neste passaporte.	**Les enfants sont sur ce passeport.** *lê zãfã sõ sûrr sø paspórr*
Estou aqui em férias/a negócios.	**Je suis ici en vacances/pour affaires.** *jø sûí issi ã vakãs / purr afêrr*
Estou em trânsito.	**Je suis en transit.** *jø sûí zã trrãzit*
Vou a...	**Je vais à...** *jø vé a*
Estou...	**Je suis...** *jø sûí*
sozinho(a)	**tout(e) seul(e)** *tu(t) sœl*
com minha família	**avec ma famille** *avék ma famiy*
com um grupo	**avec un groupe** *avék ẽ grrup*

Alfândega

Tenho apenas as quantidades autorizadas.	**Je n'ai que les quantités autorisées.** *jø nê kø lê kãtitê ôtôrrizê*
É um presente.	**C'est un cadeau.** *sé tẽ kadô*
É para o meu uso pessoal.	**C'est pour mon usage personnel.** *sé purr mõ nũzaj pérrsonél*
Eu queria declarar...	**Je voudrais déclarer...** *jø vudrré déklarrê*
Eu não compreendo.	**Je ne comprends pas.** *jø nø kõprrã pa*
Há alguém aqui que fale português?	**Y a-t-il quelqu'un ici qui parle portugais?** *i a til kélkẽ issi ki parrl pórrtũghé*

Compras no *free-shop*

O preço está em que moeda?	**C'est en quelle monnaie?** *sé tã kél moné*
Posso pagar em...?	**Est-ce que je peux payer en...?** *ésk jø pö pêyê ã*
dólares	**dollars** *dôlarr*
euros	**euros** *örrô*
libras	**livres** *livrr*

VOCÊ PODE VER

CONTRÔLE DES PASSEPORTS	verificação de passaportes
POSTE FRONTIÈRE	posto de fronteira
DOUANE	alfândega
RIEN À DÉCLARER	nada a declarar
MARCHANDISES À DÉCLARER	mercadorias a declarar
MARCHANDISES HORS TAXE	mercadorias isentas

VOCÊ PODE OUVIR

Avez-vous quelque chose à déclarer?	Tem alguma coisa a declarar?
Il y a des droits de douane à payer sur cet article.	Há taxas a pagar sobre este artigo.
Où avez-vous acheté ceci?	Onde comprou isto?
Pouvez-vous ouvrir ce sac, SVP?	Pode abrir esta mala, por favor?

AVIÃO

A *Air Inter*, principal companhia aérea interna da França, opera entre Paris e Bordeaux, Lyon, Marselha, Montpellier, Mulhouse, Nantes, Nice, Estrasburgo e Toulouse. Informe-se sobre descontos conforme o dia e a hora do vôo.

Bilhetes e reservas

A que horas é o... vôo para...?	**À quelle heure est le... vol pour...?** *a kél œrr é lø... vól purr*
primeiro/próximo/último	**premier/prochain/dernier** *prrømiê/prrôchẽ/dérrniê*
Eu queria dois... para...	**Je voudrais deux... pour...** *je vudrré dö... purr*
só ida	**aller-simple** *alê sẽpl*
ida e volta	**aller-retour** *alê rrøturr*
primeira classe	**première classe** *prrømiérr klas*
classe executiva	**classe affaires** *klas afén*
classe econômica	**classe économique** *klas êkônômik*
Quanto custa um vôo para...?	**Combien coûte un vol pour...?** *kõbiẽ kut ẽ vól purr*
Eu queria... minha reserva para o vôo número...	**Je voudrais... ma réservation pour le vol numéro...** *jø vudrré... ma rrêzérrvassiõ purr lø vól nûmêrrô*
cancelar	**annuler** *anûlê*
mudar	**changer** *chãjê*
confirmar	**confirmer** *konfirrmê*

Perguntas sobre o vôo

Há taxas extras/descontos?	**Y a-t-il des suppléments/réductions?** *i a til dê sûplêmã/rrêdûksiõ*
A que horas parte o avião?	**À quelle heure part l'avion?** *a kél œrr parr laviõ*
A que horas chegaremos?	**À quelle heure arriverons-nous?** *a kél œrr arrivørrõ nu*
A que horas é o *check-in*?	**À quelle heure est l'enregistrement?** *a kél œrr é lãrrøjistrrømã*

Fazendo o *check-in*

Onde é o balcão de *check-in* para o vôo...?	**Où est le bureau d'enregistrement pour le vol...?** *u é lø bûrrô dãrrøjistrrømã*
Eu tenho...	**J'ai...** *jê*
três malas para embarcar	**trois valises à faire enregistrer** *trruá va<u>liz</u> a férr ãrrøjist<u>rrê</u>*
duas bagagens de mão	**deux bagages à main** *dö ba<u>gaj</u> a mẽ*

VOCÊ PODE OUVIR

Votre billet/passeport, s'il vous plaît.	Seu bilhete/passaporte, por favor.
Voulez-vous un siège côté hublot ou côté couloir?	Quer um assento do lado da janela ou do corredor?
Fumeur ou non-fumeur?	Fumante ou não-fumante?
Veuillez vous rendre dans la salle de départ.	Queira dirigir-se à sala de embarque.
Combien de bagages avez-vous?	Quantas malas você tem?
Vos bagages sont trop lourds.	Você tem excesso de bagagem.
Vous devrez payer un supplément de...	Terá de pagar uma taxa extra de...
Ceci est trop lourd/grand pour les bagages à main.	Isto é muito pesado/grande para bagagem de mão.
Avez-vous fait vos valises vous-même?	Você mesmo fez suas malas?
Est-ce qu'ils contiennent des objets pointus ou électriques?	Elas contêm objetos pontiagudos ou elétricos?

VOCÊ PODE VER

ARRIVÉES	chegadas
DÉPARTS	partidas
CONTRÔLE DE SÉCURITÉ	controle de segurança
NE LAISSEZ PAS VOS BAGAGES	não deixe sua bagagem
SANS SURVEILLANCE	sem vigilância

VIAGEM

Informações

O vôo... está atrasado?	**Est-ce que le vol... a du retard?** ésk lø vól... a dû rrø<u>tarr</u>
Quanto tempo está atrasado?	**Il a combien de retard?** il a kõ<u>biẽ</u> dø rrø<u>tarr</u>
O vôo... chegou?	**Est-ce que le vol de... est arrivé?** ésk lø vól... é tarri<u>vê</u>
De que portão sai o vôo...?	**De quelle porte part le vol...?** dø kél pórrt parr lø vól

Embarcando/A bordo

Seu cartão de embarque, por favor.	**Votre carte d'embarquement, s'il vous plaît.** votrr kart dãbarrkø<u>mã</u>, sil vu plé
Eu poderia pedir alguma coisa para beber/comer?	**Est-ce que je pourrais avoir quelque chose à boire/à manger?** ésk jø pu<u>rré</u> a<u>vuar</u> kélk chõz a buarr/a mã<u>jê</u>
Pode me acordar para a refeição, por favor?	**Pouvez-vous me réveiller pour le repas, s'il vous plaît?** puvê vu mø rrêvê<u>yê</u> purr lø rrøpa, sil vu plé
A que horas chegaremos?	**À quelle heure arriverons-nous?** a kél œrr arrivø<u>rrõ</u> nu

Chegada

Onde é/são...?	**Où est/sont...?** u é/sõ
a casa de câmbio	**le bureau de change** lø bû<u>rrô</u> dø chãj
o ônibus	**les autobus** lê zôtô<u>bûs</u>
a locadora de veículos	**le bureau de location de voitures** lø bû<u>rrô</u> dø lôka<u>ssiõ</u> dø vua<u>turr</u>
a saída	**la sortie** la sórr<u>ti</u>
os táxis	**les taxis** lê tak<u>si</u>
Há algum ônibus para ir à cidade?	**Est-ce qu'il y a un bus pour aller en ville?** ésk il i a ẽ bûs purr a<u>lê</u> ã vil
Como chego ao hotel?	**Comment est-ce que je peux me rendre à l'hôtel...?** ko<u>mã</u> ésk jø pö mø rãdrr a lô<u>tél</u>

Malas/Bagagem

Gorjeta: se quiser dar uma gorjeta ao carregador, são usuais as seguintes quantias (por mala): França e Bélgica, 1 euro; Suíça, 1 a 2 francos.

Carregador! Por favor!	**Porteur! S'il vous plaît!** *pórrtœrr sil vu plé*
Poderia levar minha bagagem para...?	**Pourriez-vous emporter mes bagages à...?** *purriê vu ãpórrtê mê bagaj a*
um táxi/ônibus	**jusqu'à un taxi/bus** *jûska ẽ taksi/bûs*
Onde está/estão...?	**Où est/sont...?** *u é/sõ*
os carrinhos de bagagem	**les chariots à bagages** *lê charriô a bagaj*
área de recepção de bagagens	**la consigne** *la kõssinh*
Onde estão as bagagens do vôo...?	**Où sont les bagages du vol...?** *u sõ lê bagaj dû vól*

Perdas, danos e furtos

Perdi minha bagagem.	**J'ai perdu mes bagages.** *jê pérrdû mê bagaj*
Roubaram minha bagagem.	**On m'a volé mes bagages.** *õ ma vôlê mê bagaj*
Minha mala foi danificada.	**Ma valise a été abîmée.** *ma valiz a êtê abimê*
Nossa bagagem não chegou.	**Nos bagages ne sont pas arrivés.** *nô bagaj nø sõ pa arrivê*

VOCÊ PODE OUVIR

Comment sont vos bagages?	Como é sua bagagem?
Avez-vous le ticket de consigne?	Você tem o tíquete de embarque das bagagens?
Vos bagages...	Sua bagagem...
ont peut-être été envoyés à...	talvez tenha sido enviada a...
arriveront peut-être dans la journée.	talvez chegue ainda hoje.
Veuillez revenir demain, SVP.	Queira retornar amanhã, por favor.
Téléphonez à ce numéro pour savoir si vos bagages sont arrivés.	Telefone para este número para saber se sua bagagem chegou.

TREM

TGV *tê jê vê*
trem de alta velocidade (**Train à Grande Vitesse**); reserva obrigatória no momento da compra do bilhete; pode ser necessário pagar uma taxa extra.

Eurostar/Le Shuttle *örrostarr/lø shœtél*
conexão pelo túnel do Canal da Mancha para carros e passageiros a partir da estação Waterloo, em Londres, até Paris e Bruxelas (carros apenas de Folkstone a Calais); não é necessário reservar.

EuroCity	*örrôssiti*	trem expresso internacional
Rapide	*rrapid*	expresso de longa distância; vagões luxuosos (*Fr.*)
Intercity	*ētérrsiti*	expresso intermunicipal com poucas paradas
Express	*éksprrés*	trem comum de longa distância (*Fr.*)
Direct	*dirrékt*	trem comum de longa distância (*Bél., Suíça*)
Omnibus	*ómnibûs*	trem local (*Fr. Bél*)
Train régional	*trrē lokal*	trem local (*Suíça*)
Autorail	*ôtôrray*	pequeno trem a *diesel* usado em trechos curtos
RER (Réseau Express Régional)	*érr ö érr*	rede de trens da região parisiense, ligada ao metrô
Train-Auto-Couchette	*trrē ôtô kuchét*	serviço de autotrem; é necessário reservar com antecedência
wagon-restaurant	*vagō rréstorrã*	vagão-restaurante
wagon-lit	*vagō li*	vagão-dormitório com compartimentos individuais e lavabo
couchette	*kuchét*	leito com roupa de cama; **supérieure** (superior) ou **inférieure** (inferior)

Verifique os vários descontos e passes de viagem disponíveis: para crianças (**Carte Kiwi, Carte Jeune**); famílias (**Rail Europ F, Zoom**); idosos (**Carte Vermeil, Rail Europ Senior**); menores de 26 (**Domino, Eurail Youthpass; BIJ** [Bélg.]; **InterRail**); casais (**Carte couple**); reservas antecipadas (**Joker**); fora de temporada (**Carrissimo, billet séjour**).

Paris tem várias estações importantes: *gare du Nord* (norte, incl. Eurostar, Reino Unido), *gare de l'Est* (leste), *gare d'Austerlitz* (sudoeste, Bordeaux, Espanha), *gare Saint-Lazare* (Normandia, Dieppe), *Montparnasse* (oeste, Bretanha) e *gare de Lyon* (Riviera, Suíça e Itália).

A caminho da estação

[Como faço] Para ir à estação (principal)?	**Pour aller à la gare (principale)?** *purr alê a la garr (prrēsipal)*
Os trens para... saem da estação...?	**Est-ce que les trains pour... partent de la gare...?** *ésk lê trrẽ purr... parrt dø la garr*
É longe?	**(Est-ce que) c'est loin?** *(ésk) sé loẽ*
Posso deixar meu carro lá?	**Est-ce que je peux y laisser ma voiture?** *ésk jø pö lêssê ma vuatūrr*

Na estação

Onde é/são...?	**Où est/sont...?** *u é/sõ*
a casa de câmbio	**le bureau de change** *lø bûrrô dø chãj*
o balcão de informações	**le bureau des renseignements** *lø bûrrô dê rrãssénhømã*
a área de recepção de bagagens	**la consigne** *la kõssinh*
o balcão de achados e perdidos	**le bureau des objets trouvés** *lø bûrrô dê zóbjé trruvê*
o guarda-volumes automático	**la consigne automatique** *la kõssinh otomatik*
as plataformas	**les quais** *lê ké*
a lanchonete/bufê	**le snack-bar/buffet** *lø snak/lø bûfê*
a bilheteria	**le guichet** *lø ghiché*
a sala de espera	**la salle d'attente** *la sal datãt*

VOCÊ PODE VER

ENTRÉE	entrada
SORTIE	saída
RÉSERVATIONS	reservas
RENSEIGNEMENTS	informações
ACCÈS AUX QUAIS	acesso às plataformas
ARRIVÉES	chegadas
DÉPARTS	partidas

Bilhetes

Lembre-se de validar seu bilhete de trem inserindo-o na máquina de validação laranja (**machine à composter** ou **composteur**) localizada nas estações; senão, o condutor (**contrôleur**) poderá multá-lo.

Onde posso comprar um bilhete?	**Où puis-je acheter un billet?** *u púíj achøtê ẽ biyé*
Eu queria um bilhete... para...	**Je voudrais un billet... pour...** *jø vudrré ẽ biyé... purr...*
de ida	**aller-simple** *alê sẽpl*
de ida e volta	**aller-retour** *alê rrøturr*
de primeira/segunda classe	**de première/deuxième classe** *dø prrømiérr/søgód klas*
com desconto	**à prix réduit** *a prri rrêdûí*
Eu queria reservar um lugar.	**Je voudrais réserver une place.** *je vudrré rrêsérrvê ûnn plas*
assento no corredor	**siège côté couloir** *siéj kôtê kuluarr*
assento na janela	**siège côté hublot** *siéj kôtê ûblô*
Há um vagão-leito?	**Est-ce qu'il y a un wagon-lit?** *ésk il i a ẽ vagõ li*
Eu queria um leito.	**Je voudrais une couchette.** *je vudrré ûnn kuchét*
superior/inferior	**supérieure/inférieure** *supêrriœrr/ẽfêrriœrr*

Preços

Quanto é?	**C'est combien?** *sé kõbiẽ*
Há desconto para...?	**Y a-t-il une réduction pour...?** *i a til ûnn rrêdûksiõ*
crianças/famílias	**les enfants/les familles** *lê zãfã/lê famiy*
pessoas idosas	**les personnes âgées** *perrsónn zajê*
estudantes	**les étudiants** *êtûdiã*
Você tem um bilhete barato de ida e volta para o mesmo dia?	**Est-ce que vous offrez un aller-retour dans la même journée bon marché?** *ésk vu zofrrê ẽ nalê rrøturr dã la mémm jurrnê bõ marrchê*

Perguntas

Preciso mudar de trem?	**Est-ce que je dois changer de train?** *ésk jø duá chãjê dø trrê*
É um trem direto.	**C'est un train direct.** *sé tẽ trrẽ dirrékt*
Você tem uma conexão em...	**Vous avez une correspondance à...** *vu zavê ûnn korréspondãs a*
Este bilhete é válido por quanto tempo?	**Ce billet est valable pour combien de temps?** *sø biyé ẽ valabl purr kõbiẽ dø tã*
Posso levar minha bicicleta no trem?	**Est-ce que je peux emporter mon vélo dans le train?** *ésk jø pö ãpórrtê mõ vêlô dã lø trrê*
Em que vagão é o meu assento?	**Dans quel wagon est mon siège?** *dã kél vagõ é mõ siéj*
Há um vagão-restaurante no trem?	**Est-ce qu'il y a un wagon-restaurant dans le train?** *ésk il i a ẽ vagõ rréstorrã dã lø trrê*

Horários de trem

Pode me dar uma relação de horários?	**Est-ce que je pourrais avoir un horaire?** *ésk jø purré avuarr ẽ nôrrérr*
A que horas é o... trem para...?	**À quelle heure est le... train pour...?** *a kél œrr é lø... trẽ purr*
primeiro/próximo/último	**premier/prochain/dernier** *prrømiê/prrôchẽ/dérrniê*

EM UMA ESTAÇÃO DE TREM

Deux billets pour Lyon, s'il vous plaît. *dö biyé purr lhõ, sil vu plé (Dois bilhetes para Lyon, por favor.)*
Aller-simple ou aller-retour? *alê sẽpl u alê rrøturr (Só ida ou ida e volta?)*
Aller-retour, s'il vous plaît. *alê rrøturr, sil vu plé (Ida e volta, por favor.)*

VIAGEM

Quantas vezes por dia há trens para...?	**Combien de fois par jour (est-ce qu') il y a des trains pour...?** *kõbiê dø fuá parr jurr (ésk) il i a dê trrê purr*
uma/duas vezes por dia	**une/deux fois par jour** *ûnn/dö fuá parr jurr*
cinco vezes por dia	**cinq fois par jour** *sêk fuá parr jurr*
de hora em hora	**toutes les heures** *tut lê zœrr*
A que horas eles partem?	**À quelle heure partent-ils?** *a kél œrr parrt il*
de hora em hora/ horas inteiras	**toutes les heures/à l'heure juste** *tut lê zœrr/a lœrr jûst*
aos 20 minutos de cada hora	**vingt minutes après l'heure** *vê min<u>û</u>t aprré lœrr*
A que horas o trem pára em...?	**À quelle heure le train s'arrête-t-il à...?** *a kél œrr le trrê sarrét til a*
A que horas o trem chega a...?	**À quelle heure le train arrive-t-il à...?** *a kél œrr le trrê arriv til a*
Quanto tempo dura a viagem?	**Combien de temps dure le voyage?** *kõbiê dø tã dûrr lø vuayaj*
O trem está no horário?	**Est-ce que le train est à l'heure?** *lø trrê é ta lœrr*

Partidas

De que plataforma sai o trem?	**De quel quai part le train pour...?** *dø kél ké parr le trrê purr*
Onde é a plataforma número 4?	**Où est le quai numéro 4?** *u é lø ké nûmêrrô katrr*
lá	**là-bas** *la ba*
à esquerda/à direita	**à gauche/à droite** *a gôch/a drruat*
Onde devo fazer baldeação para...?	**Où est-ce que je dois changer pour...?** *u ésk jø duá chãjê purr*
Quanto tempo devo esperar para a conexão?	**Combien de temps dois-je attendre pour une correspondance?** *kõbiê dø tã duaj atãdrr purr ûnn korréspõdãs*

Embarcando

Esta é a plataforma do trem para...?	**Est-ce bien le bon quai pour le train pour...?** és biẽ lø bõ ké purr lø trrẽ purr	
Este é o trem para...?	**Est-ce que c'est bien le train pour...?** ésk sé biẽ lø trrẽ purr	
Este lugar está ocupado?	**Est-ce que cette place est occupée/prise?** ésk sét plas é tokûpê/prriz	
Acho que este é o meu lugar.	**Je crois que c'est ma place.** jø krruá kø sé ma plas	
Há lugares/leitos livres?	**Est-ce qu'il y a des places/couchettes libres?** ésk il i a dê plas/kuchét librr	
Você se incomoda se...?	**Est-ce que ça vous dérange si...?** ésk sa vu dêrrãj si	
eu me sentar aqui	**je m'asseois ici** jø massuá issi	

Durante a viagem

Quanto tempo ficaremos parados aqui?	**Combien de temps est-ce que nous nous arrêtons ici?** kõbiẽ de tã ésk nu nu zarrêtõ issi
A que horas chegaremos a...?	**À quelle heure arrivons-nous à...?** a kél œrr arrivõ nu a
Nós já passamos por...?	**Est-ce que nous sommes déjà passés à...?** ésk nu sómm dêja passê a
Onde é o vagão-restaurante/vagão-leito?	**Où est le wagon-restaurant/wagon-lit?** u é lø vagõ rréstôrrã/vagõ li
Onde é o meu leito?	**Où est ma couchette?** u é ma kuchét
Perdi meu bilhete.	**J'ai perdu mon billet.** jê pérrdû mõ biyé

VOCÊ PODE VER

ARRÊT D'URGENCE	parada de emergência
SONNETTE D'ALARME	alarme
PORTES AUTOMATIQUES	portas automáticas

ÔNIBUS DE LONGA DISTÂNCIA

O serviço é eficiente e relativamente barato. Procure informações nas estações rodoviárias (**gare routière**), em geral localizadas perto das estações de trem.

A que horas é o próximo ônibus para...?	**À quelle heure est le prochain car pour...?** a kél œrr é lø prr**ô**ch**ē** karr purr
De que parada ele sai?	**De quel arrêt part-il?** dø kél a**rré** parr til
Onde são as paradas de ônibus?	**Où sont les arrêts de car?** u s**õ** lê za**rré** dø karr
O ônibus pára em...?	**Est-ce que le car s'arrête à...?** ésk lø karr sa**rrét** a
Quanto tempo dura a viagem?	**Combien de temps dure le voyage?** k**õ**b**iē** de t**ã** dûrr lø vua**yaj**

ÔNIBUS URBANOS

Normalmente os bilhetes podem ser comprados do motorista, mas lembre-se que você deve sempre validar seu bilhete na máquina (**compostez votre billet**).

Onde é o terminal de ônibus?	**Où est la gare routière?** u é la garr rruti**érr**
Onde posso pegar um ônibus para...?	**Où est-ce que je peux prendre un bus pour...?** u ésk jø pö prr**ã**drr **ē** bûs purr
A que horas sai o... ônibus para...?	**À quelle heure part le... bus pour...?** a kél œrr parr lø... bûs purr

VOCÊ PODE OUVIR

Vous devez prendre le bus numéro...	Você deve pegar o ônibus número...
Vous devez changer de bus à...	Você deve mudar de ônibus em...

VOCÊ PODE VER

ARRÊT D'AUTOBUS	parada/ponto de ônibus
ARRÊT FACULTATIF	parada facultativa
DÉFENSE DE FUMER	proibido fumar
SORTIE DE SECOURS	saída de emergência

Comprando bilhetes

Onde posso comprar bilhetes?
Où est-ce que je peux acheter des tickets?
u ésk jø pö achatê dê tiké

Um bilhete... para..., por favor.
Un ticket... pour..., s'il vous plaît.
ẽ tiké... purr... sil vu plé

de ida
aller *alê*

de ida e volta
aller-retour
alê rrøturr

Um carnê de bilhetes, por favor.
Un carnet de tickets, s'il vous plaît.
ẽ karrnê dø tiké sil vu plé

Quanto custa um bilhete para...?
Combien coûte un ticket pour...?
kõbiẽ kut ẽ tiké purr

Viajando

Este é o ônibus/bonde para...?
C'est bien le bon bus/tram pour...?
sé biẽ lø bõ bûs/trramm purr

Poderia me dizer quando devo descer?
Pourriez-vous me dire quand il faut descendre?
purriê vu mø dirr kã il fô dêssãdrr

Preciso mudar de ônibus?
Est-ce que je dois changer de bus?
ésk jø duá chãjê dø bûs

Quantos pontos são até...?
Combien d'arrêts est-ce qu'il y a jusqu'à...?
kõbiẽ darré ésk il i a jûska

Próximo ponto, por favor!
Prochain arrêt, s'il vous plaît!
prrôchẽ narré sil vu plé

NO PONTO DE ÔNIBUS

C'est bien le bon bus pour le centre-ville?
sé biẽ lø bõ bûs purr lø sãtrr vil
(Este é o ônibus para o centro da cidade?)

Oui, le numéro huit. *ûi lø nûmêrrô ûit*
(Sim, o número 8.)

Merci. *mérrsi* (Obrigado(a).)

De rien. *dø rriẽ* (De nada.)

Metrô

Paris, Bruxelas, Lille e Lyon possuem excelentes sistemas de metrô. Grandes mapas em cada estação tornam fácil usar o sistema. O valor é padrão, independentemente da distância do percurso. Os bilhetes podem sair mais baratos se comprados em lotes de dez (**un carnet**).

O metrô de Paris permanece fechado das 00h50 às 5h30.

Perguntas gerais

Onde é a estação de metrô mais próxima?	**Où est la station de métro la plus proche?** *u é la sta_ssi_õ d_ø_ mê_trr_õ la plû prróch*
Onde posso comprar um bilhete?	**Où est-ce que je peux acheter un ticket?** *u ésk j_ø_ pö acho_tê_ ẽ ti_ké*
Poderia me dar um mapa do metrô?	**Est-ce que je pourrais avoir un plan du métro?** *ésk j_ø_ purré a_v_uarr ẽ plã dû mê_trr_õ*

Viujando

Que linha devo pegar para...?	**Quelle ligne dois-je prendre pour...?** *kél linh duaj prrãdrr purr*
Este é o metrô para...?	**Est-ce que c'est bien la bonne rame pour...?** *ésk sé biẽ la bónn rramm purr*
Qual estação é para...?	**C'est quelle station pour...?** *sé kél sta_ssi_õ purr*
Quantas estações são até...?	**Combien de stations est-ce qu'il y a jusqu'à...?** *kõbiẽ de sta_ssi_õ ésk il i a jû_ska_*
A próxima estação é...?	**Est-ce que la prochaine station est bien...?** *ésk la prr_ô_chénn sta_ssi_õ é biẽ*
Onde nós estamos?	**Où sommes-nous?** *u sómm nu*
Onde devo fazer baldeação para...?	**Où est-ce que je dois changer pour...?** *u ésk j_ø_ duá chã_jê_ purr*
A que horas é o último metrô para...?	**À quelle heure est la dernière rame pour...?** *a kél œrr é la dérr_niérr_ rramm purr*

FERRY

As companhias de *ferry* que operam a partir do Reino Unido incluem: Stena Sealink, Hoverspeed, Brittany Ferries, P&O, Sally Ferries, North Sea Ferries.

A que horas é o... *ferry* para...?	**À quelle heure est le... car-ferry pour...?** *a kél œrr é lø... karr fêrri purr*
primeiro/próximo/último	**premier/prochain/dernier** *prrømiê/prrôchẽ/dérrniê*
o *hovercraft*/o barco	**l'hovercraft/le bateau** *lovœrrkraft/lø batô*
Um bilhete de ida e volta para...	**Un billet aller et retour pour...** *ẽ biyé alê rrøturr purr*
um carro e um *trailer*	**une voiture et une caravane** *ûnn vuatûrr ê ûnn karravann*
dois adultos e três crianças	**deux adultes et trois enfants** *dö zadûlt ê trruá zãfã*
Eu queria reservar uma cabine...	**Je voudrais réserver une cabine...** *jø vudrré rrêzérrvê ûnn kabinn*

VOCÊ PODE VER

ACCÈS AUX GARAGES INTERDIT	acesso às garagens proibido
CANOT DE SAUVETAGE	bote salva-vidas
GILETS DE SAUVETAGE	coletes salva-vidas
POINT DE RASSEMBLEMENT	ponto de encontro

Passeio de barco

Uma forma relaxante de ver Paris é fazer um passeio de **bateau-mouche** ou **vedette** pelo rio Sena.

Há...?	**Est-ce qu'il y a...?** *ésk il i a*
passeios de barco	**un voyage en bateau** *ẽ vuayaj ã batô*
cruzeiros pelo rio	**une croisière sur la rivière** *ûnn crruaziérr sûrr la rriviérr*
A que horas o barco parte/retorna?	**À quelle heure part/revient le bateau?** *a kél œrr parr/rrøviẽ lø batô*
Onde podemos comprar os bilhetes?	**Où pouvons-nous acheter des billets?** *u puvõ nu achøtê dê biyé*

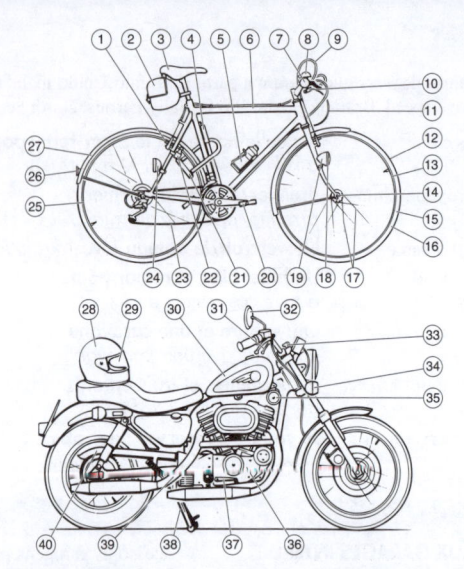

1. freio **plaquette de frein** f
2. cesto de bicicleta **sacoche de bicyclette** f
3. selim **selle** f
4. bomba **pompe** f
5. garrafa de água **bidon d'eau** m
6. quadro **cadre** m
7. guidão **guidon** m
8. campainha **sonnette** f
9. cabo de freio **câble de frein** m
10. alavanca de mudança de marcha **levier de changement de vitesse** m
11. cabo de mudança de marcha **câble de changement de vitesse** m
12. câmara de ar **chambre à air** f
13. roda dianteira/traseira **roue avant/arrière** f
14. eixo **essieu** m
15. pneu **pneu** m
16. roda **roue** f
17. raio **rayons** mpl
18. lâmpada **ampoule** f
19. farol **phare** m
20. pedal **pédale** f
21. cadeado **antivol** m
22. dínamo **dynamo** f
23. corrente **chaîne** f
24. farol traseiro **feu arrière** m
25. aro **jante** f
26. olho-de-gato **réflecteurs** mpl
27. pára-lama **garde-boue** m
28. capacete **casque** m
29. viseira **visière** f
30. tanque **rèservoir** m
31. embreagem **embrayage** m
32. retrovisor **rétroviseur** m
33. contato **contact** m
34. pisca-pisca **clignotant** m
35. buzina **klaxon** m
36. motor **moteur** m
37. alavanca de marcha **levier de vitesse** m
38. apoio **béquille** f
39. escapamento **pot d'échappement** m
40. proteção da correia **couvre-chaîne** m

82

BICICLETA/MOTOCICLETA

Há muitas lojas de aluguel de bicicletas; a SNCF (ferrovia francesa) mantém um serviço de locação de bicicletas nas estações de trem (passaporte, depósito ou cartão de crédito podem ser exigidos). Em muitas cidades também há bicicletas motorizadas (**vélomoteurs**, **cyclomoteurs** ou **mobylettes**) para alugar. Na Bélgica, as motocicletas devem circular com o farol baixo aceso o tempo todo.

Eu queria alugar...	**Je voudrais louer...**	jø vu<u>drré</u> luê
uma bicicleta de três/dez marchas	**un vélo à trois/dix vitesses** ẽ vêl<u>ô</u> a trruá/di vit<u>és</u>	
uma mobilete (ciclomotor)	**une mobylette** ûnn mobilét	
uma motocicleta	**une moto** ûnn môtô	
Quanto custa por dia/semana?	**Ça coûte combien par jour/semaine?** sa kut kõbiẽ par jurr/sø<u>ménn</u>	
É preciso deixar uma caução?	**Est-ce qu'il faut verser une caution?** ésk il fô vérrs<u>ê</u> ûnn kôssiõ	
Os freios não funcionam.	**Les freins ne marchent pas.** lê frrẽ nø marrch pa	
Não há faróis.	**Il n'y a pas de feux.** il ni a pa dø fö	
O pneu dianteiro/traseiro está furado.	**Le pneu avant/arrière est crevé.** lø pnö a<u>vã</u>/arri<u>érr</u> é crrø<u>vê</u>	

CARONA

É permitido pedir carona em qualquer lugar, exceto nas auto-estradas. Sempre tome cuidado ao pegar uma carona.

Para onde você está indo?	**Où allez-vous?** u alê vu	
Vou na direção de...	**Je vais vers...** jø vé vérr	
É no caminho para...?	**Est-ce que c'est sur la route de...?** ésk sé sûrr la rrut dø	
Poderia me deixar...?	**Est-ce que vous pourriez me déposer...?** ésk vu pu<u>rriê</u> mø dêpô<u>zê</u>	
aqui/em...	**ici/à...** i<u>ssi</u>/a	
na saída...	**à la sortie...** a la sórr<u>ti</u>	
no centro	**dans le centre** dã lø sãtrr	
Obrigado(a) pela carona.	**Merci de m'avoir emmené.** mérrsi dø ma<u>vuarr</u> ãmø<u>nê</u>	

VIAGEM

TÁXI

A maioria dos táxis franceses só aceita três passageiros; não é usual viajar no banco do passageiro, na frente. Os táxis chamados por telefone pegarão você com o taxímetro já rodando.

Sugestões de gorjeta: França: 10 a 15%; Bélgica: opcional; Suíça: 15% (às vezes incluída).

Onde posso encontrar um táxi?	**Où est-ce que je peux trouver un taxi?** u ésk jø pö trruvê ẽ taksi
Você tem o número de telefone para chamar um táxi?	**Avez-vous le numéro de téléphone pour appeler un taxi?** avê vu lø nûmêrrô dø têlêfónn purr apølê ẽ taksi
Eu queria um táxi...	**Je voudrais un taxi...** jø vudrré ẽ taksi
agora	**maintenant** mẽtønã
em uma hora	**dans une heure** dã zûnn œrr
amanhã às 9 horas	**demain à neuf heures** dømẽ a nœv œrr
O endereço é...	**L'adresse est...** ladrrés é
Vou a...	**Je vais à...** je vé a
Leve-me..., por favor.	**Emmenez-moi à..., s'il vous plaît.** ãmønê muá a... sil vu plé
ao aeroporto	**l'aéroport** laêrrôpórr
à estação de trem	**la gare** la garr
a este endereço	**cette adresse** sét adrrés
Quanto é?	**C'est combien?** sé kõbiẽ
Você me disse... euros.	**Vous m'aviez dit... euros.** vu maviê di... örrô
O taxímetro indica...	**Le compteur indique...** lø kõtœrr ẽdik
Fique com o troco.	**Gardez la monnaie.** garrdê la monê

NO PONTO DE ÔNIBUS

C'est combien pour l'aéroport? sé kõbiẽ purr laêrrôpórr
(Quanto é para o aeroporto?)
Quinze euros. kẽz örrô *(15 euros.)*
Merci. mérrsi *(Obrigado(a).)*

Carro/Automóvel

Ao dirigir, os seguintes documentos devem estar sempre com você: carteira de motorista válida (**permis de conduire**), documentos do veículo (**certificat d'immatriculation**) e documentos do seguro (**certificat d'assurance**).

O seguro contra terceiros é obrigatório na Europa. É recomendável que você obtenha um seguro internacional (ou um "Green Card") com a sua seguradora. Equipamento essencial: triângulo e adesivo indicativo de nacionalidade; os faróis devem estar ajustados para veículos com direção à direita; o uso de cinto de segurança é obrigatório.

Idade mínima para dirigir: 18 anos; idade mínima para alugar: 21 anos (25 em algumas locadoras).

Em muitas auto-estradas francesas é cobrado pedágio; em geral você pega um tíquete no ponto de entrada e paga na saída; aceitam-se Visa e Access (MasterCard). Algumas barreiras de pedágio funcionam automaticamente por inserção do valor exato em moedas.

Para viajar nas auto-estradas suíças é necessário comprar um adesivo – disponível em serviços de informação ao turista, alfândegas, agências de correio e oficinas mecânicas. É válido por um ano, intransferível e deve ser colado no pára-brisa do carro. A polícia rodoviária pode aplicar multas *in loco* (peça o recibo).

Limite de teor alcoólico no sangue: máx. 80 mg/100 ml. Lembre que qualquer bebida alcoólica pode prejudicar sua capacidade de dirigir com segurança.

Tabela de conversão de velocidade

km	1	10	20	30	40	50	60	70	80	90	100	110	120	130
milhas	0.6	6	12	19	25	31	37	44	50	56	62	68	75	81

Rede viária

França   A (**autoroute**) - auto-estrada (placa azul; geralmente pedágio); N (**route nationale**) - estrada principal (placa verde); D - estrada secundária (placa branca); V - estrada vicinal (placa branca)

Bélgica A e E - auto-estrada (placas verdes, sem pedágio); N - estrada principal

Suíça   A - auto-estrada (sem pedágio); N - estrada principal; E - estrada secundária

Limite de mph (km/h)	Área urbana	Fora da área urbana	Auto-estrada/ estrada pedagiada
França	31 (50)	56 (90)	68 (110)/81 (130)
com tempo ruim		50 (80)	62 (100)/68 (110)
Bélgica	31 (50)	56 (90)	74 (120)
Suíça	31 (50)	50 (80)	62-74 (100-120)

VIAGEM

Locação de automóvel

Você terá de apresentar uma carteira de motorista válida (emitida há pelo menos um ano) e o seu passaporte. A idade mínima vai de 21 a 25, dependendo da locadora. Muitas locadoras exigem que você tenha um cartão de crédito de uma das bandeiras conhecidas internacionalmente.

Posso alugar um carro?	**Où est-ce que je peux louer une voiture?** *u ésk jø pö luê ûnn vuatûrr*
Eu queria alugar um...	**Je voudrais louer une...** *jø vudrré luê ûnn*
carro de duas/quatro portas	**voiture deux portes/quatre portes** *vuatûrr dö pórrt/katrr pórrt*
carro automático	**voiture automatique** *vuatûrr otomatik*
carro com ar-condicionado	**voiture avec climatisation** *vuatûrr avék klimatizassiõ*
Eu queria por um dia/ uma semana.	**Je la voudrais pour un jour/une semaine.** *jø la vulé purr ẽ jurr/ûnn søménn*
Qual é o preço por dia/semana	**Quel est le tarif par jour/semaine?** *kél é lø tarrif par jurr/søménn*
A quilometragem/o seguro está incluída(o)?	**Est-ce-que le kilométrage/l'assurance est compris(e)?** *ésk lø kilometrraj/ lassûrrãs é kõprri (z)*
Há preços especiais para fins de semana?	**Y a-t-il des tarifs spéciaux pour le week-end?** *i a til dê tarrif spêssiõ purr lø uikénd*
Posso devolver o carro em...?	**Est-ce que je peux rapporter la voiture à...?** *ésk jø pö rrapórrtê la vuatûrr a*
O que devo usar como combustível?	**Qu'est-ce qu'il faut mettre comme carburant?** *késk il fô métrr kómm karrbûrrã*
Onde são os faróis/ os códigos?	**Où sont les phares/les codes?** *u sõ lê farr/lê kód*
Posso contratar um seguro total?	**Est-ce que je peux prendre une assurance tous risques?** *ésk jø pö prrãdrr ûnn assûrrãs tu rrisk*

Posto de gasolina

Onde é o posto de gasolina mais próximo?	**Où est la station-service la plus proche?** *u é la sta<u>ssiõ</u> sérrvis la plû prróch*	
É auto-atendimento?	**Est-ce que c'est un self-service?** *ésk sé tẽ sélf sérr<u>vis</u>*	
Complete, por favor.	**Le plein, s'il vous plaît.** *lø plẽ, sil vu plé*	
aditivada/comum	**super/ordinaire** *sû<u>pérr</u>/órrdi<u>nérr</u>*	
sem chumbo/*diesel*	**sans plomb/diesel** *sã plõ/di<u>ê</u>zél*	
Estou na bomba número...	**Je suis à la pompe numéro...** *jø sûî la põp nûmê<u>rrô</u>*	
Onde fica o compressor de ar/a água?	**Où est le compresseur pour l'air/l'eau?** *u é lø kõprrê<u>ss</u>œrr pur lérr/lô*	

Estacionamento

Nas zonas azuis, discos ou fichas de estacionamento são necessários (disponíveis nas delegacias de polícia, centros de informação ao turista e algumas lojas).

O estacionamento unilateral em dias alternados é indicado por placas: **côté du stationnement** (lado do estacionamento), **jours pairs** (dias pares) e **jours impairs** (dias ímpares).

Em ruas de sentido único só se pode estacionar do lado esquerdo. Não estacione na faixa amarela ou nas linhas vermelhas de Paris (**axes rouges**).

Há um estacionamento perto daqui?	**Est-ce qu'il y a un parking près d'ici?** *ésk il i a ẽ parr<u>king</u> pré di<u>ssi</u>*	
Qual é o preço por hora/dia?	**Quel est le tarif par heure/jour?** *kél é lø ta<u>rrif</u> parr œrr/jurr*	
Tem moedas para o parquímetro?	**Avez-vous de la monnaie pour le parcmètre?** *a<u>vê</u> vu dø la moné purr le parrk<u>m</u>étrr*	
Colocaram uma trava [na roda] do meu carro. A quem devo telefonar?	**On a mis un sabot à ma voiture. À qui dois-je téléphoner?** *õ na mi ẽ sa<u>bô</u> a ma vua<u>tûrr</u>. A ki duaj têlêfonê*	

VOCÊ PODE VER

PRIX AU LITRE	preço por litro

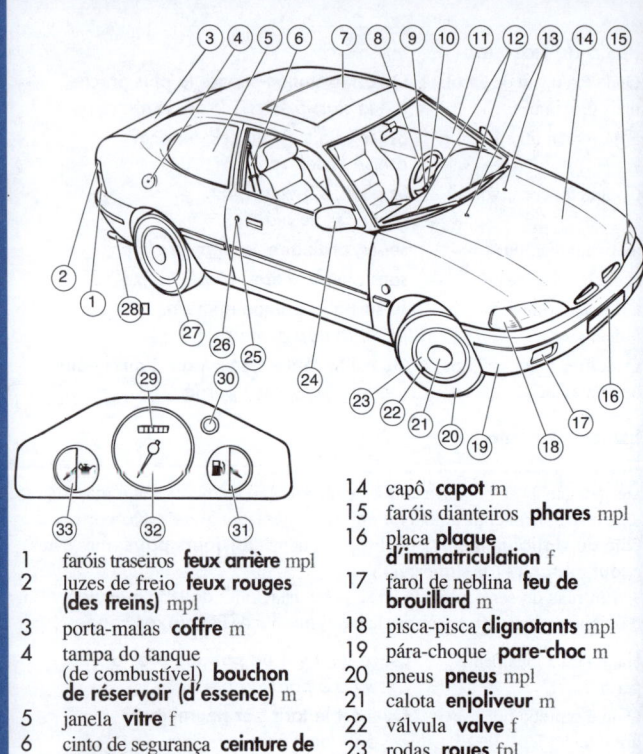

1. faróis traseiros **feux arrière** mpl
2. luzes de freio **feux rouges (des freins)** mpl
3. porta-malas **coffre** m
4. tampa do tanque (de combustível) **bouchon de réservoir (d'essence)** m
5. janela **vitre** f
6. cinto de segurança **ceinture de sécurité** f
7. teto solar **toit ouvrant** m
8. volante **volant** m
9. contato **contact** m
10. chave do contato **clé de contact** f
11. pára-brisa **pare-brise** m
12. limpador de pára-brisa **essuie-glaces** mpl
13. jato do limpador de pára-brisa **jet lave-glace** m
14. capô **capot** m
15. faróis dianteiros **phares** mpl
16. placa **plaque d'immatriculation** f
17. farol de neblina **feu de brouillard** m
18. pisca-pisca **clignotants** mpl
19. pára-choque **pare-choc** m
20. pneus **pneus** mpl
21. calota **enjoliveur** m
22. válvula **valve** f
23. rodas **roues** fpl
24. retrovisor externo **rétroviseur extérieur** m
25. fechadura automática **fermeture centrale** f
26. fechadura **serrure** f
27. aro **jante** f
28. escapamento **pot d'échappement** m
29. hodômetro **compteur kilomètrique** m
30. pisca alerta **feu de détresse** m

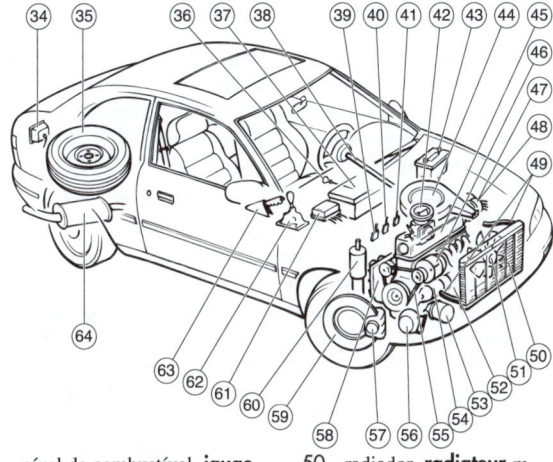

31 nível de combustível **jauge de carburant** f
32 medidor de velocidade **compteur de vitesse** m
33 nível de óleo **jauge à huile** f
34 luzes de ré **feux de recul** mpl
35 estepe **roue de secours** f
36 contato **starter** m
37 radiador **radiateur** m
38 coluna de direção **colonne de direction** f
39 acelerador **accélérateur** m
40 pedal **pédale** f
41 embreagem **embrayage** m
42 carburador **carburateur** m
43 bateria **batterie** f
44 alternador **alternateur** m
45 eixo do comando de válvulas **arbre à cames** m
46 filtro de ar **filtre à air** m
47 distribuidor **distributeur** m
48 platinado **vis platinées** fpl
49 mangueira do radiador **durite** f
50 radiador **radiateur** m
51 ventilador **ventilateur** m
52 motor **moteur** m
53 filtro de óleo **filtre à huile** m
54 motor de arranque **démarreur** m
55 correia do ventilador **courroie de ventilateur** f
56 buzina **klaxon** m
57 pastilhas de freio **plaquettes de freins** fpl
58 caixa de câmbio **boîte de vitesses** f
59 freios **freins** mpl
60 amortecedores **amortisseurs** mpl
61 fusíveis **fusibles** mpl
62 alavanca das marchas **levier de vitesses** m
63 freio de mão **frein à main** m
64 escapamento **pot d'échappement** m

Problemas com o carro

Para auxílio no caso de problemas com o carro, consulte o manual ou entre em contato com a oficina ou agência mais próxima para o seu tipo de carro, ou então entre em contato com a polícia, que em geral, tem uma lista de oficinas 24 horas.

Telefones de emergência podem ser encontrados a cada 2 km em auto-estradas e estradas principais.

Onde se encontra a oficina mais próxima?	**Où se trouve le garage le plus proche?** *u sø truv lø garraj lø plû prróch*
Meu carro está com problemas.	**Ma voiture est tombée en panne.** *ma vuatûrr é tõbê ã pann*
Pode me mandar um mecânico/um guincho?	**Pouvez-vous m'envoyer un mécanicien/ une dépanneuse?** *puvê vu mãvuayê ẽ mêkanissiẽ/ûnn dêpanöz*
Sou associado do serviço de socorro rodoviário.	**Je suis membre du service d'assistance routière.** *jø sûí mãbrr dʊ sérrvis dassistãs rrutiérr*
O número da minha placa é...	**Mon numéro d'immatriculation est...** *mõ nûmêrrô dimatrrikúlassiõ é*
O carro está...	**La voiture est...** *la vuatûrr é*
na auto-estrada	**sur l'autoroute** *sûrr lôtôrrut*
a 2 km de...	**à deux kilomètres de...** *a dö kilométrr*
Quanto tempo vai demorar (para chegar)?	**Combien de temps allez-vous mettre?** *kõbiẽ dø tã alê vu métrr*

Qual é o problema?

Meu carro não dá a partida.	**Ma voiture ne démarre pas.** *ma vuatûrr nø dêmarr pa*
Está sem bateria.	**La batterie est à plat.** *la batørri é ta pla*
Estou sem combustível.	**Je suis en panne d'essence.** *jø sûí zã pann dêssãs*
Estou com um pneu furado.	**J'ai un pneu à plat.** *jê ẽ pnö a pla*
Estou com um problema no...	**J'ai un problème avec...** *jê ẽ prrôblémm avék*
Fechei minhas chaves dentro do carro.	**J'ai enfermé mes clés dans la voiture.** *jê ãférrmê mê clê dã la vuatûrr*

Consertos

Você faz consertos?	**Faites-vous des réparations?**	
	fét vu lê rêparrassiõ	
Você pode fazer um conserto (temporário)?	**Est-ce que vous pouvez faire une réparation (temporaire)?**	
	ésk vu puvê férr ûnn rrêparrassiõ	
Faça apenas os reparos essenciais.	**Faites seulement les réparations essentielles.**	
	fét sœlømã lê rrêparrassiõ essãssiél	
Posso esperar?	**Est-ce que je peux attendre?**	
	ésk jø pö atãdrr	
Você pode consertar hoje?	**Est-ce que vous pouvez la réparer aujourd'hui?**	
	ésk vu puvê la rrêrrparrê ôjurrdûí	
Quando ficará pronto?	**Quand est-ce qu'elle sera prête?**	
	kã tés kél sørra prrét	
Quanto custará?	**Ça coûtera combien?** *sa kutørra kõbiẽ*	
Isso é um roubo!	**C'est du vol!** *sé dû vól*	
Pode me dar um recibo para o seguro?	**Est-ce que je peux avoir un reçu pour l'assurance?**	
	ésk jø pö avuarr ẽ rrøssû	

VOCÊ PODE OUVIR

...ne marche pas.	...não funciona.
Je n'ai pas les pièces nécessaires.	Não tenho as peças necessárias.
Il faut que je commande les pièces.	Preciso encomendar as peças.
Je ne peux faire qu'une réparation temporaire.	Só posso fazer um conserto temporário.
Ça ne vaut pas la peine de la faire réparer.	Não vale a pena mandar consertar.
On ne peut pas la réparer.	Não é possível consertar.
Elle sera prête...	Ficará pronto...
dans la journée	ainda hoje
demain	amanhã
dans... jours	em... dias

Acidentes

Em caso de acidente:

1. avise a polícia sobre o acidente (obrigatório se houver feridos);
2. informe seu nome, endereço, seguradora para a outra parte;
3. comunique-se com a seguradora do terceiro e com a sua própria seguradora;
4. não faça nenhum depoimento por escrito sem a orientação de um advogado ou de um representante de algum automóvel clube;
5. nas cidades, procure um policial (**agent de police**) para fazer o relato de acidentes graves; em estradas do interior, procure pelo **gendarme**.

Há um acidente.	**Il y a un accident.** *il i a ã naksidã*
É...	**Il est...** *il é*
na auto-estrada	**sur l'autoroute** *sûrr lôtôrrut*
perto de...	**près de...** *prré dø*
Onde é o telefone mais próximo?	**Où est le téléphone le plus proche?** *u é lø têlêfónn lø plû prróch*
Chame...	**Téléphonez...** *têlêfonê*
uma ambulância	**une ambulance** *ûnn ãbûlãs*
um médico	**un médecin** *ã mêdøssã*
os bombeiros	**les pompiers** *lê põpiê*
a polícia	**la police** *la pôlis*
Poderia me ajudar, por favor?	**Pourriez-vous m'aider, s'il vous plaît?** *purriê vu mêdê, sil vu plé*

Feridos

Há feridos.	**Il y a des blessés.** *il i a dê blêssê*
Ninguém se feriu.	**Personne n'est blessé.** *pérrsónn né blêssê*
Ele está gravemente ferido.	**Il est gravement blessé.** *il é grravømã blêssê*
Ela perdeu a consciência.	**Elle a perdu connaissance.** *él a pérrdû konêssãs*
Ele não pode respirar/mover.	**Il ne peut pas respirer/bouger.** *il nø pö pas rréspirrê/bujê*
Não o desloque.	**Ne le déplacez pas.** *nø lø dêplassê pa*

Assuntos legais

Qual é sua companhia de seguros?	**Quelle est votre compagnie d'assurance?** *kél é vótrr kõpanhi dassûrrãs*	
Qual seu nome e endereço?	**Quels sont vos nom et adresse?** *kél sõ vo nõ ê adrrés*	
Ele bateu em mim (em meu veículo).	**Il m'est rentré dedans.** *il mé rrãtrrê dõdã*	
Ela estava dirigindo muito rápido/muito perto.	**Elle conduisait trop vite/trop près.** *él kondûizé trrô vit/trrô prré*	
A preferencial era minha.	**J'avais la priorité.** *javé la prriorritê*	
Eu estava apenas a... km por hora.	**Je ne faisais que... km à l'heure.** *jø nø føzé kø... kilométrr a lœrr*	
Eu queria um intérprete.	**Je voudrais un interprète.** *jø vudrré ẽ nẽtérrprrét*	
Eu não vi a sinalização.	**Je n'ai pas vu le panneau.** *jø nê pa vû lø panô*	
Ele/Ela viu o que aconteceu.	**Il/Elle a vu ce qui s'est passé.** *il/él a vû sø ki sé passê*	
O número da placa era...	**Le numéro d'immatriculation était...** *lø nûmérrô dimatrrikûlassiõ*	

VOCÊ PODE OUVIR

Est-ce que je peux voir votre...	Posso ver...
permis de conduire	sua carteira de motorista
certificat d'assurance	seu certificado de seguro
carte grise	os documentos do carro
À quelle heure est-ce que ça s'est passé?	A que horas isso aconteceu?
Où est-ce que ça s'est passé?	Onde isso aconteceu?
Est-ce qu'il y avait quelqu'un d'autre (impliqué)?	Havia mais alguém (envolvido)?
Est-ce qu'il y a des témoins?	Há testemunhas?
Vous alliez trop vite.	Você estava muito rápido.
Vos feux ne marchent pas.	Seus faróis não funcionam.
Vous devez payer une amende (sur place).	Você terá de pagar uma multa (no local).
Vous devez venir au commissariat pour faire une déposition.	Você terá de ir à delegacia para registrar um boletim de ocorrência.

Pedindo orientação

Com licença, por favor.	**Excusez-moi, s'il vous plaît.** *ékskûzê muá, sil vu plé*
Para ir a...?	**Pour aller à...?** *purr alê a*
Onde é...?	**Où est...?** *u é*
Você pode me mostrar no mapa onde estou?	**Est-ce que vous pouvez me montrer où je suis sur la carte?** *ésk vu puvê mø montrrê u jø suí sûr la karrt*
Estou perdido(a).	**Je me suis perdu(e).** *jø mø suí pérrdû*
Você pode repetir?	**Est-ce que vous pouvez répéter?** *ésk vu puvê rrêpêtê*
Obrigado(a) por sua ajuda.	**Merci pour votre aide.** *mérrsi purr vótrr éd*

Viajando de carro

Esta é a estrada para...?	**Est-ce que c'est bien la bonne route pour...?** *ésk sé biẽ la bónn rrut purr*
... fica a quantos quilômetros daqui?	**... est à combien de kilomètres d'ici?** *é ta kõbiẽ dø kilométrr*
Como chego à auto-estrada?	**Comment est-ce que je peux accéder à l'autoroute?** *komã ésk jø pö aksêdê a lôtôrrut*
Como se chama a próxima cidade?	**Comment s'appelle la prochaine ville?** *komã sapél la prrôchénn vil*
É necessário quanto tempo de carro?	**Il faut combien de temps en voiture?** *il fô kõbiẽ dø tã ã vuatûr*

NA RUA

La gare, c'est loin d'ici? *la garr sé luẽ dissi*
(A estação [de trem] é longe daqui?)

Non, non. C'est à cinq minutes à pied.
nõ, nõ. sé ta sẽ minût a pié (Não, não. São 5 minutos a pé.)

Merci beaucoup. *mérrsi bôku* *(Muito obrigado(a).)*

De rien. *dø rriẽ (De nada.)*

VOCÊ PODE OUVIR

C'est...	É...
tout droit	direto
à gauche	à esquerda
à droite	à direita
de l'autre côté de la rue	do outro lado da rua
au coin	na esquina
après le coin	perto da esquina
en direction de...	na direção de...
en face de.../derrière...	na frente de.../atrás...
à côté de.../après...	ao lado de.../perto...
Descendez la...	Desça a...
rue transversale/rue principale	rua transversal/rua principal
Traversez...	Atravesse...
la place/le pont	a praça/a ponte
Prenez la troisième route à droite.	Pegue a terceira via à direita.
Tournez à gauche...	Vire à esquerda...
après les premiers feux	depois do primeiro semáforo
au deuxième carrefour	no segundo cruzamento

Sinalização nas estradas

VOCÊ PODE VER

ALLUMEZ VOS PHARES	acenda os faróis
BIS	via alternativa
CÉDEZ LE PASSAGE	dê passagem
DÉVIATION	desvio
ÉCOLE	escola
HAUTEUR LIMITÉE	altura máxima
PRENEZ LA BONNE FILE	pegue a fila correta
ROUTE BARRÉE	estrada bloqueada
SAUF RIVERAINS	exceto moradores
SENS UNIQUE	sentido único

VIAGEM

É longe?

C'est...	É...
près d'ici/loin	perto daqui/longe
à cinq minutes à pied	5 minutos a pé
à dix minutes en voiture	10 minutos de carro
à environ dix kilomètres	a cerca de 10 km

Mapas da cidade

aéroport	aêrôpórr	aeroporto
arrêt d'autobus	arré dø bûs	ponto de ônibus
bâtiment public	batimã public	prédio público
(bureau de) poste	(bûrrô dø) póst	(agência de) correio
cinéma	sinêma	cinema
commissariat	komissarria	delegacia
église	êgliz	igreja
gare	garr	estação
itinéraire des bus	itinêrérr dø bûs	itinerário do ônibus
office du tourisme	ofis dø turrism	centro de informação ao turista
parc	parrk	parque
parking	parrking	estacionamento
passage piétons	passaj piêtõ	passagem de pedestres
passage souterrain	passaj sutêrr	passagem subterrânea
rue principale	rrû prrêsipal	rua principal
stade	stad	estádio
station de métro	stassiõ dø mêtrrô	estação de metrô
station de taxi	stassiõ de taksi	ponto de táxi
terrain de sports	têrrê dø spórr	campo de esportes
théâtre	têatrr	teatro
vieille ville	viey vil	cidade velha
vous êtes ici	vu zét issi (vu zét zissi)	você está aqui
zone piétonnière	zônn piêtõniérr	área de pedestres

Passeios

Informações Turísticas

Em geral os centros de informação ao turista estão localizados no centro da cidade; procure pelo **office du tourisme**, **syndicat d'initiative** ou simplesmente **informations**.

Shows de **Son et Lumière** (contam a história da cidade com iluminação especial e efeitos de som), degustação de vinhos e feiras, assim como muitos outros eventos, são anunciados no centro de informação ao turista.

Onde é o centro de informação ao turista?	**Où est l'office du tourisme?** u é lo*fis* dû tu*rrism*
O que há de interessante para ver?	**Qu'est-ce qu'il y a d'intéressant à voir?** késk il i a dêtêrrê*ssã* a vuar
Nós ficaremos...	**Nous restons...** nu réstø*rrõ*
somente algumas horas	**seulement quelques heures** sœləmē kélk zœrr
um dia	**une journée** ûnn jurr*nê*
uma semana	**une semaine** ûnn søm*énn*
Pode nos recomendar...?	**Pouvez-vous recommander...?** puvê vu rrøkômã*dê*
uma visita turística	**une visite touristique** ûnn vi*zit* turris*tik*
uma excursão	**une excursion** ûnn ékskûrr*siõ*
um passeio de barco	**une promenade en bateau** ûnn prrómø*nad* ã batô
Você tem informações sobre...?	**Avez-vous des renseignements sur...?** avê vu dê rrãssénhømã sûrr
Há viagens para...?	**Y a-t-il des voyages à...?** i a til dê vua*yaj* a

Reservando um passeio

Quanto custa esta excursão?	**Combien coûte cette excursion?** kõ*biê* kut sét ékskûrr*siõ*
O almoço está incluído?	**Le déjeuner est-il compris?** lø dêjœ*nê* é til kõ*prri*

P
O
N
T
O
S

T
U
R
Í
S
T
I
C
O
S

De onde saímos?	**D'où partons-nous?**
	du parrtõ nu
A que horas começa a excursão?	**À quelle heure commence l'excursion?**
	a kél œrr kômãs lékskûrrsiõ
A que horas voltamos?	**À quelle heure revenons-nous?**
	a kél œrr rrøvønõ nu
Nós teremos tempo livre para…?	**Est-ce que nous aurons du temps libre à…?**
	ésk nu zôrrõ dû tã librr
Há algum guia que fale português?	**Y a-t-il un guide qui parle portugais?**
	i a til ẽ ghid ki parrl pórrtûghé

No passeio

Nós vamos ver…?	**Est-ce que nous allons voir…?**
	ésk nu zalõ vuarr
Gostaríamos de ver…	**Nous aimerions voir…**
	nu zémørriõ vuarr
Podemos parar aqui…?	**Est-ce que nous pouvons nous arrêter ici…?** *ésk nu puvõ nu zarrêtê issi*
para tirar fotos	**pour prendre des photos**
	purr prrãdrr dê fôtô
para comprar suvenires	**pour acheter des souvenirs**
	purr achøtê dê suvønirr
para ir ao banheiro	**pour aller aux toilettes**
	purr alê ô tualét
Poderia tirar uma foto de nós, por favor?	**Pourriez-vous nous prendre en photo, s'il vous plaît?**
	purriê vu nu prrãdrr ã fôtô, sil vu plé
Quanto tempo temos aqui/em…?	**Combien de temps avons-nous ici/à…?**
	kõbiẽ dø tã avõ nu issi/a
Esperem! … ainda não voltou!	**Attendez!… n'est pas encore là!**
	atãdê ! … né pa zãkórr la

Vista

Mapas da cidade são exibidos nas principais avenidas e praças e nos centros de informação ao turista.

Onde é...?	**Où est...?**	*u é*
a abadia	**l'abbaye**	*labêi*
a galeria de arte	**la galerie d' art**	*la galørri darr*
o campo de batalha	**le champ de bataille**	*lø chã dø batay*
o jardim botânico	**le jardin botanique**	*lø jarrdẽ bótanik*
o castelo	**le château**	*le chatô*
a catedral	**la cathédrale**	*la katêdrral*
o cemitério	**le cimetière**	*le simøtiérr*
a igreja	**l'église**	*lêgliz*
o centro da cidade	**le centre-ville**	*lø sãtrr vil*
a fonte	**la fontaine**	*la fonténn*
a feira/o mercado	**le marché**	*lø marrchê*
o monumento (aos mortos)	**le monument (aux morts)**	*lø monûmã ô mórr*
o mosteiro	**le monastère**	*lø monastérr*
o museu	**le musée**	*lø mûsê*
a cidade velha	**la vieille ville**	*la viey vil*
a ópera	**l'opéra**	*lopêrra*
o palácio	**le palais**	*lø palé*
o parque	**le parc**	*lø parrk*
o parlamento	**le parlement**	*lø parrlømã*
as ruínas	**les ruines**	*lê rruínn*
as ruas de comércio	**les rues commerçantes**	*lê rû komérrsãt*
a estátua	**la statue**	*la statû*
o teatro	**le théâtre**	*lø têatrr*
a torre	**la tour**	*la turr*
a prefeitura	**l'hôtel de ville**	*lôtél dø vil*
o mirante	**le belvédère**	*lø bélvêdérr*
Pode me mostrar no mapa?	**Pouvez-vous me montrer sur la carte?** *puvê vu mø montrrê sûrr la karrt*	

PONTOS TURÍSTICOS

ENTRADA

Na França, os museus públicos costumam fechar às terças-feiras e nos feriados importantes (Natal, Ano Novo etc.).

... é aberto(a) ao público?	**Est-ce que... est ouvert(e) au public?** ésk... é tu<u>vérr</u> ô pû<u>blik</u>
Podemos olhar?	**Est-ce que nous pouvons regarder?** ésk nu puvõ rrøgarr<u>dê</u>
Qual é o horário de abertura?	**Quelles sont les heures d'ouverture?** kél sõ lê zœrr duvérr<u>tûrr</u>
... abre aos domingos?	**Est-ce que... est ouvert(e) le dimanche?** ésk... é tu<u>vérr</u>(t) lø di<u>mãch</u>
A que horas é a próxima visita guiada?	**À quelle heure est la prochaine visite guidée?** a kél œr é la prro<u>chénn</u> vi<u>zit</u> ghi<u>dê</u>
Você tem um guia (em português)?	**Avez-vous un guide (en portugais)?** avê vu ẽ ghid (ã pórrtû<u>ghé</u>)
Posso tirar fotos?	**Est-ce que je peux prendre des photos?** ésk jø pö prrãdrr dê fo<u>tô</u>
Tem acesso para deficientes?	**Est-ce accessible aux handicapés?** és aksê<u>ssibl</u> ô ãdika<u>pê</u>

Pagando/Ingressos

Quanto custa a entrada?	**Combien coûte l'entrée?** kõbiẽ kut lã<u>trrê</u>
Há desconto para...?	**Y a-t-il des réductions pour...?** i a til dê rêdûk<u>siõ</u> purr
crianças	**les enfants** lê zã<u>fã</u>
deficientes	**les handicapés** lê ãdika<u>pê</u>
grupos	**les groupes** lê grrup
aposentados	**les retraités** lê retrrê<u>tê</u>
estudantes	**les étudiants** lê zêtû<u>diã</u>
Um adulto e duas crianças, por favor.	**Un adulte et deux enfants, s'il vous plaît.** ẽ a<u>dûlt</u> ê dö zã<u>fã</u>, sil vu plé
Perdi meu ingresso.	**J'ai perdu mon billet.** jê pérr<u>dû</u> mõ biyé

NA BILHETERIA

Deux adultes, s'il vous plaît. *dö zadûlt, sil vu plé*
(Dois adultos, por favor.)
Ça fait douze euros. *sa fé duz örrô*
(São 12 euros.)
Voilà. *vuala* (Aqui estão.)

VOCÊ PODE VER

OUVERT	aberto
FERMÉ	fechado
MAGASIN DE SOUVENIRS	loja de suvenires
DÉFENSE D'ENTRER	proibido entrar
HEURES DES VISITES	horário de visita
ENTRÉE GRATUITE/LIBRE	entrada gratuita
PROCHAINE VISITE À… H	próxima visita às… horas
DERNIER BILLET À 17H	venda de ingressos até 17 horas
PHOTOS AU FLASH INTERDITES	fotos com *flash* são proibidas

PONTOS TURÍSTICOS

IMPRESSÕES

É…	**C'est…** *sé*
incrível	**incroyable** *ēcrruayabl*
bonito	**beau** *bô*
tedioso	**ennuyeux** *ānūíyö*
de tirar o fôlego	**époustouflant** *êpustuflā*
fantástico	**fantastique** *fātastik*
interessante	**intéressant** *ētêrrêssā*
magnífico	**magnifique** *manhifik*
romântico	**romantique** *romātik*
assombroso	**stupéfiant** *stûpéfiā*
maravilhoso	**superbe** *sûpérrb*
feio	**laid** *lé*
Valeu a pena.	**On en a pour son argent.** *on nã na û purr sõ narrjā*
É um roubo.	**C'est du vol.** *sé dû vól*
(Não) me agradou.	**Ça (ne) me plaît (pas).** *sa (nø) mø plé (pa)*

GLOSSÁRIO TURÍSTICO

à chevrons em ziguezague
à colombages com estrutura de madeira aparente
à l'échelle 1/100 em escala 1:100
à poutres apparentes com vigas aparentes
abside abside
aile (d'un bâtiment) ala (de um prédio)
appartements royaux aposentos reais
aquarelle aquarela
arc-boutant arcobotante
argent prata
argenterie prataria
argile argila
arme arma
arsenal arsenal (edifício)
artisanat artesanato
autel altar
bains banhos
bâtiment prédio
beaux-arts belas-artes
bibliothèque biblioteca
bijoux jóias
bois madeira
brique tijolo
cage d'escalier poço de escada
chaire cátedra
chef-d'œuvre obra-prima
chœur coro
cimetière cemitério
clef de voûte pedra angular
commandé par encomendado por
commencé en iniciado em
complété en terminado em
conception concepção
conçu par concebido por
conférence conferência
construit en construído em
contrefort contraforte
cour pátio
couronne coroa
créneau ameia
dans le style de no estilo de
découvert en descoberto em
dessin desenho
dessiné par desenhado por
détail detalhe
détruit par destruído por
doré à l'or fin revestido de folhas de ouro
douves fossas
école de... escola de...
émail esmalte
en or de ouro
en saillie em relevo
en surplomb inclinado
entrée entrada
érigé en construído em
escalier escada
esquisse esboço
exposition exposição
exposition temporaire exposição temporária
fenêtre janela
ferronnerie ferraria
flèche flecha
fondé en fundado em
fonts baptismaux pia batismal
fossé fosso
fresque afresco
frise friso
fronton frontão
fusain lápis de /desenho a carvão
gargouille gárgula
grande salle de réception salão de recepção
gravure à l'eau-forte gravura a água-forte

gravure gravura
habitait habitava
hall d'entrée *hall* de entrada
hauteur altura
horloge relógio
image imagem
impératrice imperatriz
jardin à la française jardim à francesa
joyaux jóias
lambris lambris
légué par doado por
maître mestre
maquette maquete
marbre mármore
meubles móveis
moulures relevos
mourut en morto em
mur parede
nature morte natureza-morta
né en/à nascido em
nef nave
niveau 1 nível 1
objet exposé objeto exposto
ombre sombra
orgue órgão
œuvres obras
panneau painel
par (feito) por
paysage paisagem
paysage marin paisagem marinha
peint par pintado por
peintre pintor
peinture murale mural
peintures à l'huile pinturas a óleo
pendule relógio de pêndulo
personnage en cire boneco de cera
pièce peça, aposento
pierre pedra
pierre angulaire pedra angular
pierre précieuse pedra preciosa
pierre tombale lápide
pignon empena
pilier pilar
plafond teto
pont-levis ponte levadiça
portail portal, portada
porte porta
poutre viga
prêté à emprestado a
rebâti en reerguido em
reconstruit en reconstruído em
reigne reino, reinado
reine rainha
remparts muralhas
renfoncement reentrância, nicho (servindo de alcova)
restauré en restaurado em
rinceau ramagem
roi rei
scène palco
sculpture escultura
siècle século
tableau quadro
tableau vivant quadro vivo
tapisserie tapeçaria
tenture tecido ou papel para cobrir e decorar as paredes
terre cuite terracota
thermes termas
toile tela
toit telhado
tombe túmulo
tombeau jazigo
tour torre; passeio
tourelle torreão
verrière vidraça
vestibule vestíbulo
vitrail (pl. vitraux) vitral
vitrine vitrine
vivait vivia, habitava
voûte abóbada

PONTOS TURÍSTICOS

Quem/Que/Quando?

Que prédio é esse?	**Quel est ce bâtiment?** *kél é sø batimã*
Quando foi construído?	**Quand a-t-il été construit?** *kã a til êtê kõstrrûí*
Quem foi...?	**Qui était...?** *ki êté*
o arquiteto/artista	**l'architecte/l'artiste** *larrchitéḱt/larrtist*
Que estilo é esse?	**C'est quel style?** *sé kél stil*

Românico c. séculos XI e XII
O estilo românico era caracterizado por linhas simples e arcos redondos, esp. arquitetura religiosa na Borgonha (p. ex., Tournus e Cluny).

Gótico c. século XII ao final do século XV
Formas arquiteturais muito complexas, arcos ogivais, abóbadas e arco-botantes; esp. catedrais de Reims, Chartres, Estrasburgo e, em Paris, Notre Dame e Sainte-Chapelle.

Renascença c. séculos XV e XVI
Movimento artístico e cultural, derivado do Renascimento italiano, que procurava imitar o equilíbrio e a postura dos romanos antigos, esp. castelos do Loire e de Fontainebleau.

Barroco c. séculos XVII e XVIII
Movimento artístico; a música era finamente elaborada, esp. Lully, Rameau e Couperin; o estilo arquitetônico era grandioso e decorado de modo elaborado, esp. muitas igrejas da região da Savóia.

Classicismo c. metade do século XVIII à metade do século XIX
O movimento classicista trouxe de volta os valores clássicos, como a simplicidade e a ordem metódica, esp. o Louvre e sua famosa colunata (concebida por Perrault); artista: Jacques-Louis David.

Art nouveau 1880–1910
Formas simplificadas, que variam da imitação da natureza a formas abstratas; esp. o uso de linhas onduladas em vidraria, jóias e arte.

Impressionismo 1874–1886
Movimento que rejeitava o estilo fiel à vida da arte realista; direcionou-se para um maior uso da cor e da luz para criar uma "impressão"; esp. artistas Manet, Degas, Cézanne, Monet; compositores: Debussy, Ravel.

Governantes

Que período é esse? **C'est quelle période?** *sé kél pêriód*

gallo-romain 59 a.C.–476 d.C.
Júlio César submeteu toda a Gália (atualmente França, Bélgica e Suíça) ao domínio romano. O Império Romano ocidental floresceu, esp. em Lyon e na Provença; com seu colapso, a Gália foi invadida por vários povos bárbaros, entre eles, os francos.

médiéval 476–1500
As maiores figuras e dinastias da Idade Média incluem os merovíngios (486–751) – Clóvis I; os carolíngios (751–987) – Carlos Magno; os capetos (987–1328) – São Luís; e os Valois (1328–1589) – Francisco I.

les Bourbons 1589–1793, 1815–1848
Dinastia iniciada por Henrique IV; chegou ao auge do poder sob Luís XIV (**le Roi-Soleil** – o Rei-Sol), com a magnificência de Versalhes e Paris durante o **grand siècle** (c. século XVII); terminou com a execução de Luís XVI; brevemente restaurada em 1815–1848.

la Révolution 1789–1799
A Revolução Francesa começou com a queda da prisão **La Bastille** (14 de julho de 1789). Revoltas camponesas (**la Grande Peur**) e guerras revolucionárias se seguiram. Foi declarada a República, Luís XVI foi executado e Robespierre comandou o Regime do Terror (**la Terreur**).

l'Empire 1799–1814, 1852–1870
O Império de Napoleão Bonaparte, de início uma próspera expansão militar por toda a Europa, ruiu com a desastrosa campanha na Rússia (1812) e a derrota final em Waterloo. O Segundo Império, sob Napoleão III, viu Paris ser transformada pelos largos bulevares; mas também terminou em derrota, e foi seguido pela Terceira República (1870–1940).

Religião

França e Bélgica são predominantemente católicas, embora haja locais de culto da maioria das religiões, em especial nas grandes cidades. A Suíça divide-se igualmente entre católicos e protestantes.

uma igreja católica/protestante	**une église catholique/protestante** *ûnn égliz katolik/prrotéstãt*
uma mesquita	**une mosquée** *ûnn móskê*
uma sinagoga	**une synagogue** *ûnn sinagóg*

PONTOS TURÍSTICOS

FORA DA CIDADE

Eu preciso de um mapa...	**Je voudrais une carte...** *jø vudrré ûnn karrt*
desta região	**de cette région** *dø sét rrêgiõ*
das trilhas para caminhada	**des sentiers de randonnée** *dê sãti<u>ê</u> dø rrãdo<u>nê</u>*
dos circuitos para ciclismo	**des circuits cyclistes** *dê sirr<u>kûî</u> siklist*
Quantos quilômetros são até...?	**Il y a combien de kilomètres jusqu'à...?** *il i a kõ<u>biê</u> dø kilométrr jû<u>ska</u>*
Há uma estrada turística para ir a...?	**Y a-t-il une route touristique pour aller à...?** *ei a til ûnn rrut turris<u>tik</u> purr a<u>lê</u> a*
Você poderia me mostrar no mapa...?	**Pouvez-vous me le montrer sur la carte?** *pu<u>vê</u> vu mø lø mon<u>trrê</u> sûrr la karrt*
Estou perdido(a).	**Je me suis perdu(e).** *jø mø sûî pérr<u>dû</u>*

Passeios guiados a pé

A que horas começa o passeio?	**À quelle heure commence la promenade?** *a kél œrr ko<u>mãs</u> la prrómø<u>nad</u>*
A que horas retornaremos?	**À quelle heure reviendrons-nous?** *a kél œrr rrøviẽdrrõ nu*
Estou exausto(a).	**Je suis épuisé(e).** *jø sûî zêpûîzê*
Qual tipo de passeio é?	**C'est quel genre de promenade?** *sé kél jãrr dø prrómønad*
fácil/médio/difícil	**facile/moyenne/difficile** *fa<u>ssil</u>/mua<u>yénn</u>/difi<u>ssil</u>*
Qual tipo de... é?	**C'est quel genre...?** *sé kél jãrr*
animal/pássaro	**d'animal/d'oiseau** *danimal/duazô*
flor/árvore	**de fleur/d'arbre** *dø flœrr/darrbrr*

Características geográficas

a ponte	**le pont**	*lø põ*
a gruta	**la grotte**	*la grrót*
a falésia	**la falaise**	*la faléz*
a fazenda	**la ferme**	*la fehrm*
o campo	**le champ**	*lø chã*
a trilha/o caminho	**le sentier/le chemin** *lø sãtiê/lø chømẽ*	
a floresta	**la forêt**	*la forré*
a colina	**la colline**	*la kolinn*
o lago	**le lac**	*lø lak*
a montanha	**la montagne**	*la montanh*
o desfiladeiro	**le col (de montagne)**	*lø kól*
a cadeia de montanhas	**la chaîne de montagnes** *la chénn dø montanh*	
o parque natural	**le parc naturel**	*lø parrk natürrél*
o panorama/a vista	**le panorama**	*lø panorrama*
o parque	**le parc**	*lø parrk*
o pico/o cume	**le pic/le sommet**	*lø pik/lø somé*
a área de piquenique	**l'aire de pique-nique**	*lérr dø piknik*
a lagoa	**l'étang**	*lêtã*
as corredeiras	**les rapides**	*lê rrapid*
o rio/o ribeirão	**la rivière**	*la rriviérr*
o mar	**la mer**	*la mérr*
o riacho	**le ruisseau**	*lø rrûíssô*
o vale	**la vallée**	*la valê*
o mirante/o belvedere	**le point de vue/le belvédère** *lø puẽ dø vû/le bélvêdérr*	
a aldeia	**le village**	*lø vilaj*
o vinhedo	**la vignoble**	*lø vinhóbl*
a cascata	**la cascade**	*la kaskad*
o bosque	**le bois**	*lø buá*

PONTOS TURÍSTICOS

107

Lazer

Qual é a dica?

Os jornais locais e, nas grandes cidades, os guias semanais de entretenimento trazem informações sobre o que está em cartaz. Em Paris, procure por *L'Officiel des Spectacles* e *Pariscope*; em Bruxelas, *Le Bulletin*. Você terá inúmeras opções de dança, música e teatro.

Você tem um programa dos espetáculos?	**Avez-vous un programme des spectacles?** avê vu ẽ prrógrramm dê spék<u>takl</u>
Pode me sugerir...?	**Pouvez-vous me conseiller...?** pu<u>vê</u> vu mø kõssêyê
Há... em algum lugar?	**Y a-t-il... quelque part?** i a til... kélk parr
um balé/um concerto	**un ballet/un concert** ẽ ba<u>lé</u>/ẽ kon<u>sérr</u>
um filme	**un film** ẽ film
uma ópera	**un opéra** ẽ nopê<u>rra</u>
o museu	**le musée** lø mû<u>zê</u>

Disponibilidade

A que horas começa?	**À quelle heure est-ce que ça commence?** a kél œrr ésk sa ko<u>mãs</u>
A que horas termina?	**À quelle heure est-ce que ça finit?** a kél œrr ésk sa <u>fi</u>ni
Ainda há lugares para esta noite?	**Est-ce qu'il reste des places pour ce soir?** és kil rrést dê plas purr sø suarr
Onde posso conseguir ingressos?	**Où est-ce que je peux me procurer des billets?** u ésk jø pö mø prrókû<u>rrê</u> dê bi<u>yê</u>
Nós somos...	**Nous sommes...** nu sómm
dois/quatro/seis	**deux/quatre/six/** dö/katrr/sis

INGRESSOS

Quanto custa o lugar?	**Combien coûtent les places?** *kõbiẽ kut lê plas*
Eu gostaria de reservar lugares.	**J'aimerais réserver des places.** *jémørré rrêzérrvê dê plas*
Você tem alguma coisa mais barata?	**Avez-vous quelque chose de moins cher?** *avê vu kélk chôz dø muẽ chér*
Eu queria reservar...	**Je voudrais réserver...** *jø vudrré rrêzérrvê*
três lugares para domingo à noite	**trois places pour dimanche soir** *trruá plas purr dimãch suarr*
um lugar para sexta-feira, na matinê	**une place pour vendredi en matinée** *ûnn plas purr vãdrrødi ã matinê*
Pode me dar um programa?	**Est-ce que je peux avoir un programme?** *ésk jø pö avuarr ẽ prrógrramm*
Onde é a chapelaria?	**Où est le vestiaire?** *u é lø véstiérr*

VOCÊ PODE OUVIR

Quel(le) est... de votre carte de crédit?	Qual é... do seu cartão de crédito?
le numéro/le nom/ la date d'expiration	o número/o tipo/ a data de validade
Venez chercher les billets... avant... heures (du soir).	Venha buscar os ingressos... antes das... horas (da noite).

NA BILHETERIA

Avez-vous un programme des spectacles? *avê vu ẽ prrógramm dê spéktakl* (Você tem um programa dos espetáculos?)

Bien sûr. Voilà. *biẽ sûrr vualá* (Claro. Aqui está.)

Merci. *mérrsi* (Obrigado(a).)

Cinema

Para assistir a filmes na versão original em inglês (com legendas em francês), veja se há a indicação **VO** (**version originale**). Contudo, você perceberá que a maioria dos filmes americanos e britânicos é dublada.

Há um cinema perto daqui?	**Y a-t-il un cinéma près d'ici?** *i a til ẽ sinêma prré dissi*
O que vai passar no cinema esta noite?	**Qu'y a-t-il au cinéma ce soir?** *ki a til ô sinêma sø suarr*
O filme é dublado/legendado?	**Est-ce que le film est doublé/sous-titré?** *ésk lø film é dublê/sutitrrê*
O filme é em versão original?	**Est-ce que le film est en version originale?** *ésk le film é tã vérrsiõ orrijinal*
..., por favor.	**..., s'il vous plaît.** *sil vu plé*
um pacote de pipoca	**une boîte de pop-corn** *ûnn buat dø póp kórrn*
um sorvete de chocolate	**une glace au chocolat** *ûnn glas ô chokola*
um cachorro-quente	**un hot dog** *ẽ ót dóg*
um refrigerante	**une boisson gazeuse** *ûnn buassõ gazöz*
pequeno/médio/grande	**petit/moyen/grand** *pøti/muayẽ/grrã*

Teatro

O que está em cartaz no teatro...?	**Qu'est-ce qu'on joue au théâtre...?** *késk õ ju ô têatrr*
Quem é o autor?	**Qui est l'auteur?** *ki é lôtœrr*
Você acha que vou gostar?	**Pensez-vous que ça me plairait?** *pãssê vu ke sa mø plérré*
Não sei muito francês.	**Je ne connais pas beaucoup de français.** *jø nø kónê pa bôku dø frrãssé*

ÓPERA/BALÉ/DANÇA

Onde é a ópera?	**Où est l'opéra?** u é lopêrra
Quem é o compositor/solista?	**Qui est le compositeur/soliste?** ki é lø kõpozit_œ_r/so_list_
É preciso estar de traje de noite?	**Faut-il être en tenue de soirée?** fô til étr ã tøn_u_ dø suar_rê_
Quem está dançando?	**Qui est-ce qui danse?** ki és ki dãs
Eu me interesso por dança contemporânea.	**Je m'intéresse à la danse contemporaine.** jø mẽ têr_rés_ a la dãs kõtãpór_rénn_

MÚSICA/CONCERTOS

Onde é a sala de concertos?	**Où est la salle de concerts?** u é la sal dø kõ_ssérr_
Que orquestra/grupo está tocando?	**Quel orchestre/groupe joue?** kél órrkéstrr/grrup ju
O que estão tocando?	**Qu'est-ce qu'ils jouent?** kés kil ju
Quem é o maestro/o solista?	**Qui est le chef d'orchestre/le soliste?** ki é lø chéf dórrkéstrr/lø solist
Qual é o grupo que abre o espetáculo?	**Qui est le groupe en première partie?** ki é lø grrup ã prømiérr parrti
Eu gosto muito de...	**J'aime beaucoup...** jém bô_ku_
música *country*	**la musique country** la mû_zik_ kaun_trri_
folk music	**la musique folk** la mû_zik_ fólk
jazz	**le jazz** lø djaz
música dos anos 60	**la musique des années soixante** la mû_zik_ dê zanê suas_sãt_
música *pop*	**la musique pop** la mû_zik_ póp
rock	**la musique rock** la mû_zik_ rrók
soul	**la musique soul** la mû_zik_ sul
Já ouviu falar dele/dela?	**Est-ce que vous en avez déjà entendu parler?** ésk vu zã na_vê_ dêja ãtã_dû_ par_lê_
Eles são conhecidos?	**Est-ce qu'ils sont connus?** ésk il sõ ko_nû_

LAZER

VIDA NOTURNA

O que há para fazer à noite?	**Qu'est-ce qu'il y a à faire le soir?** *kés kil i a a férr le suarr*
Você pode me recomendar um(a)...?	**Pouvez-vous me recommander un(e)...?** *pu<u>vê</u> vu mø rrøkom<u>ã</u>d<u>ê</u> ẽ (ûnn)*
Há... na cidade?	**Est-ce qu'il y a... en ville?** *és kil i a... ã vil*
um bar	**un bar** *ẽ barr*
um cassino	**un casino** *ẽ kazinô*
uma discoteca/uma boate	**une discothèque/une boîte (de nuit)** *ûnn diskoték/ûnn buat*
um clube *gay*	**un club gay** *ẽ klœb ghé(y)*
um *nightclub*	**un night-club** *ẽ naytklœb*
um restaurante	**un restaurant** *ẽ rréstorrã*
Que gênero de música eles tocam?	**Quel genre de musique jouent-ils?** *kél jãr dø mûzik ju til*
Como posso chegar lá?	**Comment est-ce que je peux m'y rendre?** *kom<u>ã</u> és kø jø pö mi rrãdrr*

ENTRADA

A que horas começa o espetáculo?	**À quelle heure commence le spectacle?** *a kél œrr kom<u>ã</u>s lø spéktakl*
É preciso estar de traje de noite?	**Faut-il être en tenue de soirée?** *fô til êtrr ã tønû dø sua<u>rr</u>ê*
É preciso pagar para entrar?	**Faut-il payer pour rentrer?** *fô til pê<u>y</u>ê pur rrã<u>trr</u>ê*
É preciso reservar?	**Faut-il réserver?** *fô til rrêzé<u>rv</u>ê*
É preciso ser sócio?	**Faut-il être membre?** *fô til étrr mãbrr*
Quanto tempo teremos de esperar na fila?	**Combien de temps devrons-nous faire la queue?** *kõ<u>biê</u> dø tã dø<u>v</u>rrõ nu férr la kö*
Eu queria uma boa mesa.	**Je voudrais une bonne table.** *jø vu<u>drr</u>é ûnn bónn tabl*

CRIANÇAS

Pode me recomendar alguma coisa para as crianças?	**Pouvez-vous recommander quelque chose pour les enfants?** *puvê vu mø rrøkomãdê kélk chôz purr lê zãfã*
Há um fraldário aqui?	**Y a-t-il une salle de change pour bébé ici?** *i a til ûnn sal de chãj purr bêbê issi*
Onde é o banheiro?	**Où sont les toilettes?** *u sõ lê tualét*
a sala de jogos	**la salle de jeux** *la sal dø jö*
o parque de diversões	**la fête foraine** *la fét forrénn*
a piscina infantil	**le petit bassin** *lø pøti bassê*
o *playground*	**la cour de récréation** *la kurr dø rrêkrrêassiõ*
a creche/o jardim-de-infância	**la garderie/l'école maternelle** *la krréch/lêkól matérrnél*
o zoológico	**le zoo** *le zôô*

Babás

Pode me recomendar uma babá de confiança?	**Pouvez-vous recommander une gardienne d'enfants sérieuse?** *puvê vu mø rrøkomãdê ûnn garrdiénn dãfã sérriöz*
As crianças têm supervisão constante?	**Sont-ils surveillés tout le temps?** *sõ til sûrrvêyê tu lø tã*
O pessoal é qualificado?	**Le personnel est-il qualifié?** *lø perrsonél é til kalifiê*
A que horas eu posso trazê-los?	**À quelle heure est-ce que je peux les amener?** *a kél œrr ésk jø pö lê zamønê*
Virei buscá-los às…	**Je viendrai les chercher à…** *jø viêdrrê lê cherrchê a*
Nós retornaremos às…	**Nous reviendrons à…** *nu rrøviêdrrõ a*
Ela tem 3 anos e ele tem 18 meses.	**Elle a trois ans et il a dix-huit mois.** *él a trruá zã ê il a dizûî muá*

LAZER

ESPORTES

Futebol, tênis e corridas (de bicicletas, carros e cavalos) são esportes populares na França. Você também terá muitas oportunidades para velejar, pescar, cavalgar, jogar tênis, caminhar, andar de bicicleta, nadar e esquiar.

Assistindo a jogos

Há algum jogo de futebol no sábado?	**Y a-t-il un match de football samedi?** *i a til ẽ match dø futból samødi*
Quais são os times?	**Quelles sont les équipes?** *kél sõ lê zêkip*
Você pode me conseguir uma entrada?	**Pouvez-vous me procurer un ticket?** *puvê vu mø prrokûrrê ẽ tikê*
Quanto custam os lugares?	**Combien coûtent les places?** *kõbiẽ kut lê plas*
Onde é o hipódromo?	**Où est l'hippodrome?** *u é lipodrrómm*
atletismo	**athlétisme** *atlêtism*
basquete	**basket(ball)** *baskét*
ciclismo	**cyclisme** *siklism*
futebol	**football** *futból*
golfe	**golf** *gólf*
corridas de cavalos	**courses de chevaux** *kurrs dø chøvô*
natação	**natation** *natassiõ*
tênis	**tennis** *tênis*
vôlei	**volley(ball)** *vôlêi*

la pétanque

Denominação provençal para **boules** (bocha), jogo no qual bolas de metal são lançadas contra uma bola de madeira (**cochonnet**); é praticado em toda a França, onde quer que haja uma área adequada.

le Tour de France

A volta ciclística mais famosa do mundo (que ocorre todos os anos, entre junho e julho) compreende um trajeto que percorre toda a França e exige muito dos participantes; ganha o **maillot vert** (camiseta verde) o campeão da etapa montanhosa (Pireneus e Alpes), e o cobiçado **maillot jaune** (camiseta amarela) vai para o primeiro a chegar a Paris.

Praticando esportes

Onde é... mais próximo?	**Où est... le plus proche?**	u é... lø plû próch
o campo de golfe	**le terrain de golf**	lø têrrẽ de gólf
o clube esportivo	**le club sportif**	lø klœb sporrtif
Onde são as quadras de tênis?	**Où sont les courts de tennis?**	u sõ lê kurr dø tê<u>nis</u>
Quanto custa por....?	**Combien ça coûte par...?**	kõ<u>biẽ</u> sa kut par
dia/partida/hora	**jour/partie/heure**	jurr/parr<u>ti</u>/œrr
É preciso ser sócio do clube?	**Faut-il être membre du club?**	fô til étrr mãbrr dû klœb
Onde posso alugar...?	**Où est-ce que je peux louer...?**	u ésk jø pö lu<u>ê</u>
botas	**des chaussures**	dê cho<u>ssûrr</u>
tacos (de golfe)	**des clubs (de golf)**	dê klœb (dø gólf)
equipamento (esportivo)	**du matériel**	dû matêrr<u>iél</u>
uma raquete	**une raquette**	ûnn rra<u>két</u>
Posso tomar aulas?	**Est-ce que je peux prendre des leçons?**	ésk jø pö prrãdrr dê lø<u>ssõ</u>
Você tem uma sala de musculação?	**Avez-vous une salle de musculation?**	avê vu ûnn sal dø mûskûla<u>ssiõ</u>
Posso fazer companhia a você?	**Est-ce que je peux vous tenir compagnie?**	ésk jø pö vu tø<u>nirr</u> kõpa<u>nhi</u>

Na praia

A maioria das praias é vigiada (**plage/baignade surveillée**) por salva-vidas, exceto quando indicado **non surveillée**.

Sempre obedeça às bandeiras referentes à segurança do banho: verde – seguro; laranja – perigo, tome cuidado; preto – não entre.

O *topless* é aceito na maioria das praias francesas, embora em alguns lugares alguém possa desaprovar: esteja atento e faça como os outros.

É uma praia...?	**Est-ce que c'est une plage...?**	ésk sé tûnn plaj

de pedra/de areia	**de galets/de sable**	*dø galé/dø sabl*
Há... aqui?	**Y a-t-il... ici?**	*i a til... issi*
piscina para crianças	**une piscine pour enfants**	*ûnn pissinn purr ãfã*
piscina	**une piscine**	*ûnn pissinn*
coberta/descoberta	**couverte/en plein air**	*kuverrt/ã plẽ nérr*
É seguro tomar banho/mergulhar aqui sem perigo?	**Est-ce qu'on peut se baigner/plonger ici sans danger?**	*ésk õ pö sø bênhê/plõjê issi sã dãjê*
Não há perigo para as crianças?	**Est-ce que c'est sans danger pour les enfants?**	*ésk sé sã dãjê purr lê zãfã*
Há um salva-vidas?	**Y a-t-il un maître-nageur?**	*i a til ẽ métrr najoerr*
Eu queria alugar...	**Je voudrais louer...**	*jø vudrré luê*
uma espreguiçadeira	**une chaise longue**	*ûnn chéz lõg*
um *jet-ski*	**un scooter de mer**	*ẽ skutoerr dø mérr*
uma lancha	**un canot automobile**	*ẽ kanô otomobil*
um guarda-sol	**un parasol**	*ẽ parrassól*
uma prancha de surfe	**une planche de surf**	*ûnn plãch dø sœrrf*
esquis aquáticos	**des skis nautiques**	*dê ski nôtik*
Por... horas.	**Pendant... heures.**	*parr... œrr*

VOCÊ PODE VER

PÊCHE INTERDITE	proibido pescar
PERMIS OBLIGATOIRE	permissão obrigatória
VESTIAIRES	vestiários

VOCÊ PODE OUVIR

Je regrette, nous sommes complets.	Lamento, estamos lotados.
Il faut verser... euros de caution/d'arrhes.	É preciso deixar um depósito de... euros.
Quelle pointure faites-vous?	Quanto você calça?
Il vous faut une photo d'identité.	Você precisa de uma foto de identidade.

Esquiando

Em geral, os Alpes são mais adequados para descidas (**descente**), e os Pirineus, para o esqui de fundo (*cross country* ou **ski de fond**). As estações francesas costumam ser modernas e eficientes; a Suíça enfatiza mais a tradição e as peculiaridades. Contudo, pode-se praticar excelente esqui nos dois países.

Há muita neve?	**Est-ce qu'il y a beaucoup de neige?**
	ésk il i a bôku dø néj
Como está a neve?	**Comment est la neige?**
	komã é la néj
pesada/dura	**lourde/gelée (verglacée)**
	lurrd/jølê (vérrglassê)
fresca/molhada	**poudreuse/mouillée** *pudrröz/muyê*
Eu queria alugar...	**Je voudrais louer...** *jø vudrré luê*
bastões	**des bâtons** *dê batõ*
patins	**des patins** *dê patẽ*
botas de esqui	**des chaussures de ski** *dê chôssûrr dø ski*
esquis	**des skis** *dê ski*
Eles são muito...	**Ils sont trop...** *il sõ trrô*
grandes/pequenos	**grands/petits** *grrã/pøti*
Não são confortáveis.	**Ils ne sont pas confortables.**
	il nø sõ pa kõfórrtabl
Pagamento adiantado por um dia/cinco dias, por favor.	**Un forfait pour une journée/cinq jours, s'il vous plaît.**
	ẽ fórrfé purr ûnn jurrnê/sẽ jurr sil vu plé
Eu queria tomar aulas na escola de esqui.	**Je voudrais prendre des leçons à l'école de ski.** *jø vudrré prrãdrr dê løssõ a lêkól dø ski*
Sou principiante.	**Je suis débutant(e).** *je sûi dêbutã(t)*
Já tenho experiência.	**J'ai déjà de l'expérience.**
	jê déja dø lekspêrriãs

VOCÊ PODE VER

REMONTE-PENTE/TIRE-FESSES	teleférico de arrasto/*ski lift*
TÉLÉPHÉRIQUE/ŒUFS	teleférico/cabines
TÉLÉSIÈGE	teleférico de cadeiras

Fazendo Amigos

Apresentações

As saudações variam segundo o grau de intimidade que você tem com a pessoa.

É educado apertar as mãos, tanto ao cumprimentar quanto ao se despedir de um francês, em especial se é a primeira vez.

As formas de tratamento **monsieur, madame, mademoiselle** (senhor, senhora, senhorita) são muito usadas na França e não soam formais. Na verdade, é sinal de educação acrescentá-los ao **bonjour**, em especial quando você está se dirigindo a alguém que não conhece.

Na França, há duas formas para "você" (e exigem formas verbais diferentes):

tu (informal/familiar) é usado quando se fala com parentes, amigos íntimos e crianças (e entre jovens);

vous (formal) é usado nos outros casos; é também a forma plural de **tu**.

Olá, acho que não nos conhecemos.	**Bonjour, nous ne nous connaissons pas, je crois?** *bonjurr nu nø nu konêssõ pu jø krruã*
Eu me chamo...	**Je m'appelle...** *jø mapél*
Posso apresentar... a você?	**Puis-je vous présenter...?** *pûíj vu prrêzãtê*
Muito prazer.	**Enchanté.** *ãchãtê*
Como você se chama?	**Comment vous appelez-vous?** *komã vu zapølê vu*
Como vai?	**Comment allez-vous?** *komã talê vu*
Muito bem, obrigado(a). E você?	**Très bien, merci. Et vous [toi]?** *trré biẽ mérrsi. ê vu*

EM UMA RECEPÇÃO

Je m'appelle Sheryl. *jø mapél chêrril*
(Eu me chamo Sheryl.)
Enchanté. Je m'appelle Yves. *ãchãtê. jø mapél iv*
(Muito prazer. Eu me chamo Yves.)
Enchanté. *ãchãtê (Muito prazer.)*

DE ONDE VOCÊ É?

De onde você é?	**D'où venez-vous?**	*du vønê vu*
Onde você nasceu?	**Où êtes-vous né(e)?**	*u ét vu nê*
Eu sou...	**Je viens...**	*jø sûí*
do Brasil	**du Brésil**	*dû brêzil*
Onde você mora?	**Où habitez-vous?**	*u abitê vu*
Você é de qual região da...?	**Vous êtes de quelle région de...?** *vu zét dø kél rrêjiõ*	
Bélgica	**Belgique**	*béljik*
França	**France**	*frrãs*
Suíça	**Suisse**	*sûíss*
Costumamos vir aqui todos os anos.	**Nous venons ici tous les ans.** *nu vønõ issi tu lê zã*	
É a primeira vez que eu venho/nós viemos.	**C'est la première fois que je viens/ nous venons.** *sé la prrømiérr fuá kø jø viẽ/nu vønõ*	
Você já foi...?	**Est-ce que vous êtes déjà allés...?** *ésk vu zét dêja alê*	
ao Brasil	**en Brésil**	*ô brêzil*
Você gosta daqui?	**Ça vous plaît ici?**	*sa vu plé issi*
O que acha de...	**Que pensez-vous de...?** *késk pãssê vu dø*	
Eu adoro o(s)/a(s)... daqui.	**J'adore... ici.**	*jadorr... issi*
Eu não aprecio muito o(s)/a(s)... daqui.	**Je n'aime pas beaucoup... ici.** *jø némm pa bôku... issi*	
comida/pessoas	**la cuisine/les gens**	*la kûízinn/lê jã*

FAZENDO AMIGOS

COM QUEM VOCÊ ESTÁ?

Com quem você está?	**Avec qui êtes-vous?**	avék ki ét vu
Estou sozinho(a).	**Je suis tout(e) seul(e).**	jø sûí tu(t) sœl
Estou com um(a) amigo(a).	**Je suis avec un(e) ami(e).** jø sûí avék ẽ nami	
Estou com...	**Je suis avec...** jø sûí avék	
minha mulher	**ma femme** ma famm	
meu marido	**mon mari** mõ marri	
minha família	**ma famille** ma famiy	
meus filhos	**mes enfants** mê zãfã	
meus pais	**mes parents** mê parrã	
meu namorado/ minha namorada	**mon copain/ma copine** mõ kopẽ/ma kopinn	
meu pai/filho	**mon père/fils** mõ pérr/fis	
minha mãe/filha	**ma mère/fille** ma mérr/fiy	
meu irmão/tio	**mon frère/oncle** mõ frrérr/nonkl	
minha irmã/tia	**ma sœur/tante** ma sœrr/tãt	
Como seu filho/ sua mulher se chama?	**Comment s'appelle votre fils/femme?** komã sapél vótr fis/famm	
Você é casado(a)?	**Êtes-vous marié(e)?** ét vu marriê	
Eu sou...	**Je suis...** jø sûí	
casado(a)/solteiro(a)	**marié(e)/célibataire** marriê/sêlibatérr	
divorciado(a)/separado(a)	**divorcé(e)/séparé(e)** divorrsê/sêparrê	
noivo(a)	**fiancé(e)** fiãssê	
Nós moramos juntos.	**Nous vivons ensemble.** nu vivõ zãssãbl	
Você tem filhos?	**Avez-vous des enfants?** avê vu dê zãfã	
Dois meninos e uma menina.	**Deux garçons et une fille.** dö garrsõ ê ûnn fiy	
Que idade eles têm?	**Quel âge ont-ils?** kél aj õ til	
Eles têm 10 e 12 anos.	**Ils ont dix et douze ans.** il zõ dis ê duz ã	

O QUE VOCÊ FAZ?

O que você faz/ com o que trabalha?	**Qu'est-ce que vous faites dans la vie/comme travail?** *késk vu fét dã la vi/kómm trav<u>ay</u>*	
De que ramo você é?	**Dans quelle branche êtes-vous?** *dã kél brrãch ét vu*	
O que você estuda?	**Qu'est-ce que vous étudiez?** *késk vu zêtû<u>diê</u>*	
Eu estudo...	**J'étudie...** *jêtû<u>di</u>*	
Eu trabalho com...	**Je suis dans...** *jø sûí dã*	
comércio	**le commerce** *lø ko<u>mérrs</u>*	
engenharia	**l'ingénierie** *lêjêni<u>rri</u>*	
varejo	**la vente au détail** *la vãt ô dê<u>tay</u>*	
vendas	**la vente** *la vãt*	
Para quem você trabalha...?	**Pour qui travaillez-vous...?** *purr ki trravay<u>ê</u> vu*	
Eu trabalho para...	**Je travaille pour...** *jø trrav<u>ay</u> purr*	
Eu sou...	**Je suis...** *je sûí*	
contador(a)	**comptable** *kon<u>tabl</u>*	
dona de casa	**femme au foyer** *famm ô fuay<u>ê</u>*	
estudante	**étudiant(e)** *êtû<u>diã</u>(t)*	
aposentado(a)	**retraité(e)** *rrøtrê<u>tê</u>(t)*	
autônomo	**à mon compte** *a mõ kõt*	
desempregado	**au chômage** *ô chô<u>maj</u>*	
Quais são seus interesses/ hobbies?	**Quels sont vos intérêts/hobbies?** *kél sõ vô sãtrr dêtê<u>rré</u>/o<u>bi</u>*	
Eu gosto de...	**J'aime...** *jémm*	
música	**la musique** *la mû<u>zik</u>*	
leitura	**la lecture** *la lék<u>tûrr</u>*	
Eu jogo...	**Je joue...** *jø ju*	
cartas	**aux cartes** *ô karrt*	
xadrez	**aux échecs** *ô zêch<u>ék</u>*	

FAZENDO AMIGOS

Que tempo!

Que dia lindo!	**Quelle belle journée!** *kél bél jurrnê*
Que tempo horrível!	**Quel temps horrible!** *kél tã horribl*
Como está frio/quente hoje!	**Qu'est-ce qu'il fait froid/chaud aujourd'hui!** *kómm il fé frruá/chô ôjurrdûí*
Costuma fazer tanto calor?	**Est-ce qu'il fait aussi chaud d'habitude?** *ésk il fé ôssi chô dabitûd*
Você acha que vai... amanhã?	**Croyez-vous qu'il va... demain?** *krruayê vu kil va... dømẽ*
fazer tempo bom	**faire beau** *férr bô*
chover	**pleuvoir** *pløvuarr*
nevar	**neiger** *nêjê*
Qual é a previsão da meteorologia?	**Quelles sont les prévisions météo?** *kél sõ lê prrêvisiõ mêtêô*
Há...	**Il y a...** *il i u*
nuvens	**des nuages** *dê nûaj*
neblina	**du brouillard** *dû brruyarr*
geada	**du givre** *dû jivrr*
placas de gelo	**du verglas** *dû verrgla*
tempestade	**du tonnerre** *dû tonérr*
ventania	**du vent** *dû vã*
Está chovendo.	**Il pleut.** *il plö*
Está nevando.	**Il neige.** *il néj*
Está fazendo sol.	**Il fait du soleil.** *il fé dû soley*
Está fazendo esse tempo há muitos dias?	**Il fait ce temps-là depuis longtemps?** *il fé sø tã la døpûí lõtã*
Qual é o índice de pólen?	**Quel est le taux de pollen?** *kél é lø tô dø polénn*
alto/médio/baixo	**élevé/moyen/bas** *êløvê/muayẽ/ba*
Qual é a previsão para esquiar?	**Quelle est la météo pour le ski?** *kél é la mêtêô purr lø ski*

APROVEITANDO SUA VIAGEM?

Eu estou aqui...	**Je suis ici en...**	*je suî issi ã*
a negócios	**voyage d'affaires**	*vuayaj daférr*
em férias	**vacances**	*vakãs*
Nós viemos...	**Nous sommes venus...**	*nu sómm vønû*
de trem/ônibus/avião	**en train/en bus/par avion** *ã trrẽ/ã bûs/parr aviõ*	
de carro/*ferry*	**en voiture/par le ferry** *ã vuatûrr/fêrri*	
Tenho um carro alugado.	**J'ai une voiture de location.** *jê ûnn vuatûrr dø lokassiõ*	
Nós nos hospedamos...	**Nous logeons...** *nu lojõ*	
num apartamento	**dans un appartement** *dã zẽ naparrtømã*	
num hotel/num *camping*	**à l'hôtel/dans un camping** *a lôtél/dã zẽ kãping*	
na casa de amigos	**chez des amis** *chê dê zami*	
Você pode nos recomendar...?	**Pouvez-vous nous conseiller...?** *puvê vu nu kõsseyê*	
alguma coisa para fazer	**quelque chose à faire** *kélk chôz a férr*	
lugares para comer	**des endroits pour manger** *dê zãdrruá purr mãjê*	
lugares para visitar	**des endroits à visiter** *dê zãdrruá a vizitê*	

VOCÊ PODE OUVIR

Est-ce que vous êtes en vacances?	Você está de férias?
Comment êtes-vous venu(s) ici?	Como veio?
Où logez-vous?	Onde está hospedado?
Depuis combien de temps êtes-vous ici?	Há quanto tempo está aqui?
Combien de temps restez-vous?	Quanto tempo ficará?
Où allez vous ensuite?	Para onde irá depois?
Est-ce que vous profitez bien de vos vacances?	Está aproveitando bem suas férias?

FAZENDO AMIGOS

Convites

Você quer vir jantar conosco...?	**Voulez-vous venir dîner avec nous...?** *vulê vu vønirr dinê avék nu*
Posso convidar você para almoçar?	**Est-ce que je peux vous inviter à déjeuner?** *ésk jø pö vu zēvitê a dêjönê*
Você pode vir tomar um aperitivo esta noite?	**Est-ce que vous pouvez venir prendre un verre ce soir?** *ésk vu puvê vønirr prãdrr ẽ vérr sø suarr*
Estamos dando uma festa. Você pode vir?	**Nous donnons une soirée. Pouvez-vous venir?** *nu dônõ ûnn suarrê. puvê vu vønirr*
Podemos nos juntar a vocês?	**Est-ce que nous pouvons nous joindre à vous?** *ésk nu puvõ nu juẽdrr a vu*
Você quer se juntar a nós?	**Voulez-vous vous joindre à nous?** *vulê vu vu juẽdrr a nu*

Saindo

O que você programou para...?	**Qu'avez-vous de prévu pour...?** *kavê vu prrêvû purr*
hoje/esta noite	**aujourd'hui/ce soir** *ôjurrdúí/sø suarr*
amanhã	**demain** *dømẽ*
Você está livre esta noite?	**Est-ce que vous êtes libre ce soir?** *ét vu librr sø suarr*
Você gostaria de...?	**Est-ce que vous aimeriez...?** *ésk vu zémørriê*
ir dançar	**aller danser** *alê dãssê*
ir tomar um aperitivo	**aller prendre un verre** *alê prrãdrr ẽ vérr*
ir comer	**aller manger** *alê mãjê*
dar um passeio	**faire une promenade** *férr ûnn prromønad*
ir fazer compras	**aller faire des courses** *alê férr dê kurrs*
Eu gostaria de ir a...	**J'aimerais aller à...** *jémørré alê a*
Eu gostaria de ver...	**J'aimerais voir...** *jémørré vuarr*
Você gosta de...?	**Aimez-vous...?** *êmê vu*

Aceitando ou recusando

Com prazer.	**Avec plaisir.**	avék plé<u>z</u>irr
Obrigado(a), mas já tenho um compromisso.	**Merci mais j'ai à faire.** mérr<u>si</u> mé jê a férr	
Posso levar um(a) amigo(a)?	**Est-ce que je peux amener un(e) ami(e)?** ésk jø pö amø<u>nê</u> ẽ(ũnn) na<u>mi</u>	
Onde nos encontramos?	**Où nous retrouvons-nous?** u nu røtrruvõ nu	
Eu encontro você...	**Je vous [te] retrouverai...** jø vu (tø) rrøtrruvø<u>rrê</u>	
em frente do seu hotel	**devant votre [ton] hôtel** dø<u>vã</u> vótrr (tõ) o<u>tél</u> (no<u>tél</u>)	
Passarei para pegá-lo(a) às 8 horas.	**Je passerai vous [te] chercher à huit heures.** jø passø<u>rrê</u> vu (tø) chérr<u>chê</u> a ûît œrr	
Pode ser um pouco mais tarde/cedo?	**Un peu plus tard/tôt si c'est possible?** ẽ pö plû tarr/tô si sé po<u>ssibl</u>	
Talvez um outro dia?	**Peut-être un autre jour?** pøt étrr ẽ notrr jurr	
Combinado.	**D'accord.** da<u>kórr</u>	

Jantando fora/na casa de alguém

Os franceses não costumam "rachar" a conta em restaurantes. A pessoa que convida geralmente paga – e os outros se oferecem para retribuir de uma próxima vez.

Se você for convidado para comer na casa de alguém, leve sempre um presente – uma caixa de bombons, um lindo buquê de flores ou talvez um bom vinho (mas não um **vin de table** – vinho de mesa).

Posso lhe oferecer alguma coisa para beber?	**Permettez-moi de vous offrir quelque chose à boire?** pérrmê<u>tê</u> muá dø vu zo<u>frrirr</u> kélk chôz a buarr	
Você gosta de...?	**Aimez-vous [aimes-tu]...?** ê<u>mê</u> vu (émm tû)	
O que vai querer?	**Qu'est-ce que vous prennez [tu prends]?** késk vu prrø<u>nê</u> (tû prrã)	
Foi uma excelente refeição.	**C'était un très bon repas.** sê<u>té</u> tẽ tré bõ rrø<u>pa</u>	

Encontros

Você se incomoda se...?	**Ça vous dérange si…?** *sa vu dêrrãj si*
eu me sentar aqui	**je m'asseois ici** *jø massuá issi*
eu fumo	**je fume** *jø fûmm*
Posso lhe oferecer alguma coisa para beber?	**Puis-je vous offrir quelque chose à boire?** *pûíj vu zoffrrirr kélk chôz a buarr*
Eu gostaria muito se você me fizesse companhia	**J'aimerais bien que vous veniez me tenir compagnie.** *jêmørré biẽ kø vu vøniê mø tønirr kõpanhi*
Por que está rindo?	**Pourquoi riez-vous [ris-tu]?** *purrkuá rríê vu (rri tû)*
Meu francês é tão ruim assim?	**Est-ce que mon français est si mauvais que ça?** *ésk mõ frrãssé é si môvé kø sa*
Que tal irmos a um lugar um pouco mais calmo?	**Si on allait dans un endroit un peu plus calme?** *si õ nalé dã zẽ ãdrruá ẽ pö plû kalm*
Deixe-me em paz, por favor!	**Laissez-moi tranquille, s'il vous plaît!** *lêssê muá trrãkil, sil vu plé*
Você é muito bonito(a)!	**Tu es très beau (belle)!** *tû é trré bô (bel)*
Obrigado(a) por esta bela noite.	**Merci pour cette bonne soirée.** *mérrsi purr sét bónn suarrê*
Nós temos de ir agora.	**Il faut que nous partions maintenant.** *il fô kø nu parrtiõ mẽtønã*
Posso ver você amanhã?	**Est-ce que je peux vous [te] revoir demain?** *ésk jø pö vu (tø) rrøvuarr dømẽ*
Até mais.	**À bientôt.** *a biẽtô*
Pode me dar seu endereço?	**Est-ce que je peux avoir votre [ton] adresse?** *ésk jø pö avuar vótrr (tõ) adrrés (nadrrés)*

TELEFONANDO

Hoje, na França, é quase impossível telefonar usando moedas, exceto em áreas rurais e em alguns cafés. Os telefones públicos aceitam cartões, disponíveis nas agências de correio ou em qualquer lugar onde haja a indicação **Télécarte**. Simplesmente pegue o gancho, espere o sinal, insira o cartão e tecle o número.

Para telefonar para o Brasil a partir de países de língua francesa, tecle 00 seguido de 55.

Você pode me dar seu número de telefone?	**Pouvez-vous me donner votre numéro de téléphone?** *puvê vu mø donê vótrr nûmêrrô dø têlêfónn*
Aqui está meu número.	**Voilà mon numéro.** *vuala mõ nûmêrrô*
Ligue para mim.	**Appelez-moi.** *apølê muá*
Eu ligarei para você.	**Je vous appellerai.** *jø vu zapélørrê*
Onde é a cabine telefônica mais próxima?	**Où est la cabine téléphonique la plus proche?** *u é la kabinn têlêfonik la plû prróch*
Posso usar seu telefone?	**Est-ce que je peux me servir de votre téléphone?** *ésk jø pö mø sérrvirr dø vótrr têlêfónn*
É urgente.	**C'est urgent.** *sé tûrrjã*
Eu queria telefonar para o Brasil.	**Je voudrais téléphoner en Brésil.** *jø vudrré têlêfonê ã brêzil*
Qual é o código para...?	**Quel est le code pour...?** *kél é le kód purr*
Eu queria um cartão telefônico, por favor.	**Je voudrais une Télécarte, s'il vous plaît.** *jø vudrré ûnn têlêkarrt, sil vu plé*
Qual é o número para Informações?	**Quel est le numéro des Renseignements?** *kél é lø nûmêrrô dê rrãssénhomã*
Eu queria o número de...	**Je voudrais le numéro de...** *jø vudrré lø nûmêrrô dø*
Eu queria fazer uma chamada a cobrar.	**Je voudrais faire un appel en P.C.V.** *jø vudrré fér ẽ napél ã pê sê vê*

No Telefone

Alô. É...	**Allô. C'est...** *alô sé*
Eu queria falar com...	**Je voudrais parler à...** *jø vu<u>drr</u>é parrlê a*
Extensão	**Poste...** *póst*
Você pode falar mais alto/mais devagar, por favor.	**Pouvez-vous parler plus fort/plus lentement, s'il vous plaît.** *pu<u>vê</u> vu parrl<u>ê</u> plû fórr/plû lãtø<u>mã</u> sil vu plé*
Pode repetir, por favor?	**Pouvez-vous répéter, s'il vous plaît?** *pu<u>vê</u> vu rrêpê<u>tê</u> sil vu plé*
Lamento, ele/ela não está.	**Je regrette, il/elle n'est pas là.** *jø rregr<u>ét</u> il/él né pa la*
Você ligou para o número errado.	**Vous avez fait un faux numéro.** *vu za<u>vê</u> fé ẽ fô nûmê<u>rrô</u>*
Um momento, por favor.	**Un instant, s'il vous plaît.** *ẽ nẽs<u>tã</u> sil vu plé*
Não desligue, por favor.	**Ne raccrochez pas, s'il vous plaît.** *nø rrakrro<u>chê</u> pa sil vu plé*
Quando ele/ela volta?	**Quand reviendra-t-il/elle?** *kã rrøvjẽ<u>drr</u>a til/tél*
Pode dizer a ele/ela que eu liguei?	**Pouvez-vous lui dire que j'ai appelé?** *pu<u>vê</u> vu lûî dirr kø jê apø<u>lê</u>*
Eu me chamo...	**Je m'appelle...** *jø map<u>él</u>*
Pode pedir a ele/ela para me ligar?	**Pouvez-vous lui demander de me rappeler?** *pu<u>vê</u> vu lûî dømã<u>dê</u> dø mø rrapø<u>lê</u>*
Preciso desligar agora.	**Il faut que je vous quitte, maintenant.** *il fô kø jø vu kit, mẽtø<u>nã</u>*
Fiquei feliz por falar com você.	**J'ai été content(e) de vous parler.** *jê ê<u>tê</u> kõtã(t) dø vu parr<u>lê</u>*
Eu te ligo.	**Je vous [te] téléphonerai.** *jø vu (tø) têlêf<u>ónn</u>errê*
Tchau.	**Au revoir.** *ô rrø<u>vuar</u>*

Lojas e Serviços

A França ainda dá preferência a lojas especializadas pequenas e tradicionais, que oferecem um contato mais pessoal, embora haja *shopping centers* na maioria das cidades.

Há também lojas de departamentos. As redes mais comuns são **Galeries Lafayette**, **Printemps** e **Nouvelles Galeries**.

Feiras e mercados locais são encontrados em toda parte, das grandes às pequenas cidades do interior. Os mercados de pulgas (**marchés aux puces**) são comuns, assim como as **brocantes** (brechós/lojas de objetos usados).

Eu queria...	**Je voudrais...**	*jø vudrré*
Você tem...?	**Avez-vous...?**	*avê vu*
Quanto é?	**C'est combien?**	*sé kõbiẽ*
Obrigado(a).	**Merci.**	*mérrsi*

Onde é...?

Onde é o(a)... mais próximo(a)? **Où est... le/la plus proche?** *u é... lø (la) plû prróch*

Onde há um(a) bom(boa)...? **Où y a-t-il un(e) bon(ne)...?** *u i a til ẽ (ûnn) bónn*

Onde é o principal *shopping center*? **Où est le centre commercial principal?** *u é lø sãtrr komérrsial prrèssipal*

É longe daqui? **Est-ce loin d'ici?** *és luẽ dissi*

Como faço para chegar lá? **Comment puis-je y aller?** *komã pûíj i alê*

Lojas

o antiquário	**l'antiquaire**	*lãtikérr*
a padaria	**la boulangerie**	*la bulãjørri*
o banco	**la banque**	*la bãk*
a livraria	**la librairie**	*la librérri*
o açougue	**la boucherie**	*la buchørri*
a loja [de revelação] de fotos	**le magasin de photos**	*lø magazẽ dø fotô*
a tabacaria	**le (bureau de) tabac**	*lø bûrrô dø taba*

a loja de roupas	**le magasin de vêtements** *lø magazẽ dø vétømã*
a delicatéssen/a rotisseria	**le charcutier/le traiteur** *lø charrkûtiê/lø trrétœrr*
a loja de departamentos	**le grand magasin** *lø grrã magazẽ*
a drogaria	**la droguerie** *la drróghørri*
a peixaria	**la poissonnerie** *la puassónørri*
a floricultura	**le fleuriste** *lø flörrist*
a loja de presentes	**le magasin de cadeaux** *lø magazẽ dø kadô*
a quitanda	**le marchand de fruits et légumes** *lø marrchã dø frruî ê lêgûmm*
a mercearia	**l'épicerie** *lêpissørri*
a loja de produtos dietéticos	**le magasin de diététique** *lø magazẽ dø diêtêtik*
a joalheria	**la bijouterie** *la bijutørri*
o mercado/a feira	**le marché** *lø marrchê*
a banca de jornal	**le kiosque à journaux** *lø kiósk a jurrnô*
a doceria	**la pâtisserie** *la patissørri*
a farmácia	**la pharmacie** *la farrmassi*
a loja de discos	**le magasin de disques** *lø magazẽ dø disk*
a sapataria	**le magasin de chaussures** *lø magazẽ dø chôssûrr*
o *shopping center*	**le centre commercial** *lø sãtrr komérrsial*
a loja de suvenires	**le magasin de souvenirs** *lø magazẽ dø suvønirr*
a loja de artigos esportivos	**le magasin d'articles de sport** *lø magazẽ darrtikl dø spórr*
o supermercado	**le supermarché** *lø sûpérrmarrchê*
a loja de brinquedos	**le magasin de jouets** *lø magazẽ dø juê*
a loja de bebidas (adega)	**le marchand de vins** *lø marrchã dø vẽ*

Serviços

o dentista	**le dentiste** lø d<u>ã</u><u>tist</u>
o médico	**le médecin** lø mêd<u>ø</u>ss<u>ẽ</u>
a tinturaria/ lavagem a seco	**le pressing/nettoyage à sec** lø prrê<u>ssing</u>/lø nêtua<u>yaj</u> a sék
o cabeleireiro (mulheres/homens)	**le coiffeur (femmes/hommes)** le kua<u>fœ</u>rr (famm/hómm)
hospital	**l'hôpital** lôpi<u>tal</u>
a lavanderia automática	**la laverie automatique** la lav<u>ø</u><u>rri</u> otoma<u>tik</u>
a biblioteca	**la bibliothèque** la biblio<u>ték</u>
a ótica	**l'opticien** lópti<u>ssiẽ</u>
a delegacia (de polícia)	**le commissariat (de police)** lø komissa<u>rria</u> (dø po<u>lis</u>)
o correio	**la poste** la póst
a agência de viagens	**l'agence de voyages** la<u>jãs</u> dø vua<u>yaj</u>

Horas

A que horas... abre/fecha?	**À quelle heure... ouvre-t-il/ferme-t-il?** a kél œrr... uvrr til/férrm til
Vocês abrem à noite?	**Êtes-vous ouverts le soir?** ét vu u<u>vérr</u> lø suarr
Vocês fecham para o almoço?	**Fermez-vous pour le déjeuner?** férr<u>mê</u> vu purr le dêjœ<u>nê</u>
Onde fica...?	**Où est...?** u é
a escada rolante	**l'escalier roulant** léska<u>liê</u> rru<u>lã</u>
o mapa da loja	**le plan du magasin** lø plã dû maga<u>zẽ</u>
o térreo	**rez-de-chaussée** lø rrê dø chô<u>ssê</u>
o primeiro andar	**premier étage** le prr<u>ø</u><u>miê</u> (rr)êtaj
Onde é a seção de...?	**Où est le rayon des...?** u é lø rrê<u>yõ</u> dê

VOCÊ PODE VER	
OUVERT	aberto
FERMÉ	fechado

LOJAS E SERVIÇOS

Horários na França, (Bélgica) e [Suíça]

	Abre	Fecha	Almoço	Fechado
Lojas	9h/8h	17h30-19h (18h) [18h30]	12h-14h	dom., seg.
lojas de departamento	9h/9h30	19h/19h30	não fecha	dom.
supermercados	9h	21h/22h	não fecha	dom., seg.
correios	8h (7h30) [9h]	18h30/19 (18h30) [18h]	12h-14h 12h-14h [13h45]	sáb. à tarde, dom. fim de semana
bancos	8h30/9h (9h) [8h30]	16h30/17h (15h30/16h) [16h30-17h30]	12h-13h30 12h30-13h30	fim de semana fim de semana

Serviço

Você pode me ajudar?	**Pouvez-vous m'aider?**	_puvê vu mêdê_
Estou procurando...	**Je cherche...**	_jø chérrch_
Estou apenas olhando.	**Je regarde seulement.**	_jø rrøgarrd sœlømã_
É a minha vez.	**C'est à moi.**	_sé ta muá_
Você tem...?	**Avez vous...?**	_avê vu_
Eu queria comprar...	**Je voudrais acheter...**	_jø vudrré achøtê_
Você pode me mostrar...?	**Pouvez-vous me montrer...?**	_puvê vu mø mõtrrê_
Quanto custa isto/aquilo?	**Combien coûte ceci/cela?**	_kõbiẽ kut søssi/søla_
É só, obrigado(a).	**C'est tout, merci.**	_sé tu, mérrsi_

VOCÊ PODE VER

HEURES D'OUVERTURE	horário de abertura
FERMÉ POUR LE DÉJEUNER	fechado para o almoço
OUVERT TOUTE LA JOURNÉE	aberto o dia todo
SORTIE	saída
SORTIE DE SECOURS	saída de emergência
ENTRÉE	entrada
ESCALIERS	escadas
ASCENSEUR	elevador
SOLDES	liquidação

Escolhas

Deve ser...	**Ça doit être...**	*sa duá étrr*
grande/pequeno	**grand/petit**	*grrã/pø**ti***
barato/caro	**bon marché/cher**	*bõ marr**chê**/chérr*
escuro/claro	**foncé/clair**	*fõs**sê**/klérr*
leve/pesado	**léger/lourd**	*lê**jê**/lurr*
oval/redondo/quadrado	**ovale/rond/carré**	*o**val**/rrõ/ka**rrê***
legítimo/imitação	**un original/d'imitation**	*ẽ norrij**inal**/dimita**ssiõ***
Eu não quero nada muito caro.	**Je ne veux pas quelque chose de trop cher.**	*jø nø vö pa kélk chôz dø trrô chérr*
Você tem alguma coisa...?	**Avez-vous quelque chose de...?**	*av**ê** vu kélk chôz dø*
maior	**plus grand**	*plû grrã*
de melhor qualidade	**meilleure qualité**	*mêy**œ**rr kalit**ê***
mais barata	**moins cher**	*muẽ chérr*
menor	**plus petit**	*plû pø**ti***

ESSENCIAL

Quel(le)... voulez vous?	Qual... você quer?
couleur/forme	cor/forma
qualité/quantité	qualidade/quantidade
Quel genre voulez-vous?	De que tipo você quer?
Dans quel ordre de prix cherchez-vous?	Em que faixa de preço você está procurando?

VOCÊ PODE OUVIR

Bonjour, madame/monsieur.	Bom dia, senhora/senhor.
Je peux vous aider?	Posso ajudar?
Vous désirez?/Qu'est-ce que vous voulez?	O(a) senhor(a) deseja?/ O que deseja?
Je vais vérifier.	Eu vou verificar.
Ce sera tout?	Isso é tudo?
Et avec ça?/Il vous faut autre chose?	O que mais? Precisa de algo mais?

LOJAS E SERVIÇOS

Você pode me mostrar...?	**Pouvez-vous me montrer...?**
	puvê vu mø mõtrrê
aquele(a)/este(a)	**celui-là (celle-là)/celui-ci (celle-ci)**
	sølûí la (sél la)/sølûí si (sél si)
estes(a)/aqueles(a)	**ceux-ci (celles-ci)/ceux-là (celles-là)**
	sö si (sél si)/sö la (sél la)

Condições de compra

Tem garantia?	**Y a-t-il une garantie?**
	i a til ûnn garrãti
Tem instruções (manual)?	**Est-ce qu'il y a des instructions (un mode d'emploi)?**
	ésk il i a dê zẽstrrûksiõ (ẽ mod dãpluá)

Em falta

Você pode encomendar para mim?	**Pouvez-vous me le commander?**
	puvê vu mø lø komãdê
Quanto tempo demorará?	**Il faudra combien de temps?**
	il fôdrra kõbiẽ dø tã

VOCÊ PODE OUVIR

Je regrette, nous n'en avons plus.	Lamento, não temos mais.
L'article/le stock est épuisé.	O artigo/o estoque acabou.
Est-ce que je peux vous montrer quelque chose d'autre?	Posso lhe mostrar outra coisa?
Voulez-vous que nous le commandions?	Quer encomendar?

Decisão

Não é exatamente o que eu quero.	**Ce n'est pas vraiment ce que je veux.**
	sø né pa vrrémã sø kø jø vö
É muito caro.	**C'est trop cher.** *sé trrô chérr*
Vou levar.	**Je le prends.**
	jø lø prrã

EM UMA LOJA

Je peux vous aider? *jø pö vu zêdê* (Posso ajudar?)
Merci. Je regarde seulement. *mérrsi jø rrøgarrd sœlømã* (Obrigado(a). Estou apenas olhando.)

PAGAMENTO

A taxa sobre venda (**TVA**) incide sobre quase todos os bens ou serviços; está incluída no preço TTC (**toutes taxes comprises**). O valor pago em compras grandes pode ser recuperado ao se sair do país (por quem reside fora da UE).

Onde eu devo pagar?	**Où dois-je payer?**	*u duaj pêyê*
Quanto é?	**C'est combien?**	*sé kõbiẽ*
Você poderia escrever, por favor?	**Pourriez-vous l'écrire, s'il vous plaît?** *purriê vu lêkrrirr sil vu plé*	
Você aceita *traveler's checks*?	**Acceptez-vous les chèques de voyage?** *akséptê vu lê chék dø vuayaj*	
Vou pagar...	**Je paie...**	*jø pé*
em dinheiro	**en liquide**	*ã likid*
com cartão de crédito	**avec une carte de crédit** *avék ûnn karrt dø krrêdi*	
Lamento, não tenho dinheiro suficiente.	**Je regrette, je n'ai pas assez d'argent.** *jø rrøgrrét jø nê pa zassê darrjã*	
Pode me dar o recibo?	**Est-ce que je peux avoir un ticket de caisse?** *ésk jø pö avuarr ẽ tiké dø kés*	
Acho que você se enganou no troco.	**Je crois que vous vous êtes trompé en me rendant la monnaie.** *jø krruá kø vu vu zét trrõpê ã mø rrãdã la monê*	

VOCÊ PODE OUVIR

Comment payez-vous?	Como vai pagar?
Cette transaction n'a pas été approuvée/acceptée.	Esta transação não foi aprovada/aceita.
Cette carte n'est pas valide.	Este cartão não é válido.
Avez-vous une pièce d'identité?	Você tem um documento de identidade?
Avez-vous de la monnaie?	Você tem trocado?

VOCÊ PODE VER

PAYEZ ICI	pague aqui
LES VOLEURS SERONT POURSUIVIS (EN JUSTICE)	ladrões serão levados à Justiça

LOJAS E SERVIÇOS

Reclamações

Não está funcionando.	**Ça ne marche pas.** *sa nø marrch pa*
Você pode trocar isso, por favor?	**Pouvez-vous échanger ceci, s'il vous plaît?** *puvê vu êchãjê søssi sil vu plé*
Quero ser reembolsado.	**Je voudrais être remboursé(e).** *jø vudrré étrr rãburrsê*
Aqui está o tíquete do caixa.	**Voici le ticket de caisse.** *vuassi lø tikê dø kés*
Não tenho o tíquete do caixa.	**Je n'ai pas le ticket de caisse.** *jø nê pa lø tikê dø kés*
Quero ver o gerente da loja.	**Je voudrais voir le directeur du magasin.** *jø vudrré vuar lø dirrréktœrr dû magazẽ*

Consertos/Lavanderia

Tointurerie ou **pressing** é uma tinturaria (lavagem a seco), às vezes combinada com uma lavanderia (**blanchisserie**). Se quiser uma lavanderia automática, procure por uma **laverie automatique**.

Está quebrado. Você pode consertar?	**C'est cassé. Pouvez-vous le réparer?** *sé kassé. puvê vu lø rrêparrê*
Você tem... para isto?	**Avez-vous... pour ceci?** *avê vu... purr søssi*
pilha/bateria	**une pile** *ûnn pil*
peças de reposição	**des pièces de rechange** *dê piés dø rrøchãj*
Você pode...?	**Pouvez-vous le...?** *puvê vu lø*
lavar	**nettoyer** *nêtuayê*
passar a ferro	**repasser** *rrøpassê*
costurar	**raccommoder** *rrakomodê*
Quando ficará pronto?	**Quand sera-t-il prêt?** *kã sørra til prré*
Isto não é meu.	**Ce n'est pas à moi.** *sø né pa za muá*
Está faltando...	**Il manque...** *il mãk*

Banco/Casa de câmbio

Você pode retirar dinheiro de caixas automáticos com Visa, Eurocard, American Express e outros cartões de crédito internacionais. Lembre-se de levar seu passaporte quando for trocar dinheiro.

Nem todos os bancos fazem conversão de moeda – hotéis às vezes oferecem serviços de câmbio, mas apenas para hóspedes.

> Em 2002, a moeda na maioria dos países da UE, incluindo França e Bélgica, mudou para o euro (€), dividido em 100 centavos (**centimes**). A Suíça não faz parte da UE e sua moeda é o franco suíço, dividido em 100 **centimes**.
>
> **França e Bélgica** *Moedas:* 1, 2, 5, 10, 20, 50 centavos; 1, 2 euros
> *Notas:* 5, 10, 20, 50, 100, 200, 500 euros
>
> **Suíça** *Moedas:* 5, 10, 20, 50 centavos; 1, 2, 5 francos suíços
> *Notas:* 10, 20, 50, 100, 500, 1000 francos suíços

Onde é... mais próximo(a)?	**Où est... le/la plus proche?**	
	u é.... lø (la) plû próch	
o banco	**la banque** *la bãk*	
a casa de câmbio	**le bureau de change** *lø bûrrô dø chãj*	

Trocando dinheiro

Posso trocar moeda estrangeira aqui?	**Est-ce que je peux changer des devises étrangères ici?** *ésk jø pö chãjê dê dø<u>viz</u> étrã<u>jé</u>rr i<u>ss</u>i*
Eu queria trocar dólares por euros.	**Je voudrais changer des dollars en euros.** *jø vu<u>drr</u>é chãjê dê do<u>larr</u> ã nörrô*
Eu queria descontar *traveler's checks*.	**Je voudrais encaisser des chèques de voyage.** *jø vu<u>drr</u>é ãkê<u>ss</u>ê dê chék dø vua<u>yaj</u>*
Qual é a cotação (do câmbio)?	**Quel est le taux (de change)?** *kél é lø tô dø chãj*
Quanto de comissão você cobra?	**Quelle commission prenez-vous?** *kél komi<u>ss</u>iõ prrø<u>n</u>ê vu*
Pode me dar dinheiro trocado?	**Est-ce que je pourrais avoir de la petite monnaie?** *ésk jø pu<u>rr</u>é a<u>vu</u>arr dø la p<u>ø</u>tit mo<u>n</u>é*

LOJAS E SERVIÇOS

VOCÊ PODE VER

OUVERT/FERMÉ	aberto/fechado
POUSSEZ/TIREZ/APPUYEZ	empurre/puxe/aperte
CAISSES	caixas
TOUTES TRANSACTIONS	todas as transações

VOCÊ PODE OUVIR

Est-ce que je peux voir...?	Posso ver...?
votre passeport	seu passaporte
une pièce d'identité	um documento de identidade
votre carte bancaire	seu cartão bancário
Quelle est votre adresse?	Qual é o seu endereço?
Où logez-vous?	Onde você está hospedado?
Pouvez-vous remplir cette fiche?	Pode preencher este formulário?
Signez ici, s'il vous plaît.	Assine aqui, por favor.

Segurança

Caixas automáticos

Posso retirar dinheiro aqui com meu cartão de crédito?	**Est-ce que je peux retirer de l'argent avec ma carte de crédit ici?** *ésk jø pö rrøti_rrê_ dø larr_jã_ a_vék_ ma karr dø krr_êdi_ _issi_*
Onde ficam os caixas automáticos?	**Où sont les distributeurs automatiques?** *u sõ lê distrribû_tœrr_ otoma_tik_*
Posso usar meu cartão neste caixa?	**Est-ce que je peux me servir de ma carte dans ce distributeur?** *ésk jø pö mø sérr_vir_ dø ma karr dã sø distrribû_tœrr_*
O caixa engoliu meu cartão.	**Le distributeur a avalé ma carte.** *lø distrribû_tœrr_ a avalê ma karr*

VOCÊ PODE VER

DISTRIBUTEUR AUTOMATIQUE	caixa automático

Farmácia

As farmácias são facilmente reconhecidas pela cruz verde, em geral iluminada. Se precisar de uma farmácia à noite ou durante o fim de semana, você encontrará uma lista das **pharmacies de garde** (farmácias de plantão) na entrada de qualquer farmácia ou no jornal local.

Além dos produtos farmacêuticos, as farmácias francesas também vendem cosméticos e artigos de higiene. Uma **parfumerie** ou **grand magasin** (loja de departamento) costuma ter uma maior variedade de perfumes e cosméticos, enquanto as **drogueries** vendem produtos de higiene e limpeza.

Onde é a farmácia (de plantão) mais próxima?	**Où est la pharmacie (de garde) la plus proche?** *u é la farrma__ss__i (dø garrd) la plû próch*
Você pode aviar esta receita para mim?	**Pouvez-vous me préparer cette ordonnance?** *puvê vu mø prrêpa__rr__ê sét órrdonn__ãs__*
Posso esperar?	**Est-ce que je peux attendre?** *ésk jø pö att__ã__drr*
Eu voltarei para buscar.	**Je reviendrai la chercher.** *jø rrøvi__ẽ__drrê la chérr__ch__ê*

Posologia

Quantos devo tomar?	**Combien dois-je en prendre?** *kõ__bi__ẽ duaj ã prrãdrr*
Quantas vezes devo tomar?	**Combien de fois dois-je le prendre?** *kõ__bi__ẽ dø fuá duaj ã prrãdrr*
É próprio para crianças?	**Est-ce que ça convient aux enfants?** *ésk sa kõ__vi__ẽ ô zãf__ã__*

VOCÊ PODE OUVIR

Prenez… comprimés/ cuillerées à café…	Tome… comprimidos/ colheres de café…
avant/après les repas	antes/após as refeições
avec un verre d'eau	com água
entier (sans croquer)	inteiro (sem mastigar)
le matin/le soir	de manhã/à noite
pendant… jours	durante… dias

LOJAS E SERVIÇOS

VOCÊ PODE VER	
USAGE EXTERNE	uso externo
NE PAS AVALER	não engolir

Pedindo orientação

O que você recomenda para...?	**Qu'est-ce que vous me recommandez pour…?** *késk vu mø rrøkomãdê purr*
resfriado	**le rhume** *lø rrûmm*
tosse	**la toux** *la tu*
diarréia	**la diarrhée** *la diarrê*
ressaca	**la gueule de bois** *la gøel dø buá*
rinite alérgica	**le rhume des foins** *lø rrûmm dê fuẽ*
picadas de insetos	**les piqûres d'insectes** *lê pikürr dẽssékt*
dor de garganta	**le mal de gorge** *lø mal dø gorrj*
queimadura de sol	**les coups de soleil** *lê ku dø soléy*
enjôo	**le mal des transports** *lø mal dê trrãspórr*
dor de estômago	**le mal de ventre** *lø mal dø vãtrr*
Posso comprar sem receita?	**Puis-je l'obtenir sans ordonnance?** *pûíj lóbtønirr sã zórrdonãs*

Pedindo no balcão

Você pode me dar...?	**Pouvez-vous me donner…?** *puvê vu mø donê*
uma pomada anti-séptica	**une crème antiseptique** *ünn pomad ãtisséptik*
aspirina (solúvel)	**de l'aspirine (soluble)** *dø laspirrinn (solûbl)*
uma gaze (bandagem)	**un bandage** *ẽ bãdaj*
preservativos	**des préservatifs** *dê prrêsérrvatif*
algodão (hidrófilo)	**du coton (hydrophile)** *dû kotõ (hidrrofil)*
um creme/ uma loção contra insetos	**une crème/lotion contre les insectes** *ünn krrémm/lossiõ kõtr lê zẽssékt*
analgésicos	**des analgésiques** *dê zanaljêzik*
vitaminas	**des vitamines** *dê vitaminn*

Produtos de higiene

Eu queria...	**Je voudrais...**	jø vudrré
loção pós-barba	**de la lotion après-rasage** dø la lo<u>ssiõ</u> a<u>prré</u> rra<u>zaj</u>	
um desodorante	**un déodorant** ẽ dêodo<u>rrã</u>	
creme hidratante	**de la crème hydratante** dø la krrémm idrra<u>tãt</u>	
lâminas de barbear	**des lames de rasoir** dê lamm dø rra<u>zuarr</u>	
absorventes higiênicos	**des serviettes hygiéniques** dê sérr<u>viét</u> igiê<u>nik</u>	
sabonete	**du savon** dû sa<u>võ</u>	
protetor solar	**de l'écran total** dø lê<u>krrã</u> to<u>tal</u>	
bronzeador	**de la crème solaire** dø la krrémm so<u>lérr</u>	
absorventes internos	**des tampons** dê tã<u>põ</u>	
lenços de papel	**des mouchoirs en papier** dê mu<u>chuarr</u> ã pa<u>piê</u>	
papel higiênico	**du papier toilette** dû pa<u>piê</u> tua<u>lét</u>	
pasta de dente	**du dentifrice** dû dãti<u>frris</u>	

Produtos para o cabelo

um pente	**un peigne** ẽ pénh	
condicionador	**de l'après-shampooing** dø la<u>prré</u> chã<u>puẽ</u>	
mousse para cabelo	**de la mousse pour cheveux** dø la muss purr chø<u>vö</u>	
fixador/laquê	**de la laque** dø la lak	
xampu	**du shampooing** du chã<u>puẽ</u>	

Para o bebê

comida para bebê	**des aliments pour bébé** dê zali<u>mã</u> purr bê<u>bê</u>	
lenços umedecidos	**des lingettes** dê lẽ<u>jét</u>	
fraldas	**des couches** dê kuch	
produto para esterilização	**de la solution de stérilisation** dø la so<u>lûssiõ</u> dø stêriliza<u>ssiõ</u>	

LOJAS E SERVIÇOS

Vestuário

Paris é famosa por suas casas de alta-costura e lojas de *prêt-à-porter*, como, por exemplo: **Dior, Givenchy, Lanvin, Saint-Laurent, Ungaro, Féraud, Gaultier, Yamamoto, Hermès**.

Você vai perceber que as lojas dos *free-shops* dos aeroportos podem ser mais baratas, mas têm menos variedade.

Geral

Eu queria...	**Je voudrais...**	*jø vu<u>drré</u>*
Você tem...?	**Avez-vous des...?**	*a<u>vê</u> vu dê*

VOCÊ PODE VER

VÊTEMENTS FEMMES	roupa feminina
VÊTEMENTS HOMMES	roupa masculina
VÊTEMENTS ENFANTS	roupa infantil

Cor

Estou procurando alguma coisa em...	**Je cherche quelque chose en...**	*jø chérch kélk chôz ã*
bege	**beige**	*béj*
preto	**noir**	*nuarr*
azul	**bleu**	*blö*
marrom	**marron**	*ma<u>rrõ</u>*
verde	**vert**	*vérr*
cinza	**gris**	*grri*
laranja	**orange**	*o<u>rrãj</u>*
rosa	**rose**	*rrôz*
roxo	**violet**	*violé*
vermelho	**rouge**	*rruj*
branco	**blanc**	*blã*
amarelo	**jaune**	*jônn*
Quero um tom mais escuro/claro.	**Je veux une teinte plus foncée/claire.**	*jø vö ûnn tét plû fôss<u>ê</u>/klérr*
Você tem o mesmo em...?	**Avez-vous le même en...?**	*a<u>vê</u> vu lø mémm ã*

Roupas e acessórios

um cinto	**une ceinture**	*ûnn sētūrr*
um biquíni	**un bikini**	*ẽ bikini*
uma camisa (feminina)	**un chemisier**	*ẽ chømiziê*
um sutiã	**un soutien-gorge**	*ẽ sutiẽ górrj*
uma calcinha	**une culotte**	*ûnn kûlót*
um boné	**une casquette**	*ûnn kaskét*
um casaco	**un manteau**	*ẽ mãtô*
um vestido	**une robe**	*ûnn rrób*
uma bolsa	**un sac à main**	*ẽ sak a mẽ*
um chapéu	**un chapeau**	*ẽ chapô*
uma jaqueta/um paletó	**une veste**	*ûnn vést*
jeans	**un jean**	*ẽ djinn*
um *legging*	**un legging**	*ẽ lêghing*
uma calça	**un pantalon**	*ẽ pãtalõ*
uma meia-calça	**un collant**	*ẽ kolã*
um pulôver	**un pull-over/pull**	*ẽ pûlovérr/pûl*
uma capa de chuva	**un imperméable**	*ẽ nẽpérrmêabl*
uma echarpe	**une écharpe**	*ûnn êcharrp*
uma camisa	**une chemise**	*ûnn chømiz*
um short	**un short**	*ẽ chórrt*
uma saia	**une jupe**	*ûnn jûp*
meias soquetes	**des chaussettes**	*dê chôssét*
meias	**des bas**	*dê ba*
um terno	**un costume**	*ẽ kóstûmm*
um blusão	**un sweat-shirt**	*ẽ suétchœrrt*
uma sunga	**un slip de bain**	*ẽ slip dø bẽ*
um maiô	**un maillot de bain**	*ẽ mayô*
uma gravata	**une cravate**	*ûnn krravat*
uma cueca	**un slip**	*ẽ slip*
de mangas compridas/curtas	**à manches longues/courtes**	*a mãch lõg/kurrt*
de decote V/redondo	**à encolure en V/ronde**	*a ãkolūrr ã vê/rrõd*

Calçados

Um par de...	**Une paire de...**	*ûnn pérr dø*
botas	**bottes**	*bót*
sandálias de dedo	**tongs**	*tong*
sandálias	**sandales**	*sãdal*
sapatos	**chaussures**	*chô<u>ss</u>ûrr*
chinelos	**pantoufles**	*pã<u>tu</u>fl*
tênis	**chaussures de sport**	*chô<u>ss</u>ûrr dø spórr*

Equipamento de caminhada

um (blusão) corta-vento	**un coupe-vent** *ẽ kup vã*
uma mochila	**un sac à dos** *ẽ sak a dô*
botas de caminhada	**des chaussures de marche** *dê chô<u>ss</u>ûrr dø marrch*
um blusão impermeável	**un blouson imperméable** *ẽ bluz<u>õ</u> ẽpérrmêabl*

Tecidos

Quero algo de...	**Je veux quelque chose en...** *jø vö kélk chôz ã*
algodão/renda	**coton/dentelle** *ko<u>tõ</u>/dã<u>tél</u>*
jeans/couro	**jean/cuir** *djinn/cûîrr*
linho	**lin** *lẽ*
lã	**laine** *lénn*
É...?	**Est-ce...?** *és*
puro algodão	**pur coton** *pûrr ko<u>tõ</u>*
sintético	**en synthétique** *ã sẽtê<u>tik</u>*
É lavável à mão/ na máquina?	**Est-ce lavable à la main/lavable en machine?** *és la<u>vabl</u> a la mẽ/la<u>vabl</u> ã machinn*

VOCÊ PODE VER

GRAND TEINT/NE DÉTEINT PAS	não desbota
LAVAGE MAIN SEULEMENT	lavar apenas à mão
NE PAS REPASSER	não passar a ferro
NETTOYAGE À SEC SEULEMENT	lavagem apenas a seco

Serviu?

Posso experimentar este?	**Est-ce que je peux essayer ça?** *ésk jø pö êssêyê sa*
Onde são os provadores?	**Où sont les cabines d'essayage?** *u sõ lê ka<u>binn</u> dêssêy<u>aj</u>*
Não serviu.	**Ça ne va pas.** *sa nø va pa*
É muito...	**C'est trop...** *sé trrô*
curto/comprido	**court/long** *kurr/lõ*
apertado/largo	**étroit/ample** *ê<u>trruá</u>/ãpl*
Você tem isso no número...?	**Est-ce que vous avez ceci en taille...?** *ésk vu za<u>vê</u> sø<u>ssi</u> ã tay*
Qual é o tamanho?	**C'est quelle taille?** *sé kél tay*
Pode tirar minhas medidas?	**Pouvez-vous prendre mes mesures?** *pu<u>vê</u> vu prrãdrr mê mø<u>zûrr</u>*
Não conheço os tamanhos franceses.	**Je ne connais pas les tailles françaises.** *jø nø ko<u>né</u> pa lê tay frrãss<u>éz</u>*

Tamanho

Nota: Na França, tamanho de roupa é **la taille**, e numeração de sapato é **la pointure**.

	Vestidos/Ternos						Sapatos femininos			
EUA	8	10	12	14	16	18	6	7	8	9
Brasil	40	42	44	46	48	50	35	36	37	38
Europeu	38	40	42	44	46	48	37	38	39	40

	Camisas				Sapatos masculinos					
Brasil	P	P	M	M	36	37	39	40	41	42
Continental	38	41	43	45	38	39	41	42	43	44

VOCÊ PODE VER

EXTRA GRAND	extragrande (GG)
GRAND	grande (G)
MOYEN	médio (M)
PETIT	pequeno (P)

LOJAS E SERVIÇOS

Saúde e beleza

Eu queria...	**Je voudrais...** *jø vu<u>drr</u>é*
um tratamento facial	**des soins du visage** *dê suẽ dû vi<u>zaj</u>*
uma manicure	**une manucure** *ûnn manû<u>kûrr</u>*
uma massagem	**un massage** *ẽ ma<u>ssaj</u>*
uma depilação com cera	**une épilation à la cire** *ûnn êpila<u>ssiõ</u> a la sirr*

Cabeleireiro

Gorjeta: França: 10% (em geral incluída no preço); Bélgica: 15% (em geral incluída); Suíça: incluída.

Eu queria marcar uma hora para...	**Je voudrais prendre un rendez-vous pour...** *jø vu<u>drr</u>é prra<u>dr</u>r ẽ rra<u>dê</u> vu purr*
Posso vir um pouco mais cedo/tarde?	**Est-ce que je peux venir un peu plus tôt/tard?** *é<u>sk</u> jø pö vø<u>nirr</u> ẽ pö plû tôt/tarr*
Eu queria...	**Je voudrais...** *jø vu<u>drr</u>é*
cortar e escovar	**une coupe et un brushing** *ûnn kup ê ẽ brrœ<u>ching</u>*
lavar e enrolar	**un shampooing et une mise en plis** *ẽ chã<u>pu</u>ẽ ê ûnn miz ã pli*
Eu queria acertar as pontas.	**Je voudrais me faire égaliser les pointes.** *jø vu<u>drr</u>é férr êgali<u>zê</u> lê puẽt*
Eu queria (fazer)...	**Je voudrais (faire)...** *jø vu<u>drr</u>é (férr)*
mechas	**des mèches** *dê méch*
uma permanente	**une permanente** *ûnn perrma<u>nãt</u>*
Você pode cortar um pouco mais...	**Pouvez-vous en couper un peu plus...** *pu<u>vê</u> vu ku<u>pê</u> ẽ pö plûs*
atrás/na frente	**derrière/devant** *dérri<u>érr</u>/døv<u>ã</u>*
no pescoço/dos lados	**dans le cou/sur les côtés** *dã lø ku/sûrr lê kô<u>tê</u>*
em cima	**sur le dessus** *sûrr lø dø<u>ssû</u>*
Está ótimo, obrigado(a).	**Très bien, merci.** *trré biẽ mérr<u>si</u>*

Artigos para a casa

Eu queria...	**Je voudrais...** *jø vudrré*
um adaptador	**un adaptateur** *ẽ nadaptatœrr*
papel-alumínio	**du papier aluminium** *dû papiê alûminiómm*
um abridor de garrafas	**un ouvre-bouteilles** *ẽ nuvrr butéy*
pregadores de roupa	**des pinces à linge** *dê pẽs a lẽj*
um saca-rolhas	**un tire-bouchon** *ẽ tirr buchõ*
uma lâmpada	**une ampoule** *ûnn ãpul*
fósforos	**des allumettes** *dê zalûmét*
papel absorvente	**des serviettes en papier** *dê sérrviét ã papiê*
filme plástico	**du film alimentaire** *dû film alimãtérr*
tesouras	**des ciseaux** *dê sizô*
um abridor de latas	**un ouvre-boîte** *ẽ nuvrr buat*

Produtos de limpeza

água sanitária	**de l'eau de Javel** *dø lô dø javél*
pano de limpeza	**une lavette** *ûnn lavét*
sabão em pó para lava-louças	**de la poudre pour lave-vaisselle** *dø la pudrr purr lav vêssél*
sacos de lixo	**des sacs poubelles** *dê sak pubél*
uma esponja	**une éponge** *ûnn êpõj*
sabão (em pó ou ou líquido para roupa)	**de la lessive** *dø la lêssiv*
detergente	**du liquide vaisselle** *dû likid vêssél*

Pratos/Utensílios (Louça/Talheres)

xícaras	**des tasses** *dê tas*
garfos	**des fourchettes** *dê furrchét*
copos	**des verres** *dê vérr*
facas	**des couteaux** *dê kutô*
caneca (para chope)	**des chopes** *dê chóp*
pratos	**des assiettes** *dê zassiét*
colheres	**des cuillères** *dê kûíyérr*
colheres de café	**des cuillères à café** *dê kûíyérr a kafê*

LOJAS E SERVIÇOS

NA JOALHERIA

Eu poderia ver...?	**Est-ce que je pourrais voir...?** ésk jø pur*ré* vuarr
isto/aquilo	**ceci/cela** sø*ssi*/sø*la*
Está na vitrine.	**C'est en vitrine.** sé tã vi*trrinn*
Eu queria...	**Je voudrais...** jø vu*drré*
um despertador	**un réveil** ẽ rrê*véy*
uma bateria	**une pile** ûnn pil
um bracelete	**un bracelet** ẽ brrassø*lé*
um broche	**une broche** ûnn brróch
uma corrente	**une chaîne(tte)** ûnn chénn(*ét*)
um relógio (de pêndulo)	**une pendule** ûnn pã*dûl*
brincos	**des boucles d'oreilles** dê bukl dor*réy*
um colar	**un collier** ẽ koli*ê*
um anel	**une bague** ûnn bag
um relógio (de pulso)	**une montre** ûnn mõntrr

Materiais

É prata/ouro legítimo?	**Est-ce de l'argent/de l'or véritable?** és dø lar*jã*/dø lórr vêrri*tabl*
Tem certificado?	**Y a-t-il un certificat?** i a til ẽ sérrtifi*ka*
Você tem alguma coisa de...?	**Avez-vous quelque chose en...?** avê vy kélk chôz ã
cobre/estanho	**cuivre/étain** kûívrr/ê*tẽ*
vidro lapidado	**verre taillé** vérr ta*yê*
diamante/cristal	**diamant/cristal** dia*mã*/krris*tal*
esmalte	**émail** ê*may*
ouro/folheado a ouro	**or/plaqué or** órr/pla*kê* órr
pérola cultivada	**perle de culture** pérrl dø kûl*tûrr*
platina/prata	**platine/argent** pla*tinn*/ar*jã*
folheado a prata	**plaqué argent** pla*kê* ar*jã*
aço inoxidável	**acier inoxydable** assi*ê* inóksi*dabl*

Quiosque/Banca de jornal/Tabacaria

As bancas de jornal (**maison de la presse** ou **bureau de presse**), identificáveis pelo símbolo amarelo com uma pena vermelha, vendem revistas, jornais, livros, produtos de papelaria e às vezes cigarros. Jornais estrangeiros podem ser encontrados nas estações de trem ou nos aeroportos, ou em bancas de jornal de Paris e outras grandes cidades.

Você vende livros/jornais em português?	**Vendez-vous des livres/journaux en portugais?** *Vãdê vu dê livrr/jurnô ã pórrtûghé*
Eu queria...	**Je voudrais...** *jø vudrré*
um livro	**un livre** *ẽ livrr*
balas	**des bonbons** *dê bõbõ*
um chiclete	**un chewing-gum** *ẽ chuíngómm*
uma barra de chocolate	**une tablette de chocolat** *ûnn tablét dø chokola*
um maço de cigarros	**un paquet de cigarettes** *ẽ paké dø sigarrét*
charutos	**des cigares** *dê sigarr*
um dicionário	**un dictionnaire** *ẽ diksionérr*
francês-português	**français-portugais** *frãssé portûghé*
envelopes	**des enveloppes** *dê zãvølóp*
um guia de/sobre...	**un guide de/sur...** *ẽ ghid dø/ sûrr*
um isqueiro	**un briquet** *ẽ brriké*
um mapa da cidade	**un plan de la ville** *ẽ plã dø la vil*
um mapa rodoviário...	**une carte routière de...** *ûnn karrt rrutiérr dø*
fósforos	**des allumettes** *dê zalûmét*
um jornal	**un journal** *ẽ jurrnal*
brasileiro/português	**brésilien/portugais** *brêzilíẽ pórrtûghé*
papel	**du papier** *dû papiê*
uma caneta	**un stylo** *ẽ stilô*
um cartão-postal	**une carte postale** *ûnn karrt póstal*
selos	**des timbres** *dê tẽbrr*
bombons	**des bonbons** *dê bõbõ*
tabaco	**du tabac** *dû taba*

FOTOGRAFIA

Estou procurando uma câmera fotográfica...	**Je cherche un appareil photo...** *jø chérrch ē naparréy fotô*
automática	**automatique** *otomatik*
compacta	**compact** *kõpakt*
descartável	**jetable** *jøtabl*
reflex	**reflex** *rrêfléks*
Eu queria...	**Je voudrais...** *je vudrré*
uma pilha	**une pile** *ünn pil*
uma bolsa para câmeras	**un sac photo** *ē sak fotô*
um *flash* (eletrônico)	**un flash (électronique)** *ē flach (êléktrronik)*
um filtro	**un filtre** *ē filtrr*
uma objetiva	**un objectif** *ē nóbjéktif*
uma tampa	**un couvercle** *ē kuvérrkl*

Filme/Revelação

Eu queria um filme... para esta câmera fotográfica.	**Je voudrais une pellicule... pour cet appareil photo.** *jø vudrré ûnn pêlikûl... purr sét aparréy fotô*
preto-e-branco	**noir et blanc** *nuarr ê blã*
colorido	**couleur** *kulœrr*
24/36 poses	**24/36 poses** *vētkatrr/trrātsi pôz*
Eu queria mandar revelar este filme.	**Je voudrais faire développer cette pellicule.** *jø vudrré férr dêvølopê sét pêlikûl*
Você poderia ampliar isto?	**Pourriez-vous agrandir ceci?** *purriê vu agrãdirr søssi*
Quando as fotos estarão prontas?	**Quand est-ce que les photos seront prêtes?** *kã tésk lê fotô sørrõ prrét*
Vim buscar minhas fotos.	**Je viens chercher mes photos.** *jø viē chérrchê mê fotô*
Aqui está o recibo.	**Voilà le reçu.** *vuala lø rrøssû*

POLÍCIA

Crimes, roubos, acidentes ou ferimentos devem ser relatados ao **commissariat de police** nas grandes cidades ou à **gendarmerie nationale** nas cidades pequenas.

Para chamar a polícia em caso de emergência, ☎ 17 na França, ☎ 101 na Bélgica, ☎ 117 na Suíça.

Onde é a delegacia mais próxima?	**Où est le commissariat le plus proche?** *u é lø komissa<u>rr</u>ia lø plû próch*
Há alguém aqui que fale português?	**Est-ce qu'il y a quelqu'un ici qui parle portugais?** *és kil i a kélkẽ i<u>ssi</u> ki parrl pórrtû<u>ghé</u>*
Quero notificar...	**Je veux signaler...** *jø vö sinhal<u>ê</u>*
um acidente/um ataque	**un accident/une attaque** *ẽ naksi<u>dã</u>/ûnn atak*
uma agressão/um estupro	**une agression/un viol** *ûnn agrrê<u>ssiõ</u>/ẽ viól*
Meu filho(a) desapareceu..	**Mon fis/Ma fiy a disparu.** *mõ fils/ma fille a dispa<u>rrû</u>*
Aqui está a foto dele.	**Voilà sa photo.** *vuala sa fo<u>tô</u>*
Preciso de um advogado que fale português.	**Il me faut un avocat qui parle portugais.** *il mø fô ẽ navo<u>ka</u> ki parrl portû<u>ghé</u>*
Preciso telefonar para uma pessoa.	**Je dois téléphoner à quelqu'un.** *jø duá têlêfo<u>nê</u> a kélkẽ*
Preciso entrar em contato com o Consulado.	**Je dois contacter le Consulat.** *jø duá kõtak<u>tê</u> lø kõssû<u>la</u>*

VOCÊ PODE OUVIR

Pouvez-vous le/la décrire?	Você pode descrevê-lo/la?
homme/femme	homem/mulher
blond(e)/brun(e)/roux(-sse)/ aux cheveux gris	louro(a)/moreno(a)/ruivo(a)/de cabelos grisalhos
aux cheveux longs/courts/ un peu chauve	de cabelos compridos/curtos/ um pouco careca
qui mesure environ...	que mede cerca de...
qui a environ... ans	que tem cerca de... anos
Il/Elle portait...	Ele/Ela estava vestindo...

Objeto perdido/Roubo

Quero notificar um arrombamento.	**Je veux signaler un cambriolage.** jø vö sinhalê ẽ kãbrriolaj
Eu fui roubado/agredido.	**J'ai été volé/agressé.** jê êtê volê/agrrêssê
Eu perdi...	**J'ai perdu...** jê pérrdû
Roubaram...	**On m'a volé...** õ ma volê
minha bicicleta	**mon vélo** mõ vêlô
minha câmera fotográfica	**mon appareil photo** mõ naparréy fotô
meu carro (alugado)	**ma voiture (de location)** ma vuatûrr (dø lokassiõ)
meus cartões de crédito	**mes cartes de crédit** mê karrt dø krrêdi
minha bolsa	**mon sac à main** mõ sak a mẽ
meu dinheiro	**mon argent** mõ narjã
meu passaporte	**mon passeport** mõ passpórr
meu bilhete	**mon billet** mõ biyé
minha carteira	**mon portefeuille** mõ pórrtøfœy
meu relógio	**ma montre** ma mõtrr
Preciso de um boletim de ocorrência para a minha seguradora.	**Il me faut un certificat de police pour ma compagnie d'assurances.** il mø fô ẽ sérrtifika dø polis purr ma kõpanhi dassûrrãs

VOCÊ PODE OUVIR

Qu'est-ce qui (vous) manque?	O que está faltando?
Quand cela s'est-il passé?	Quando ocorreu?
Où logez-vous?	Onde está hospedado?
Où a-t-il/elle été volé(e)?	Onde ele/ela foi roubado(a)?
Où étiez-vous à ce moment-là?	Onde você estava naquele momento?
Nous allons vous procurer un interprète.	Vamos arranjar um intérprete para você.
Nous allons faire une enquête.	Vamos fazer uma investigação.
Pouvez-vous remplir ce formulaire, s'il vous plaît?	Pode preencher este formulário, por favor?

AGÊNCIA DE CORREIO

Nas agências de correio francesas – **La Poste** –, além dos serviços normais, você pode comprar **Télécartes** (cartões telefônicos) e usar um **terminal Minitel** (➤ 154) para serviços gratuitos, tais como encontrar endereços e números de telefone.

As agências de correio são reconhecidas pela sigla **PT** na França e por **Postes** ou **Posterijen** na Bélgica. As caixas de correio (amarelas na França e na Suíça, vermelhas na Bélgica) podem ter entradas específicas para cartões-postais (**cartes postales**), cartas nacionais (**lettres**) e internacionais (**l'étranger**).

Perguntas gerais

Onde é a agência do correio?	**Où est le bureau de poste?** *u é lø bûrrô dø póst*
a caixa de correio	**la boîte aux lettres** *la buat ô létrr*
A que horas o correio abre/fecha?	**À quelle heure ouvre/ferme la poste?** *a kél œrr uvrr/férrm la póst*
Fecha para o almoço?	**Est-elle fermée pour le déjeuner?** *é tél férrmê purr le dêjœnê*
Há correspondência para mim?	**Est-ce qu'il y a du courrier pour moi?** *és kil i a dû kurriê purr muá*

Comprando selos

Um selo para este cartão-postal, por favor.	**Un timbre pour cette carte postale, s'il vous plaît.** *ê tẽbrr purr sê karrt póstal sil vu plé*
Um selo de... centavos, por favor.	**Un timbre à... centimes, s'il vous plaît.** *ê tẽbrr a... sãtimm sil vu plé*
Qual é a tarifa para uma carta para...?	**Quel est le tarif pour une lettre pour...?** *kél é lø tarrif purr ûnn létrr purr*

> **EM UMA AGÊNCIA DE CORREIO**
>
> **Des timbres pour ces cartes postales, s'il vous plaît.**
> *dê tẽbrr purr sê karrt póstal sil vu plé*
> *(Selos para estes cartões-postais, por favor.)*
> **Ça fait trois euros.** *sa fé truá zörrô (São 3 euros.)*
> **Voilà.** *vuala (Aqui estão.)*

LOJAS E SERVIÇOS

Enviando pacotes

Eu queria enviar este pacote...	**Je voudrais envoyer ce paquet...** jø vu<u>drr</u>é ãvuay<u>ê</u> sø pak<u>é</u>
por avião	**par avion** parr av<u>iõ</u>
por entrega rápida	**en exprès** ã néks<u>prr</u>éss
Ele contém...	**Il contient...** il k<u>õtiê</u>

Telecomunicações

Eu quero um cartão de telefone.	**Je voudrais une Télécarte/carte de téléphone.** jø vu<u>drr</u>é ûnn têlêka<u>rr</u>t/ka<u>rr</u>t dø têlêf<u>ó</u>nn
Tem fotocopiadora?	**Est-ce qu'il y a un photocopieur?** ésk il i a ẽ fotokopi<u>œrr</u>
Eu queria enviar uma mensagem...	**Je voudrais envoyer un message...** jø vu<u>drr</u>é ãvuay<u>ê</u> ẽ mê<u>ss</u>aj...
por *e-mail*/fax	**par e-mail/fax** parr i<u>mé</u>il/faks
Qual é o seu endereço de *e-mail*?	**Quelle est votre adresse e-mail?** kél é vo<u>trr</u> a<u>drr</u>éss i<u>mé</u>il
Posso acessar a internet daqui?	**Est-ce que je peux accéder à l'internet ici?** ésk jø pö aksê<u>dê</u> a lêter<u>rnét</u> i<u>ss</u>i
Quanto é por hora?	**C'est combien par heure?** sé k<u>õ</u>bi<u>ê</u> parr œrr
Como faço para me conectar?	**Comment est-ce que j'entre en communication?** kom<u>ã</u> ésk j<u>ã</u>ntrr ã komûnika<u>ss</u>i<u>õ</u>

Minitel *minitél*

Sistema de telecomunicações francês com mais de 7 mil serviços (alguns em inglês). Os terminais podem ser encontrados na maioria dos prédios públicos, inclusive nas agências de correio, para serviços gratuitos (como por exemplo lista telefônica). O acesso a um terminal privado (a tarifa é incluída na conta telefônica) permite reservar bilhetes, fazer compras a distância etc.

VOCÊ PODE OUVIR

Veuillez remplir la déclaration de douane, s'il vous plaît.	Queira preencher a declaração da alfândega, por favor.
Quelle est la valeur?	Qual é o valor?
Qu'y a-t-il à l'intérieur?	O que há dentro [do pacote]?

Suvenires

Aqui vão algumas sugestões de suvenires da Bélgica:

chocolate	**le chocolat**	*lø chokola*
cristal	**le cristal**	*lø krristal*
artigos de vidro	**la verrerie**	*la verrerri*
artigos de couro	**le cuir**	*lø kûírr*
uma tapeçaria	**une tapisserie**	*ûnn tapissørri*

Além dos chocolates, os suvenires mais populares entre os que visitam a Suíça são:

o queijo	**le fromage**	*lø frromaj*
os (relógios) cucos	**les coucous**	*lê kuku*
os canivetes suíços	**les couteaux suisses**	*lê kutô sûíss*
os relógios (de pulso)	**les montres**	*lê mõtrr*
os artigos de madeira	**les articles en bois**	*lê zarrtikl ã buá*
as rendas	**les dentelles**	*lê dãtél*

Quem visita a França fica encantado com seus queijos, vinhos, licores e também costuma apreciar:

mostarda	**la moutarde**	*la mutarrd*
perfume	**le parfum**	*lø parrfẽ*
a porcelana	**la porcelaine**	*la porrsølénn*
a cerâmica	**la poterie**	*la poterri*
as panelas (de ferro fundido)	**des casseroles (en fonte)**	*dê kassørról (ã fôt)*

Presentes

uma garrafa de vinho	**une bouteille de vin**	*ûnn butéy dø vẽ*
uma caixa de chocolates	**une boîte de chocolats**	*ûnn buat dø chokola*
um calendário	**un calendrier**	*ẽ kalãdrriyê*
um pano de prato	**un torchon**	*ẽ tórrchõ*
um chaveiro	**un porte-clefs**	*ẽ pórrt klê*
um cartão-postal	**une carte postale**	*ûnn karrt póstal*
um guia-suvenir	**un guide-souvenir**	*ẽ ghid suvønirr*
uma camiseta	**un T-shirt**	*ẽ ti chœrrt*

Música

Eu queria...	**Je voudrais...** *jø vudrré*
um cassete	**une cassette** *ûnn kassét*
um disco compacto (CD)	**un compact disc** *ē kõpakt disk*
um disco (LP)	**un disque** *ē disk*
um videocassete	**une cassette vidéo** *ûnn kassét vidêô*
Quais são os cantores/grupos franceses populares?	**Quels sont les chanteurs/groupes français populaires?** *kél sõ lê chãtœrr/grrup frrãssé popûlérr*

Jogos e brinquedos

Eu queria um brinquedo/jogo...	**Je voudrais un jouet/un jeu...** *jø vudrré ē jué/ē jö*
para um menino	**pour un garçon** *purr ē garrsõ*
para uma menina de 5 anos	**pour une fille de cinq ans** *purr ûnn fiy dø sēk ã*
um balde e uma pá	**un seau et une pelle** *ē sô ê ûnn pél*
um jogo de xadrez	**un jeu d'échecs** *ē jö dêchék*
uma boneca	**une poupée** *ûnn pupê*
um jogo eletrônico	**un jeu électronique** *ē jö êléktrronik*
um urso de pelúcia	**un ours en peluche** *ē nurrs ã pølûch*

Antigüidades

Quantos anos tem isto?	**Cela a quel âge?** *søla a kél aj*
Você tem alguma coisa do período...?	**Avez-vous quelque chose de la période...?** *avê vu kélk chôz dø la pêrriód*
Pode enviar isso para mim?	**Pouvez-vous me l'envoyer?** *puvê vu mø lãvuayê*
Eu corro o risco de ter problemas na alfândega?	**Est-ce que je risque d'avoir des problèmes à la douane?** *ésk jø rrisk davuarr dê prroblémm a la duann*
Tem certificado de autenticidade?	**Y a-t-il un certificat d'authenticité?** *i a til ē sérrtifika dôtãtissitê*

Supermercados/Lojas de conveniência

Supermercados como **Monoprix**, **Prisunic** e **Casino** podem ser encontrados nos centros das cidades; os hipermercados localizados fora das cidades, tais como **Carrefour**, **Leclerc**, **Mammouth** e **Auchan**, abrangem qualquer loja que você possa encontrar no centro. As lojas de conveniência (**libres-services**) ficam abertas até tarde; já as **épiceries** – pequenas mercearias, entre elas **Casino** e **Franprix** – costumam ter bons produtos e serviços.

No supermercado

Com licença. Onde eu encontro...?	**Excusez-moi. Où se trouve(nt)...?** *ékskûzê muá. u sø trruv*
Eu pago aqui ou no caixa?	**Je paye ça ici ou à la caisse?** *jø pé sa issi u a la késs*
Onde ficam as cestas/os carrinhos?	**Où sont les paniers/les chariots?** *u sõ lê paniê/lê charriô*
Há... aqui?	**Y a-t-il... ici?** *i a til... issi*
uma delicatéssen/rotisseria	**un traiteur** *ẽ trétœrr*
uma farmácia	**une pharmacie** *ûnn farrmassi*

VOCÊ PODE VER

EN ESPÈCES SEULEMENT	somente em dinheiro
ARTICLES MÉNAGERS	artigos para a casa
BOUCHERIE	açougue
BOULANGERIE–PÂTISSERIE	padaria-doceria
CONSERVES	conservas/enlatados
FRUITS ET LÉGUMES	frutas e legumes
POISSONNERIE	peixaria
PRODUITS D'ENTRETIEN	produtos de limpeza
PRODUITS LAITIERS/CRÉMERIE	laticínios
SURGELÉS	congelados
VINS ET SPIRITUEUX	vinhos e destilados
VOLAILLE	aves

LOJAS E SERVIÇOS

Cuidados com a comida

VOCÊ PODE VER

À CONSERVER AU FROID/AU RÉFRIGÉRATEUR	conservar na geladeira
À CONSOMMER DANS LES... JOURS APRÈS OUVERTURE	consumir até... dias após a abertura
CONVIENT AUX VÉGÉTARIENS	próprio para vegetarianos
DATE LIMITE DE VENTE...	prazo de validade...
POUR FOUR À MICRO-ONDES	para forno de microondas
RÉCHAUFFER AVANT DE CONSOMMER	aquecer antes de consumir

EM UMA LOJA DE CONVENIÊNCIA

Eu queria isto/aquilo.	**Je voudrais de ça/ceci.**	*jø vu<u>dr</u>ré de sa/sø<u>ssi</u>*
Eu queria	**Je voudrais...**	*jø vu<u>dr</u>ré*
um quilo de batatas	**un kilo de pommes**	*ẽ ki<u>lô</u> dø pómm*
meio quilo de tomates	**une livre de tomates**	*ûnn livrr dø to<u>mat</u>*
cem gramas de queijo	**cent grammes de fromage**	*sã grramm dø frro<u>maj</u>*
um litro de leite	**un litre de lait**	*ẽ litrr dø lé*
meia dúzia de ovos	**une demi-douzaine d'œufs**	*ûnn dø<u>mi</u> duzénn dö*
... fatias de presunto	**... tranches de jambon**	*trrãch dø jã<u>bõ</u>*
um pedaço de bolo	**un morceau de gâteau**	*ẽ mórr<u>sô</u> dø ga<u>tô</u>*
uma garrafa de vinho	**une bouteille de vin**	*ûnn bu<u>téy</u> dø vẽ*
uma caixa de leite	**une brique de lait**	*ûnn brrik dø lé*
um pote de geléia	**un pot de confiture**	*ẽ pô dø kõfi<u>tûrr</u>*
um pacote de batatas fritas	**un paquet de chips**	*ẽ pa<u>ké</u> dø chips*
uma lata de coca-cola	**une canette de coca cola**	*ûnn ka<u>nét</u> dø koka kola*

EM UM SUPERMERCADO

Un Camembert, s'il vous plaît. ẽ kamãbérr, sil vu plé
(Um Camembert, por favor.)
Très bien. Et avec ça? tré biẽ. ê avék sa
(Muito bem. E o que mais?)
C'est tout. Merci. sé tu. mérrsi *(É só. Obrigado(a).)*

Provisões/Piquenique

cerveja	**de la bière**	dø la biérr
manteiga	**du beurre**	dû bœrr
queijo	**du fromage**	dû frromaj
biscoitos	**des biscuits**	dê biskûi
ovos	**des œufs**	dê zö
uvas	**du raisin**	dû rêzẽ
café solúvel	**du café soluble**	dû kafê solûbl
filão	**du pain**	dû pẽ
margarina	**de la margarine**	dø la marrgarrinn
leite	**du lait**	dû lé
pãezinhos	**des petits pains**	dê pøti pẽ
salsichas	**des saucisses**	dê sôssis
bebidas gasosas	**des boissons gazeuses**	dê buassõ gazöz
saquinhos de chá	**des sachets de thé**	dê saché dø tê
vinho	**du vin**	dû vẽ

une baguette ûnn baghét
baguete: as variações incluem **une demi-baguette** (meia baguete), **une ficelle** (versão mais fina), **une couronne** (rosca) e **un bâtard** (baguete pequena).

un gâteau ẽ gatô
bolo ou doces em geral; por exemplo, **une tartelette aux fruits** (tortinha de frutas), **un millefeuille** (mil-folhas), **un éclair** (bomba) e **une religieuse** (duas bombinhas sobrepostas, confeitadas como o hábito de uma freira).

un pain ẽ pẽ
pão, que pode ser **complet** (de farinha integral), **de campagne** (pão branco polvilhado com farinha fina), **de mie** (de fôrma), **de seigle** (de centeio), **au son** (de farelo) ou **brioché** (doce e amanteigado).

LOJAS E SERVIÇOS

TABELA DE CONVERSÃO

As tabelas de conversão abaixo contêm as medidas mais comumente usadas.

1 Gramme (g)	= 1000 miligramas = 0,035 onça
1 Livre (lb)	= 500 gramas = 1,1 libra
1 Kilogramme (kg)	= 1000 gramas = 2,2 libras
1 Litre (l)	= 1000 mililitros = 1,06 EUA/ 0,88 GB quarto
	= 2,11 /1,8 EUA/GB pintas
	= 34 /35 EUA/GB onça líquida
	= 0,26 /0,22 EUA/GB galões
1 Centimètre (cm)	= 10 milímetros = 0,4 polegada
1 Mètre (m)	= 100 centímetros = 39,37 polegadas/3,28 pés
1 Kilomètre (km)	= 1000 metros = 0,62 milhas
1 Mètre carré (qm)	= 10,8 pés quadrados
1 Hectare (ha)	= 2,5 acres
1 Kilomètre carré (km²)	= 247 acres

Na dúvida entre pôr um maiô ou um casaco? Aqui você tem uma comparação entre graus Fahrenheit e Celsius/Centígrados.

-40°C – -40°F	5°C – 41°F	Temperaturas de forno	
-30°C – -22°F	10°C – 50°F	100°C – 212°F	
-20°C – -4°F	15°C – 59°F	121°C – 250°F	
-10°C – 14°F	20°C – 68°F	149°C – 300°F	
-5°C – 23°F	25°C – 77°F	177°C – 350°F	
-1°C – 30°F	30°C – 86°F	204°C – 400°F	
0°C – 32°F	35°C – 95°F	260°C – 500°F	

Quando você tiver	Multiplique por	Para obter
onças	28,3	gramas
libras	0,45	quilogramas
polegadas	2,54	centímetros
pés	0,3	metros
milhas	1,61	quilômetros
polegadas quadradas	6,45	centímetros quadrados
pés quadrados	0,09	metros quadrados
milhas quadradas	2,59	quilômetros
pintas (EUA/GB)	0,47/0,56	litros
galões (EUA/GB)	3,8/4,5	litros
Fahrenheit	5/9, depois subtraia 32	Celsius
Celsius	9/5, depois adicione 32	Fahrenheit

SAÚDE

Antes de viajar, verifique se o seu seguro-saúde cobre qualquer doença ou acidente que ocorram enquanto você estiver de férias no exterior.

Você deverá pagar médicos e dentistas no ato. Os cidadãos da UE com formulário E111 poderão obter reembolso (exceto na Suíça). Mas verifique se o médico é um **médecin conventionné**. Esses médicos cobram um valor mínimo, e suas tarifas são aceitas pelo sistema de seguridade social.

Em caso de emergência, um médico irá até você: chame **SOS Médecins**.

Na França e na Bélgica, ligue para 112 para qualquer tipo de emergência, ou use o número das ambulâncias locais: França ☎ 18, Bélgica ☎ 100, SAMU (serviço médico de emergência, na França) ☎ 15. Na Suíça, disque ☎ 144 para chamar uma ambulância.

MÉDICO/CLÍNICO

Onde posso encontrar um médico/dentista?	**Où est-ce que je peux trouver un médecin/dentiste?** *u ésk jø pö trruvê ẽ mêdøssê/ẽ dātist*
Onde há um médico que fale português?	**Où y a-t-il un médecin qui parle portugais?** *u i a til ẽ mêdøssê ki parrl porrtûghé*
Quais são os horários de consulta no consultório?	**Quelles sont les heures de consultation au cabinet?** *kél sõ lê zœrr dø kõssûltassiõ ô kabiné*
O médico poderia vir me ver?	**Est-ce que le médecin pourrait venir me voir?** *ésk lø mêdøssê purré vønirr mø vuarr*
Posso marcar uma consulta para…?	**Est-ce que je peux prendre rendez-vous pour…?** *ésk jø pö prrãdrr rrãdê vu purr*
hoje/amanhã	**aujourd'hui/demain** *ôjurrdûî/dømẽ*
o mais cedo possível	**le plus tôt possible** *lø plû tôt possibl*
É urgente.	**C'est urgent.** *sé tûrrjã*
Tenho uma consulta com o doutor…	**J'ai rendez-vous avec docteur…** *jê rrãdê vu avék lø dóktœrr*

Acidentes e ferimentos

… se machucou/se feriu.	**… s'est fait mal/est blessé(e).** *… sé fé mal/é blêssê*	
Meu marido/Minha mulher	**Mon mari/Ma femme** *mõ marri/ma famm*	
Meu filho/Minha filha	**Mon fils/Ma fille** *mõ fis/ma fiy*	
Ele/Ela está…	**Il/Elle est…** *il/él é*	
inconsciente	**sans connaissance** *sã konêssãs*	
(gravemente) ferido(a)	**(gravement) blessé(e)** *(grravemã) blêssê*	
Ele/Ela está sangrando (muito).	**Il/Elle saigne (beaucoup).** *il/él sénh (bôku)*	
Eu tenho…	**J'ai…** *jê…*	
uma queimadura	**une brûlure** *ünn brrûlürr*	
um corte	**une coupure** *ünn kupürr*	
uma picada de inseto	**une piqûre d'insecte** *ünn pikürr dẽ ssékt*	
um caroço	**une boule/bosse** *ünn hul/bóss*	
uma erupção na pele	**une éruption cutanée** *ünn êrrüpsiõ kûtanê*	
uma luxação	**un muscle froissé** *ẽ mûskl frruassê*	
um inchaço	**une enflure** *ünn ãflürr*	

Sintomas imediatos

Estou doente há… dias.	**Je suis malade depuis… jours.** *jø sûí malad døpúí… jurr*
Vou desmaiar.	**Je vais m'évanouir.** *jø vê mêvanuírr*
Estou com febre.	**J'ai de la fièvre.** *jê dø la fiévrr*
Eu vomitei.	**J'ai vomi.** *jê vomi*
Estou com diarréia.	**J'ai la diarrhée.** *jê la diarrê*
Estou com…	**J'ai…** *jê…*
resfriado	**un rhume** *ẽ rûmm*
cãibras	**des crampes** *dê krrãp*
dor de cabeça	**mal à la tête** *mal a la tét*
dor de garganta	**mal à la gorge** *mal a la górrj*
torcicolo	**un torticolis** *ẽ tórrtikoli*
dor de estômago	**mal à l'estomac** *mal a léstoma*

Estado de saúde

Eu tenho artrite.	**J'ai de l'arthrite.**	*jê dø larrtrrit*
Eu tenho asma.	**J'ai de l'asthme.**	*jê dø lasm*
Eu sou/estou…	**Je suis…** *jø sûí*	
surdo	**sourd** *surr*	
diabético	**diabétique** *diabêtik*	
epiléptico	**épileptique** *êpiléptik*	
deficiente	**handicapé(e)** *ãdikapê*	
grávida (de… meses)	**enceinte (de… mois)** *ãssẽt (dø… muá)*	
Eu sofro do coração.	**Je souffre du cœur.** *jø sufrr dû kœrr*	
Eu tenho hipertensão.	**J'ai de l'hypertension.** *jê dø lipérrtãssiõ*	
Tive um ataque cardíaco há… anos.	**J'ai eu une crise cardiaque il y a… ans.** *jê û ûnn krriz karrdiak il i a… ã*	

Partes do corpo

o apêndice	**l'appendice** *lapẽdis*		o joelho	**le genou**	*lø jønu*
o braço	**le bras**	*lø brra*	a perna	**la jambe**	*la jãb*
as costas	**le dos**	*lø dô*	o lábio	**la lèvre**	*la lévrr*
a bexiga	**la vessie**	*la vêssi*	o fígado	**le foie**	*le fuá*
o osso	**l'os**	*lós*	a boca	**la bouche**	*la buch*
o seio	**le sein**	*lø sẽ*	o músculo	**le muscle**	*lø mûskl*
o peito	**la poitrine**	*la puatrrinn*	o pescoço	**le cou**	*lø ku*
a orelha	**l'oreille**	*lorréy*	o nariz	**le nez**	*lø nê*
o olho	**l'œil**	*lœy*	a costela	**la côte**	*la kôt*
o rosto	**le visage**	*lø vizaj*	o ombro	**l'épaule**	*lêpôl*
o dedo	**le doigt**	*lø duá*	a pele	**la peau**	*la pô*
o pé	**le pied**	*lø piê*	o estômago	**l'estomac**	*léstoma*
a glândula	**la glande**	*la glãd*	a coxa	**la cuisse**	*la kûíss*
a mão	**la main**	*la mẽ*	a garganta	**la gorge**	*la górrj*
a cabeça	**la tête**	*la tét*	o polegar	**le pouce**	*lø pus*
o coração	**le cœur**	*lø kœrr*	o artelho	**l'orteil**	*lórrtéy*
a mandíbula	**la mâchoire** *la machuarr*		a língua	**la langue**	*la lãg*
a articulação	**l'articulation** *larrtikûlassiõ*		as amídalas	**les amygdales** *lê zamidal*	
o rim	**le rein**	*lø rrẽ*	a veia	**la veine**	*la vénn*

Perguntas do médico

Depuis combien de temps vous sentez-vous comme ça?	Há quanto tempo está se sentindo assim?
Est-ce que c'est la première fois que vous avez ça?	É a primeira vez que tem isso?
Est-ce que vous prenez d'autres médicaments?	Você toma outros medicamentos?
Est-ce que vous êtes allergique à quelque chose?	Você é alérgico a alguma coisa?
Avez-vous perdu l'appétit?	Você perdeu o apetite?

Exame

Remontez votre manche, s'il vous plaît.	Dobre a manga, por favor.
Déshabillez-vous jusqu'à la ceinture, s'il vous plaît.	Dispa-se da cintura para cima, por favor.
Allongez-vous, s'il vous plaît.	Deite-se, por favor.
Ouvrez la bouche.	Abra a boca.
Respirez profondément.	Respire profundamente.
Toussez, s'il vous plaît.	Tussa, por favor.
Où est-ce que vous avez mal?	Onde você sente dor?
Est-ce que ça vous fait mal ici?	Dói aqui?

Diagnóstico

Il faut vous faire une radio.	É preciso fazer um raio-X.
J'ordonne une prise de sang/ un examen des selles/ une analyse d'urine.	Vou prescrever uma coleta de sangue/um exame de fezes/ urina.
Je veux que vous alliez voir un spécialiste.	Quero que consulte um especialista.
Je veux vous hospitaliser.	Quero interná-lo.
C'est cassé/foulé.	Está quebrado/luxado.
C'est disloqué/déchiré.	Está deslocado/rompido.
Vous avez…	Você tem…
les amygdales	amidalite

l'appendicite	apendicite	
le cancer	câncer	
une cystite	cistite	
une fracture	uma fratura	
la grippe	gripe	
des hémorroïdes	hemorróidas	
une hernie	uma hérnia	
une inflammation de…	uma inflamação de…	
une intoxication alimentaire	intoxicação alimentar	
une maladie vénérienne	uma doença venérea	
une pneumonie	pneumonia	
la rougeole	sarampo	
une sciatique	uma dor ciática	
une tumeur	um tumor	
C'est infecté.	Está infeccionado.	
C'est contagieux.	É contagioso.	

SAÚDE

Tratamento

Je vais vous donner …	Vou lhe dar…
un antiseptique	um anti-séptico
un calmant/analgésique	um calmante/analgésico
Je vais vous prescrire…	Vou lhe prescrever…
des antibiotiques	antibióticos
des suppositoires	supositórios
Est-ce que vous êtes allergique à certains médicaments?	Você é alérgico a algum medicamento?
Prendre une pilule/un comprimé toutes les… heures	Tome uma pílula/um comprimido a cada… horas
… fois par jour	… vezes por dia
avant/après les repas	antes/após as refeições
en cas de douleurs	em caso de dor
pendant… jours	durante… dias
Consultez un médecin à votre retour.	Consulte um médico quando voltar.

GINECOLOGISTA

Eu tenho…	**J'ai…** *jê*
dores abdominais	**des douleurs abdominales** *dê dul*œ*rr abdominal*
cólicas menstruais	**des règles douloureuses** *dê rrégl dulurröz*
uma infecção vaginal	**une infection vaginale** *ûnn ẽféksiõ vajinal*
Não menstruo há… meses.	**Je n'ai pas eu mes règles depuis… mois.** *je nê pa û mê rrégl døpúí… muá*
Eu tomo pílula.	**Je prends la pilule.** *jø prrã la pilûl*

HOSPITAL

Você pode avisar minha família?	**Est-ce que vous pouvez prévenir ma famille?** *ésk vu puvê prrêvønirr ma famiy*
Estou sentindo dor.	**J'ai mal./Je souffre.** *jê mal/jø sufrr*
Não consigo comer/dormir.	**Je ne peux pas manger/dormir.** *jø nø pö pa mãjê/dôrrmirr*
Quando o médico passará?	**Quand est-ce que le docteur passera?** *kã tésk lø dóktœrr passørra*
Em que quarto está…?	**Dans quelle chambre est…?** *dã kél chãbrr é*
Vim ver…	**Je viens voir…** *jø viẽ vuarr*

OFTALMOLOGISTA

Eu sou míope/hipermetrope	**Je suis myope/hypermétrope.** *jø sûí mióp/ipérrmêtrróp*
Eu perdi…	**J'ai perdu…** *jê pérrdû*
uma das minhas lentes de contato	**une de mes lentilles de contact** *ûnn dø me lãtiy dø kõtakt*
meus óculos	**mes lunettes** *me lûnét*
uma lente (de óculos)	**un verre** *ẽ vérr*
Você poderia me dar/receitar um(a) outro(a)?	**Est-ce que vous pourriez m'en donner un(e) de remplacement?** *ésk vu purriê mã donê ẽ (ûnn) dø rrãplassømã*

Dentista

Estou com dor de dente.	**J'ai mal aux dents.**	*jê mal ô dã*
Esse dente está doendo.	**Cette dent me fait mal.** *set dã mø fé mal*	
Eu perdi uma obturação/um dente.	**J'ai perdu un plombage/une dent.** *jê pérr<u>dû</u> ẽ pl<u>õ</u>ba<u>j</u>/ûnn dã*	
Você poderia consertar essa dentadura?	**Est-ce que vous pouvez réparer ce dentier?** *ésk vu pu<u>rri</u>ê rrêpa<u>rr</u>ê sø dãtiê*	
Não quero que seja extraído.	**Je ne veux pas que vous me l'arrachiez.** *jø nø vö pa kø vu mø larra<u>chi</u>ê*	

VOCÊ PODE OUVIR

Je vais vous faire une piqûre/ une anesthésie locale.	Vou lhe dar uma injeção/ uma anestesia local.
Il faut vous faire un plombage/ vous mettre une couronne.	É preciso fazer uma obturação/ pôr uma coroa.
Je dois l'arracher.	Preciso extrair.
Je ne peux vous donner qu'un traitement provisoire.	Posso apenas fazer um tratamento provisório.
Ne mangez rien pendant… heures.	Não coma nada durante... horas.

Pagamento e seguro

Quanto eu lhe devo?	**Combien vous dois-je?** *kõ<u>bi</u>ẽ vu duáj*	
Eu tenho seguro.	**J'ai une assurance.**	*jê ûnn assûrrãs*
Pode me dar um recibo para o meu seguro-saúde?	**Puis-je avoir un reçu pour mon assurance maladie?** *pûíj avuarr ẽ rrøssû purr mõ nassûrrãs maladi*	
Pode preencher este formulário para o seguro-saúde por favor?	**Pouvez-vous remplir cette feuille d'assurance maladie?** *puvê vu rrãplirr set fœy dassûrrãs maladi*	
Você tem…?	**Est-ce que vous avez…?** *ésk vu zavê*	
seguro-saúde	**une assurance maladie** *ûnn assurrãs maladi*	

SAÚDE

DICIONÁRIO PORTUGUÊS-FRANCÊS

A

a, as la, les
a noite le soir
à noite dans la soirée
à prova d'água étanche, imperméable; **blusão ~** blouson m imperméable
abaixo de... graus en-dessous de... degrés
abelha abeille f
aberto(a) ouvert(e); **~ ao público** ouvert(e) au public
abraçar embrasser
abridor de garrafas ouvre-bouteilles m; **~ de latas** ouvre-boîtes m
abril avril m
abrir ouvrir
abscesso abcès m
absorvente higiênico serviettes fpl hygiéniques; **~ interno** tampons mpl
acabar finir
aceitar accepter; **você aceita?** acceptez-vous?
acender allumer
acesso accès m
acessórios accessoires mpl
achados e perdidos bureau m des objets trouvés
acidente accident m; *(na estrada)* accident de la route m
ácido(a) acide
acima de au-dessus de
aço inoxidável acier m inoxydable
acomodações logement m
acompanhar accompagner; **~ de volta** raccompagner
acontecer: o que aconteceu? qu'est-ce qui s'est passé?
acostamento bande f d'arrêt d'urgence
açougue boucherie f
acrílico acrylique

adaptador adaptateur m
adiantado(a) à l'avance
adiantar *(relógio)* avancer
aditivada *(gasolina)* super
adoçante artificial édulcorant m
adolescente adolescent(e) m/f
adormecer être endormi, dormir
adulto adulte m
advogado(a) avocat(e) m/f
aeromoça hôtesse f de l'air
aeroporto aéroport m
afogar noyer; **alguém está se afogando** quelqu'un se noie
África do Norte Afrique f du Nord
África do Sul Afrique f du Sud
afta aphte m
agência bureau m, agence f; **~ de correio** (bureau m de) poste f; **~ de viagens** agence f de voyages
agente imobiliário agent m immobilier, **~ de segurança** agent m de surveillance; **~ de viagens** organisateur m de voyages
agora maintenant
agosto août m
agradável agréable
agredido(a), ser être agressé(e)
agressão agression f
água eau f; **~ destilada** eau f distillée; **~ mineral** eau f minérale; **~ potável** eau f potable; **aquecedor de ~** chauffe-eau m; **bolsa de ~ quente** bouillote m
aguardar *(telefone)* patienter
agulha aiguille f
ainda não pas encore
ajuda aide f; **vá buscar ~!** allez chercher de l'aide!
ajudar aider; **você poderia me ~?** pourriez-vous m'aider?
albergue da juventude auberge f de jeunesse
alça de acesso *(estrada)* bretelle f, intersection f
álcool alcool m
alcoólica *(bebida)* alcoolisé
aldeia village m

Alemanha Allemagne f
alemão(ã) *(adj)* allemand(e); *(s)* Allemand(e)
alergia allergie f
alérgico(a), ser être allergique
alfândega douane f; **declaração alfandegária** déclaration f de douane
alfinete épingle f; **~ de gravata** épingle f à cravate; **~ de segurança** épingles fpl de sûreté
algo mais quelque chose d'autre
algodão coton m; **~ hidrófilo** coton m (hydrophile)
alguém quelqu'un(e); *(algumas pessoas)* quelques-un(e)s
algum(a) quelque, du, de la, de l'
alguma coisa quelque chose; **~ mais barata** quelque chose de moins cher
alguns/algumas quelques, des
alimento nourriture f; **intoxicação alimentar** intoxication f alimentaire
almoço déjeuner m
almofada coussin m
alojar-(se) (se) loger
alpinismo alpinisme m
alto(a) haut(e); *(som)* **está muito ~** c'est trop fort
alugar louer; **aluga-se** à louer
amamentar allaiter
amanhã demain
amanhecido *(pão)* rassis
amar aimer; **eu amo você** je t'aime
amarelo(a) jaune
amargo(a) amer(-ère)
amarração *(barco)* amarrage m
amarrar amarrer
amável aimable
ambulância ambulance f
americano *(adj)* américain(e); *(s)* Américain(e); **futebol ~** football m américain
amídalas amygdales fpl
amigo(a) ami(e) m/f
ampliar *(fotos)* agrandir
amplo(a) ample
ampola ampoule f
analgésico analgésique m; calmant m

ancorar mouiller l'ancre
andar *(s)* étage m; **~ superior** étage m supérieur
anel bague f; **~ viário** route f de contournement
anestesia anesthésie f; **~ local** anesthésie f locale
angina angine f
animal animal m; **~ de estimação** animal m de compagnie
aniversário anniversaire m
ano an m, année f
Ano Novo Nouvel An m
anoraque anorak m
antena antenne f
antes avant
antibióticos antibiotiques mpl
antigelante antigel m
antigüidade antiquité f
antiquário antiquaire m
anti-séptico(a) antiseptique; **pomada ~** crème f antiseptique
apagar éteindre
apanhar *(ônibus)* attraper
aparelho de surdez appareil m de surdité
apartamento appartement m
apertado(a) *(roupa)* étroit(e), serré(e)
após après
aposentado(a) retraité(e) m/f; **ser ~** être retraité(e)
aposta pari m; **~ mútua** pari mutuel m; **fazer uma ~** faire un pari
apostar (a dinheiro) jouer pour de l'argent
aprender apprendre
apresentar(-se) (se) présenter
aproximadamente environ
aquecedor de água chauffe-eau m
aquecer réchauffer
aquecimento chauffage m; **~ central** chauffage m central
aquele(a) celui-là (celle-là)
aquele(a)s ceux-là (celles-là)
aqui ici, là
aquilo cela

ar air m; **~ condicionado** climatisation f; **bomba de ~** compresseur m (pour l'air); **colchão de ~** matelas m pneumatique; **desodorizante de ~** désodorisant m
arco e flecha tir m à l'arc
área de camping terrain m (de camping); **~ de trailer** terrain m de camping caravaning
areia sable m
armação (óculos) monture f
armário placard m
arquiteto(a) architecte m/f
arquitetura architecture f
arranhão égratignure f
arranjo aménagement m
arrepios, ter avoir des frissons
arrombamento cambriolage m
arrumadeira femme f de chambre
arte art m; **galeria de ~** galerie f d'art/de peinture
artelho orteil m
artéria artère f
artesanato artisanat m
artista artiste
artrite, ter avoir de l'arthrite
artrose, ter avoir de l'arthrose
árvore arbre m
ás (cartas) as m
às vezes quelquefois
asma, ter avoir de l'asthme
aspirina aspirine f
assento siège m; **~ no corredor** siège m côté couloir; **~ reclinável** siège inclinable m
assinalar signaler
assinatura (jornal, revista) abonnement m; (teatro) carte f d'abonnement
assistir à TV regarder la télé(vision)
assombroso(a) stupéfiant(e)
ataque attaque f; (medical) crise f, attaque f
até jusqu'à
até logo au revoir
aterrissar atterrir
atestado médico certificat m médical
atividades activités fpl
ator, atriz acteur m, actrice f

atrasado(a) en retard
atraso retard m
através à travers
atravessar traverser
atropelado(a), ser être renversé(e)
aumentar augmenter (volume)
Austrália Australie f
australiano(a) (adj) australien(ne); (s) Australien(ne) m/f
autenticidade authenticité f
auto-estrada autoroute f
automático(a) (carro, câmera) automatique
autônomo, ser être à son compte
autor auteur m
avalanche avalanche f
avenida avenue f
avião avion m; **de ~** en avion; **por ~** par avion m
avó grand-mère f
avô grand-père m
avós grands-parents mpl
azul bleu(e); **~-marinho** bleu marine m

B

babá baby-sitter f, garde f d'enfants
babador bavoir m
bagagem bagages mpl; **~ de mão** bagages mpl à main; **carrinho de ~** chariots mpl à bagages; **depósito automático de ~** consigne f automatique; **etiqueta de ~** étiquette f pour bagages; **peso permitido de ~** poids m de bagages autorisé; **tíquete do depósito de ~** ticket m de consigne
bairro quartier m
baixar baisser (volume)
bala (doce) bombons mpl
balanço (das contas) bilan m des comptes
balcão (teatro) balcon m
balde seau m
balé ballet m
balneário ville f thermale
banco banque f; **conta bancária** compte m bancaire; **cartão bancário**

carte f bancaire; **empréstimo bancário** prêt m bancaire
banda *(música)* groupe m
bandagem bandage m
bandeira drapeau m
bandeja plateau m
banheiro toilettes fpl, WC mpl, salle f de bains; **~ privativo** salle f de bains particulière; **~ químico** WC m chimique
banho bain m; *(de chuveiro)* douche f; **gel para ~** gel m pour la douche; **toalha de ~** serviette f de bain; **tomar um ~** prendre une douche
banho de sol, tomar prendre un bain de soleil
bar bar m
baralho cartes fpl à jouer
barata cafard m
barato(a) bon marché; **mais ~** moins cher(-ère)
barba barbe f; **pincel de ~** blaireau m (à raser)
barbante ficelle f
barbeador rasoir m; **~ elétrico** rasoir m électrique; **tomada para ~** prise f pour rasoir
barbear(-se) (se) raser; **creme de ~** crème f à raser; **lâminas de ~** lames fpl de rasoir
barbeiro *(cabeleireiro)* coiffeur m (pour hommes)
barcaça péniche m
barco bateau m; **~ a remo** canot m (à rames); **~ inflável** canot m pneumatique; **viagem de ~** voyage m en bateau
barraca tente f; **estacas de ~** piquets mpl de tente; **montante de ~** montant m de tente, grand piquet m de tente
barulhento(a) bruyant(e)
base *(maquiagem)* fond m de teint
batatas fritas frites fpl
bater *(em um carro)* rentrer dans
bateria batterie f; **cabo de ~** câbles mpl de secours (pour batterie); **sem ~** à plat

batom rouge m à lèvres
bêbado(a) ivre
bebê bébé m; **assento para ~** siège m pour bébé; **carrinho de ~** poussette f; **comida para ~** aliments mpl pour bébé; **lenços umedecidos para ~** lingettes fpl
bebida boisson f; quelque chose à boire
bege *(adj)* beige
beijar embrasser
belga *(adj)* belge; *(s)* Belge m/f
Bélgica Belgique f
bem-vindo(a) bienvenu (e)
berço lit m d'enfant
biblioteca bibliothèque f
bicicleta vélo m; **~ de corrida** vélo m de course; **locação de ~** location f de vélo
bidê bidet m
bifurcação embranchement m
bigode moustache f
bilhete ticket m, billet m; **~ de ida** aller-simple m, ticket/billet aller m; **~ de ida e volta** (ticket/billet) m aller-retour; **~ semanal** ticket m/billet m pour la semaine; **~ sem garantia** billet m sans garantie; **carnê de ~** carnet de tickets m
bilheteria guichet m
binóculos jumelles fpl
biquíni bikini m
biscoitos biscuits, petits gâteaux mpl
bispo *(xadrez)* fou m
bloqueado(a): a estrada está ~ la route est barrée
bloqueador solar écran m total
blusão sweatshirt m
blush fard m à joues
boa-noite bonsoir, *(despedida)* bonne nuit
boa-tarde bonjour
boca bouche f
bóia *(natação)* brassards mpl gonflables, flotteurs mpl; **~ salva-vidas** bouée f de sauvetage
boiler chaudière f

bola ballon m, balle f
boletim de ocorrência certificat m de police
bolo gâteau m
bolsa sac m à main
bom/boa bon(ne)
bomba pompe f; **~ de gasolina** pompe f à essence
bombeiros pompiers mpl
bom-dia bonjour
bonde tram m
boné casquette f
boneca poupée f
bonito(a) joli(e)
bordo, a *(barco)* à bord; *(trem)* dans le train
bosque bois m
bota bottes fpl; *(esporte)* chaussures fpl
botão bouton m
bote salva-vidas canot m de sauvetage
boxe boxe f
bracelete bracelet m
braço bras m
branco(a) blanc(he)
bridge *(jogo)* bridge m
briga bagarre f
brilhante *(fotos)* brillant(e)
brinco boucles fpl d'oreilles
brinquedo jouet m
britânico *(adj)* britannique; *(s)* Britannique m/f
broche broche f
bronquite bronchite f
bronze bronze
bronzeamento bronzage m
buraco trou m
burrice: foi burrice! c'était bête!
buscar chercher; **ir ~** aller chercher; **vir ~** venir chercher
bússola boussole f

C

cabaré cabaret m
cabeça tête f
cabeleireiro coiffeur m
cabelo cheveux mpl; **corte de ~** coupe f de cheveux, *(sem lavar)* sur cheveux secs; **creme para ~** soin des cheveux m; **escova de ~** brosse f à cheveux; **gel de ~** gel m pour cheveux; **mousse para ~** mousse f pour cheveux; **secador de ~** sèche-cheveux m; **spray para ~** laque f
cabide cintre m
cabine cabine f
cabo de bateria câbles mpl de secours (pour batterie)
caça-níqueis machine f à sous
cachimbo pipe f; **limpador de ~** cure-pipe m; **tabaco para ~** tabac m à pipe
cachoeira cascade f
cachorro chien m
cachorro-quente hot dog m
cadarço lacets mpl
cadeado cadenas m
cadeira chaise f; **~ dobrável** chaise f pliante
cadeirão chaise f haute (pour bébé)
caderno cahier m, carnet m
café café m
café-da-manhã petit déjeuner m
cãibra crampes fpl
cais quai m
caixa automático distributeur automatique m; **~ registradora** caisse f
caixa boîte f; **~ de bombons** boîte f de chocolats; **~ de correio** boîte f aux lettres; **~ de leite** brique f (de lait)
calça pantalon m
calçada trottoir m; **na ~** sur le trottoir
calcinha culotte f
calço, colocar um mettre un sabot
calendário calendrier m
calor *(tempo)* chaud; **está ~** il fait chaud
cama lit m; **~ conjugadas** lits mpl jumeaux; **~ de casal** grand lit m; **~ desmontável** lit m de camp; **roupa de ~** literie f; **a ~ cedeu** le lit s'affaisse; **vou para a ~** je vais au lit
câmera de vídeo caméscope m
câmera fotográfica appareil-photo m; **~ descartável** appareil-photo m

jetable; **~ reflex** appareil-photo m reflex; **bolsa para ~** sac photo m
caminhada marche f; **botas para ~** chaussures fpl de marche; **trilha para ~** circuit m de randonnée; **equipamento para ~** équipement m pour la marche
caminhão camion m
caminho chemin m, sentier m, route f; **estar a ~** être sur la route
camisa chemise f; **~ feminina** chemisier m
camiseta T-shirt m
camisola chemise de nuit f
camping camping m; **área de ~** terrain m de camping; **equipamento de ~** matériel m de camping
campo champ m; **~ de batalha** champ m de bataille
camurça daim m
Canadá Canada m
canadense (adj) canadien(ne); (s) Canadien(ne) m/f
canal canal m
Canal da Mancha Manche f
cancelar annuler
câncer cancer m
caneta stylo m
canhoto(a) gaucher(-ère)
canivete canif m
cano tuyau m (d'écoulement)
canoa canoë m
canoagem faire du canoë/kayak
cansado(a), estar être fatigué(e)
cantor(a) chanteur(-euse)
canudo paille f
capa de chuva imperméable m
capacete casque m
capela chapelle f
capital capitale f
capitão capitaine m
carne viande f
caro(a) cher (chère); **paguei muito ~** on m'a fait payer trop cher
carona auto-stop m; **pedir ~** faire de l'auto-stop
carpete moquette f

carregador porteur m
carregar porter
carrinho chariot m; **~ de bebê** poussette f
carro voiture f; **alarme de ~** alarme de voiture m; **~ alugado** voiture f de location; **~ de duas portas** voiture f deux portes; **~ de quatro portas** voiture f quatre portes; **de ~** en voiture; **depósito de ~** fourrière f; **lavagem automática de ~** laverie f automatique (de voiture); **locação de ~** location de voiture f
carta lettre f; **~ registrada** courrier m en recommandé; **por ~** par lettre
cartão carte f; **~ bancário** carte f bancaire; **~ de embarque** carte f d'embarquement; **~ telefônico** télécarte f; carte f de téléphone
cartão de crédito carte f de crédit; **número do ~** numéro m de carte de crédit
cartão-postal carte f postale
cartaz affiche f
carteira portefeuille m; **~ de motorista** permis m de conduire; **~ internacional de estudante** carte f d'étudiant internationale
carteiro facteur m
casa maison f, villa f; **~ de câmbio** bureau m de change; **voltar para ~** rentrer chez soi
casaco manteau m
casado(a), ser être marié(e)
casamento mariage m; **aliança de ~** alliance f
cassete cassette f
castelo château m; **~ de popa** (navio) gaillard m d'arrière
catapora varicelle f
catedral cathédrale f
cavalo cheval m; **corrida de ~** courses fpl de chevaux; **passeio a ~** promenade f à cheval; (xadrez) cavalier m
caxumba oreillons mpl

CD CD m, disque compact m; **~ player** lecteur m de CD
cedo tôt; **mais ~** plus tôt
célebre célèbre
cem cent
cemitério cimetière m
centro centre m; **~ da cidade** centre-ville m; **~ de informação ao turista** office m de tourisme; **~ de visitação** centre m pour visiteurs
cerâmica céramique f, poterie f
cerca *(aproximadamente)* environ
certeza: você tem ~? vous êtes sûr(e)?
certificado certificat m
certo juste; *(correto, exato)* bon(ne); *(de acordo)* d'accord
cerveja bière f
cesta panier m
chá thé m; **saquinho de ~** sachets mpl de thé
chaleira bouilloire f
chamada appel m; **~ despertador** appel m de réveil
chamar appeler; **chame a polícia!** appelez la police!
chaminé cheminée f
chapelaria *(teatro)* vestiaire m
chapéu chapeau m
charuto cigares mpl
chave clé f; **~ de fenda** tournevis m
chaveiro *(conserto)* clé minute f; porte-clé m
check-in *(aeroporto)* faire enregistrer ses bagages; **balcão de ~** bureau m d'enregistrement
check-out *(hotel)* partir
chefe chef m
chegar a arriver à
cheio(a) plein(e)
cheque chèque; **talão de ~** carnet m de chèque
chinelo (de dedo) tongs fpl
chocolate chocolat m; **~ quente** chocolat m chaud; **barra de ~** tablette f de chocolat
choque elétrico choc m (électrique)
chover pleuvoir; **está chovendo** il pleut
chupeta sucette f
churrasco barbecue m
ciclismo cyclisme m; **circuito de ~** circuit m cycliste; route f cycliste
ciclista cycliste m
ciclovia piste f cyclable
cidade ville f
cientista scientifique m/f
cigarro cigarette f; **maço de ~** paquet m de cigarettes; **máquina de ~** distributeur m de cigarettes
cinco cinq
cinema cinéma m; **~ multiplex** cinéma m multiplex
cinto ceinture f
cintura taille f
cinza *(adj)* gris(e); *(s)* cendre
cinzeiro cendrier m
cistite cystite f
claro(a) clair(e)
classe classe; **~ econômica** classe f économique; **~ executiva** classe f affaires; **primeira ~** première classe f
clube esportivo club m sportif
clube gay club m gay; **~ para lésbicas** club m pour lesbiennes
cobertor couverture f; **~ elétrico** couverture f chauffante
cobre cuivre m
código code m; **~ de área** code m
cofre-forte coffre-fort m
colante *(vestuário)* collant m; maillot m de corps
colapso: ele teve um ~ il s'est effondré
colar collier m
colarinho col m; **medida do ~** encolure f
colchão matelas m
coleta *(laboratorial)* prise f, analyse f
colete salva-vidas gilet m de sauvetage
colher cuillère f; **~ de café** cuillère f à café
colina colline f

colisão: sofri uma ~ j'ai eu un accident
colocar mettre; **onde posso ~?** où puis-je mettre?
colorido *(vidro/lentes)* teinté(e)
coluna vertebal colonne f vértebrale
com avec; **~ licença** excusez-moi
combinação combinaison f
combustível carburant m
começar commencer
começo début m, commencement m
comer manger; **lugares onde ~** endroits où manger; **você comeu?** avez-vous mangé?; **nós já comemos** nous avons déjà mangé
comerciante commerçant(e) m/f
comércio commerce m; **área de ~** rues fpl commerçantes; **centro comercial** centre m commercial
comida para viagem plats mpl à emporter
comissão commission f
como? pardon?, comment?; **~ vai?** comment allez-vous?
companhia compagnie f; **~ aérea** compagnie f aérienne
compartimento *(trem)* compartiment m
compra achat m
comprar acheter; **~ bilhetes** *(viagem)* acheter des billets
compras courses fpl; **carrinho de ~** chariot m; **cesta de ~** panier m; **fazer ~** aller faire les courses; **lista de ~** liste f de commissions
compreender comprendre; **você compreende?** vous comprenez?; **eu não compreendo** je ne comprends pas
comprimento longueur m
comprimido *(remédio)* comprimé m
computador ordinateur m
comunhão communion f
concerto concert m; **sala de ~** salle de concert f
concordar: eu concordo je suis d'accord
concussão, ter uma avoir une commotion cérébrale/un traumatisme crânien
condimento assaisonnement m

conexão *(transporte)* correspondance f
conferência conférence f
confirmação confirmation f
confirmar *(reserva)* confirmer
congelado(a) surgelé(e)
congelador congélateur m
congestionado(a), estar être bouché(e)
conhecer connaître; **prazer em conhecê-lo(a)** enchanté(e)
conosco avec nous
consciente, estar être conscient(e)
consertar réparer; **você pode ~?** pouvez-vous le réparer?
conserto *(carro)* réparations fpl; *(roupa)* retouche f
constipação constipation f
constipado, estar être constipé(e)
construído(a) construit(e)
construir construire
consulado consulat m
consulta consultation f; **marcar uma ~** prende un rendez-vous
consultar consulter
consultório médico cabinet m médical
conta compte f, addition f; **~ a descoberto** compte f à découvert; **~ corrente** compte f (bancaire); **inclua na ~** mettez-le sur l'addition
contador comptable m
contagioso(a), ser être contagieux (-euse)
contatar contacter
conter contenir
contraceptivo contraceptif m
contudo toutefois
conversar causer
conversível *(carro)* voiture f décapotable
convés principal *(navio)* pont m promenade
convidar inviter
convir convenir
convite invitation f
copas *(cartas)* cœur m
cópia copie f
copo verre m
cor couleur f

coração cœur m; **ataque cardíaco** crise f cardiaque; **problemas cardíacos** problèmes mpl cardiaques
corda corde f
coroa couronne f; *(dental)* couronne f
corpo corps m; **partes do ~** parties fpl du corps
correio courrier m; **agência de ~** (bureau de) poste f; **caixa de ~** boîte f aux lettres
corrente de ar courant m d'air
correr courir; *(carro)* aller trop vite
correspondente correspondant(e) m/f
corretamente correctement
correto(a) correct(e)
corretor de imóveis agent m immobilier
corrida *(carro, cavalo)* course f
corta-vento *(vestuário)* coupe-vent m
corte *(de cabelo)* coupe f; coupure f; **~ de energia** coupure f de courant
cortina rideaux mpl
cosméticos produits mpl de beauté, cosmétiques mpl
costa côte f
costas dos m
costela côte f
cotação *(aposta)* cote f
cotelê velours m côtelé
courinho *(vedante)* joint m
couro cuir m
coxa cuisse f
cozer cuire
cozinha cuisine f
cozinhar faire la cuisine
cozinheiro(a) cuisinier(-ière) m/f
creche crèche f, garderie f
crédito crédit; **status do ~** état m du crédit; **ter ~** avoir un compte approvisionné
criança enfant m; **assento para ~** *(carro)* siège auto bébé/enfant; *(cadeirão)* chaise f haute (pour bébé)
crianças enfants mpl; *(desconto para)* **refeição para ~** repas mpl pour enfants

cristão(ã) *(adj)* chrétien(ne); *(s)* Chrétien(ne) m/f
crucifixo crucifix m
cruz croix f
cruzamento croisement m; intersection f
cruzeiro (marítimo) croisière f
cueca slip m
cuidado! faites attention!; **tenha ~** soyez prudent
cuidar: você pode ~ disso? pouvez-vous vous en occuper?
culpa, é minha/sua culpa c'est ma/votre faute
cume sommet m, pic m
curinga *(cartas)* joker m
curso de língua cours m de langue
curto(a) court(e); **qual é o caminho mais ~ para…?** quel est le chemin le plus court pour…?

D

D.I.U *(contraceptivo)* stérilet m
da, do, das, dos de la, du, de l', des
dados *(jogo)* dés mpl
damas *(jogo)* dames fpl
dança danse f; **espetáculo de ~** spectacle m de danse; **~ contemporânea** danse f contemporaine
dançar, sair para aller danser
danificado, estar être abîmé(e); *(colchão)* défoncé(e)
dar donner
dardos, jogar jouer aux fléchettes
data de validade date d'expiration f; **qual é a ~?** quelle est la date de péremption?
de de
de nada de rien, il n'y a pas de quoi, je vous en prie
debaixo sous
decidir: nós ainda não decidimos nous n'avons pas encore décidé
declaração déclaration f
declarar déclarer
dedo doigt m; **~ do pé** orteil m
defeito, estar com avoir un défaut m

deficiente, ser être handicapé(e)
deficientes *(s)* handicapés mpl
defronte en face de
deitar-se s'allonger, se coucher
deixar laisser; *(alguém em um lugar)* déposer; **deixe-me em paz!** laissez-moi tranquille!
dele, dela à lui, à elle; **é o/a/os/as ~** c'est le/la/les leur
deles, delas à eux, à elles; **é o/a/os/as ~** c'est le/la/les leurs
delicatessen charcutier m, traiteur m
delicioso(a) délicieux(-euse)
demais trop
dentadura dentier m
dente dent f; **escova de ~** brosse f à dents; **pasta de ~** dentifrice m
dentista dentiste m
dentro à l'intérieur, dans
departamento *(em loja)* rayon m; **loja de ~** grand magasin m
depender: **isso depende de** cela dépend de
depilação a cera épilation f à la cire
depois après
deposição *(polícia)* déposition f
depósito *(hotel, locação de bicicleta)* arrhes fpl; *(locação de carro)* caution f
depressa vite
derrapar: **nós derrapamos** nous avons glissé
desagradável désagréable
desaparafusar dévisser
desaparecido(a) *(pessoa)* avoir disparu
descansar se reposer
descer descendre
descida descente f
descongelar décongeler
desconto réduction f; **você pode me dar um ~?** pouvez-vous me faire une remise?
descrever décrire
desculpar: **desculpe-me** excusez-moi; **desculpe!** désolé(e)!
desde depuis
desembarcar débarquer
desfiladeiro col m (de montagne)

design *(vestuário)* création f
designer dessinateur m, créateur m
desligar éteindre; *(telefone)* raccrocher; **não desligue** ne raccrochez pas
deslocado(a), estar être disloqué(e)
desmaiar, estar para être prêt(e) à s'évanouir
desodorante déodorant m
despertador réveil m
despertar réveiller, se réveiller
despir-se se déshabiller
destino destination f
destro(a) droitier(-ière)
desvio déviation f
detergente détergent m; **liquide** m **vaisselle** f
detido, ser être en état d'arrestation
devagar! *(carro)* ralentissez!
dever devoir; **eu devo** je dois + inf.
devido(a), ser *(pagamento)* être dû (due)
dez dix
dezembro décembre m
dia jour m, journée f; **o ~ todo** toute la journée; **todos os ~** tous les jours; **viagem de um ~** excursion f d'une journée
diabetes diabète m
diabético, ser être diabétique
diagnóstico diagnostic m
diante de devant
diário(a) quotidien(ne); **bilhete ~** ticket/billet m pour la journée
diarréia diarrhée f
dicionário dictionnaire m
diesel diesel m
dieta: **estar de ~** je suis au régime
difícil difficile
dinheiro argent m; **cinto para transportar ~** ceinture f pour transporter de l'argent; **em ~** liquide m
direção direction f; **na ~ de** en direction de
direita, à à droite
direto(a) direct(e)
diretor *(filme)* réalisateur m; *(empresa)* directeur m, PDG m, patron m

dirigir *(carro)* conduire
disco *(LP)* disque m
disco compacto (disque) compact m
discoteca discothèque f
disjuntor plomb m (à fusible)
divertido(a) amusant(e); **muito ~** très amusant(e)
divertir-se s'amuser
dividir partager
divisas *(dinheiro)* devises fpl; monnaie f
divorciado(a), ser être divorcé(e)
dizer dire; **como disse?** comment dites-vous?; **diga-me** dites-moi; **o que ele disse?** qu'a-t-il dit?
doce *(adj)* sucré(e); *(s)* petit gâteau m, pâtisseries fpl
doceria pâtisserie f
documento de identidade pièce f d'identité
doença maladie f; **~ venérea** maladie f vénérienne
doente, estar être malade
doer: está doendo ça fait mal
dois/duas deux
dólar dollar m
domingo dimanche m
dona de casa femme f au foyer
dono(a) propriétaire m
dor douleur f; **~ de barriga** mal m de ventre; **~ de cabeça** mal m à la tête; **~ de dente** mal m de dent; **~ de estômago** mal m à l'estomac; **~ de garganta** mal m de gorge; mal m à la gorge; **~ de ouvido** mal m à l'oreille; **~ nas costas** mal m au dos; **estou com ~** j'ai mal; **sentir ~** avoir mal, souffrir
dormir dormir; **saco de ~** sac m de couchage
doutor docteur m
doze douze
drama drame m
drogaria droguerie f; pharmacie f
dublado, ser *(filme)* être doublé (film)
duplo *(quarto)* (chambre f) pour deux personnes
durante pendant
durar durer
duro(a) dur(e)
duty-free hors-taxe; **mercadorias ~** marchandises fpl hors-taxe; **loja ~** magasin m hors-taxe
dúzia douzaine f

E

e et
e quinze et quart; **quinze para as...** moins le quart
é só c'est tout
é... c'est...; **é claro** bien sûr
echarpe écharpe f
eclusa écluse f
econômico(a) *(adj)* économique
edredon couette f
elástico(a) *(adj)* élastique
ele, ela, eles, elas il, elle, ils, elles
eletricidade électricité f
eletricista électricien m
elevador ascenseur m
em *(dentro)* dans; *(dia, data)* le; *(hora)* dans; *(lugar)* à, en
em cima de en haut
em torno *(lugar)* autour de; *(hora)* vers
em vez de au lieu de
e-mail courrier m électronique, e-mail
embaixada ambassade f
embaixador ambassadeur m
embaixo en bas
embarcar embarquer
embarque embarquement m; **cartão de ~** carte f d'embarquement; **sala de ~** salle f de départ
embrulho paquet m
emergência urgence f; **saída de ~** sortie f de secours; **isso é uma ~** c'est urgent
emperrado(a), estar être coincé(e)
empoeirado(a) poussiéreux(-euse)
emprestar: posso pegar emprestado? est-ce que je peux emprunter?; **você poderia me ~?** pourriez-vous me prêter?
encanador plombier m
encher remplir

encolher: eles encolheram ils ont rétréci
encomendar commander
encontrar-se se retrouver
encontro rendez-vous m; **marcar um ~** prendre rendez-vous
encruzilhada carrefour m
endereço adresse f; **~ para encaminhamento do correio** adresse f pour faire suivre le courrier
enfermeira infirmerie f
engarrafamento embouteillage m, bouchon m
engenheiro ingénieur m
engolir avaler
engraçado(a) drôle
engraxar *(sapato)* cirer
enjôo mal m des transports; **estou com ~** j'ai le mal de mer
enquanto pendant que
então alors, ensuite
entrada entrée f
entrar entrer
entre entre
entregar délivrer, livrer
entroncamento embranchement m
entulhado(a) encombré(e)
envelope enveloppe f
enviar envoyer
envolvido(a), estar être impliqué(e)
enxaqueca migraine f
epilético, ser être épileptique
equimose bleu m
equipamento équipement m
errado(a) faux (fausse), mauvais(e); **número ~** *(telefone)* faux numéro m
erro erreur f
erupção éruption f cutanée
erva herbe f
escada *(de mão)* échelle f; escalier m; **~ de emergência** escalier m de secours; **~ rolante** escalier m roulant
escalada escalade f
escaninho casier m
escola école f; **~ de ski** école f de ski
escova *(penteado)* brushing m; brosse f; **~ de cabelo** brosse f à cheveux; **~ de dente** brosse f à dents; **~ de limpeza** brosse f dure
escrever écrire
escritório bureau m; **~ de locação** bureau de location m
escultor(a) sculpteur m
escuro(a) sombre; *(cor)* foncé(e)
esgotado *(espetáculo)* complet; **estou esgotado(a)** je suis épuisé(e)
esmalte (de unhas) vernis m à ongles
Espanha Espagne f
espantoso époustouflant(e)
especialista spécialiste m
espelho miroir m, glace f
esperar attendre; **~ por** attendre; **ainda estou esperando** j'attends encore; **é de se ~** il faut s'y attendre; **espere!** attendez!
espesso(a) épais(se)
espetáculo spectacles mpl
esponja (de cozinha) tampon m à récurer
esporte sport m
espreguiçadeira chaise f longue
esquecer oublier
esquerda, à à gauche
esqui aquático ski m nautique
esquina coin m
esquis skis mpl; **bastões de ~** bâtons mpl; **botas de ~** chaussures fpl de ski; **calça de ~** pantalon m de ski; **fixações para ~** fixations fpl; **instrutor de ~** moniteur m de ski; **roupa de ~** combinaison f de ski
essencial *(adj)* essentiel(le)
estação *(trem)* gare f; *(metrô)* station f; *(do ano)* saison f
estacionamento stationnement m, parking m; **disco de ~** disque m de stationnement; **vaga de ~** emplacement m de parking
estacionar *(carro)* se garer
estada séjour m
estádio stade m
Estados Unidos États-Unis mpl
estátua statue f
este, esta ce/cet, cette; celui-ci, celle-ci

estes, estas ces; ceux-ci, celles-ci
estéreo stéréo f
estilo style m
estojo de primeiros socorros trousse f de secours
estômago estomac m; **dor de ~** mal m à l'estomac
estrada route f; **acidente de ~** accident m de la route; **~ de quatro vias** route f à quatre voies
estrangeiro(a) étranger(-ère); **divisas ~** devises fpl étrangères; **no ~** à l'étranger m
estranho(a) étrange
estudante étudiant(e) m/f
estudar étudier
estupro viol m
etiqueta étiquette f
eu fico com ele/ela (quarto, roupa) je le/la prends
eu posso...? puis-je...,?
eu queria... je voudrais...
eu sou je suis
euro (€) euro m
exame examen m
exausto(a), estar être crevé(e) f, être à plat
excesso de bagagem bagages mpl trop lourds
exceto sauf
excursão excursion f
exemplo, por par exemple
exposição exposition f
expressão expression f
extensão (telefone) poste f; (elétrica) rallonge (électrique) f
extra (adicional) supplémentaire
extrair (dente) arracher
extremamente extrêmement

F

fã: sou fã de je suis un fan/passionné(e) de
faca couteau m
fácil facile
faixa de pedestres passage m piéton
falar parler; **você fala português?** parlez-vous portugais?
falésia falaise f
faltar manquer; **está faltando...** il manque...
família famille f
fantástico fantastique, superbe
farmácia pharmacie f, droguerie f; **~ de plantão** pharmacie f de garde
farol (carro) phare m; (semáforo) feu m (rouge)
fast-food fast food m
fatia tranche f
fauna e flora faune f et flore f
favorito(a) préféré(e), favori(te)
fax fax m, télécopieur m; **aparelho de ~ fax** m
faxineira femme f de ménage
fazenda ferme f
fazer faire; **~ as malas** faire les valises; **~ chá/café** faire du thé/café; **coisas a ~** choses à faire
febre fièvre f; **medir a ~** prendre la température
febril, sentir-se se sentir fiévreux (-euse)
fechado(a) fermé(e)
fechadura serrure f
fechar fermer
fecho éclair fermeture f éclair
feira marché m; **dia de ~** jour m de marché
feito: de que é ~? en quoi est-ce (fait)?
felizmente heureusement
fêmea femelle f
feriado jour m férié
férias, de en vacances fpl
ferida blessure f
ferido(a), estar être blessé(e)
ferro (de passar) fer m à repasser
ferry ferry m, car-ferry m
festa (social) soirée f, réception f; (comemoração) fête f
festival festival m
fevereiro février m
fezes selles fpl

ficha fiche f; **~ de inscrição** fiche f d'inscription; formulaire m; feuille f
fígado foie m
fila queue f, file f (d'attente); **fazer ~** faire la queue
filha fille f
filho fils m
filme *(cinema)* film m; **~ de ação** film m d'aventure/d'action; *(câmera)* pellicule f; **~ colorido** pellicule f couleur; **~ para slides** pellicule f pour diapositives; **velocidade do ~** vitesse f de pellicule
filtro filtre m; **~ de papel** filtre m en papier
fim de semana weekend m; **no ~** le weekend; **tarifa de ~** tarif m de weekend
fim: no fim au bout m
fio fil m
fio dental fil m dentaire
flanela flanelle f
flash flash m
flor fleur f
floresta forêt f
florista fleuriste f
fluente: ser ~ em francês parler français couramment
fogão cuisinière f
fogareiro réchaud m (de camping)
fogo feu m; **acendedor de ~** allume-feu mpl
fogo! il y a le feu!
folheto dépliant m
fome, estar com avoir faim
fonte fontaine f; *(natural)* source f
fora dehors, à l'extérieur; **~ de temporada** hors saison
forma forme f
formidável formidable
forno four m; **~ microondas** four m à micro-ondes
forte fort(e)
fosco *(fotos)* mat m
fósforo allumettes fpl
fotocopiadora photocopieur m

fotografia photographie f; photo f; **~ de identidade** photo f d'identité f; **tirar uma ~** prendre une photo
fotógrafo photographe m
fraco(a) faible; *(café)* clair; **eu me sinto ~** je me sens faible
frágil fragile
fralda couches fpl
fraldário salle f de change
França France f
francês(a) *(adj)* français(e); *(s)* Français(e) m/f; *(idioma)* français m
francos *(suíços)* francs mpl
franja frange f
freqüentemente souvent
fresco(a) frais (fraîche)
frigideira poêle f
frigobar mini-bar m
frio(a) froid(e)
fritas *(batatas)* frites fpl
fronha taie f d'oreiller
fronteira frontière f
fumaça fumée f; **está com muita ~** c'est trop enfumé
fumante *(adj)* fumeur(-euse)
fumar fumer; **eu não fumo** je ne fume pas
funcionar marcher; fonctionner
funcionário fonctionnaire m
furto vol m
furúnculo furoncle m
fusível fusible m; **caixa de ~** boîte f à fusibles
fuso horário décalage m horaire
futebol football m

G

galão gallon m
galês(a) *(adj)* gallois(e); *(s)* Gallois(e) m/f
galo (na cabeça) boule f, bosse f
garagem garage m
garantia garantie f; **está na ~?** est-ce sous garantie?
garçon! garçon! m
garçonete! mademoiselle! f
garfo fourchette f

garganta gorge f; **pastilhas para ~** pastilles fpl pour la gorge
garrafa bouteille f; **abridor de ~** ouvre-bouteilles m; **engradado para ~** container à verre m; **~ térmica** (bouteille f) thermos
gás (de cozinha) gaz butane m; **botijão de ~** bouteille f de gaz; **está cheirando a ~** ça sent le gaz
gasolina essence f; **~ aditivada** super f; **~ comum** ordinaire f; **~ sem chumbo** sans plomb f; **bujão de ~** bidon m d'essence; **estou sem ~** je suis en panne d'essence
gastar (dinheiro) dépenser
gastrite gastrite f
gato(a) chat(te) m/f
gaze bandage
geladeira réfrigérateur m, frigo m
geleira glacière f
gelo glaçons mpl; **fôrma de ~** pack m de glace; **hockey no ~** hockey m sur glace; **máquina de ~** distributeur m de glace; **pista de patinação no ~** patinoire f
generoso(a) généreux(-euse)
gentil gentil(le)
genuíno(a) authentique, original(e)
ginecologista gynécologue m
golfe golf m; **campo de ~** terrain m de golf
gorduroso(a) gras(se)
gorjeta pourboire m
gostar aimer; **eu gosto de música** j'aime la musique
gosto goût m
Grã-Bretanha Grande-Bretagne f
grama (peso) gramme m; (planta) pelouse f
grande grand(e), gros(se); (roupa) large
gratuito(a) gratuit(e)
graus (temperatura) degrés mpl
gravata cravate f; **alfinete de ~** épingle f à cravate
grave (adj) grave
grávida, estar être enceinte
gripe grippe f
grosseiro, ser être impoli(e)/grossier(-ière)
grupo groupe m
gruta grotte f
guarda-chuva parapluie m
guardanapo serviette f; **~ de papel** serviette f en papier
guarda-sol parasol m
guia guide m; **~ de conversão** guide m de conversation; **~ de espetáculos** guide m des spectacles; **~ turístico** guide m touristique

H

há alguém aqui que fale português? y a-t-il quelqu'un ici qui parle portugais?
há… il y a…
habilitação permis m de conduire
hairstylist coiffeur m styliste
hambúrguer hamburger m; **quiosque de ~** kiosque à hamburger m
hatch (carro) coupé m avec hayon arrière
helicóptero hélicoptère m
hemorróidas hémorroïdes fpl
hipermercado hypermarché m
hipermetrope hypermétrope
hipódromo hippodrome m
história histoire f
hobby hobby m, passe-temps m
hockey hockey m; **~ no gelo** hockey m sur glace
hoje aujourd'hui
Holanda Pays-Bas mpl
homem homme m
homens (toaletes) messieurs mpl, hommes mpl
homossexual homosexuel(le)
hora(s) heure f; **a que ~?** à quelle heure?; **em uma ~** dans une heure; **na ~** à l'heure; **que ~ são?** quelle heure est-il?; **são… ~** il est… heures
horário horaire m; **~ de abertura** heures fpl d'ouverture; **~ dos trens** horaires mpl des trains

horrível affreux(se)
hospedar: você pode me ~ por esta noite? pouvez-vous m'héberger pour la nuit?
hospital hôpital m
hotel hôtel m; **reserva de ~** réservation à l'hôtel
hovercraft hovercraft m

I

iate yacht m
ida e volta (ticket/billet) m aller et retour
idade âge; **quantos anos?** quel âge? **ter... anos** avoir… ans
idoso(a) personne f âgée
igreja église f
ilegal, ser être illégal(e)
ilha île f
imediatamente tout de suite
importância: isso não tem ~ ça ne fait rien
impressionante impressionnant(e)
incêndio incendie m; **alarme de ~** alarme f d'incendie; **extintor de ~** extincteur m
inchaço enflure f
inchado, estar être enflé(e)
incluído(a):... está ~? est-ce que… est compris(e)?
incomodar: estou incomodando? est-ce que je vous dérange?
inconsciente, estar avoir perdu connaissance; être sans connaissance
indenização, pedido de demande f d'indemnité
indicar indiquer
indigestão indigestion f
infecção infection f
infeccionado(a), estar être infecté(e)
infelizmente malheureusement
inferior inférieur(e)
inflamação inflammation f
informação renseignements mpl; **balcão de ~** bureau m des renseignements; **centro de ~ ao turista** office m du tourisme

informar informer, prévenir; **poderia me ~?** pourriez-vous me faire savoir?
infração (de trânsito) infraction f au code de la route
Inglaterra Angleterre f
inglês *(adj)* anglais(e); *(s)* Anglais(e) m/f; *(idioma)* anglais m; **em ~** en anglais; **há alguém aqui que fale inglês?** y a-t-il quelqu'un ici qui parle anglais?
ingresso billet m; **venda de ~** agence f de spectacles
iniciante débutant(e) m/f
injeção injection f, piqûre f
inocente innocent(e)
inseto insecte m; **picada de ~** piqûre f d'insecte
insistir: eu insisto j'insiste
insolação insolation f
insônia insomnie f
instruções instructions fpl
insulina insuline f
interessante intéressant(e)
interesse intérêt m
internacional international(e)
internet internet m
intérprete interprète m
interruptor (elétrico) interrupteur m
intervalo intervalle m
intestino intestins mpl
inundação inondation f
inverno hiver m
iogurte yaourt m
ir a aller à, se rendre à; **para ir a…?** pour aller à…?; **~ passear** aller se promener; **~ às compras** aller faire des courses fpl; **para onde vai esse ônibus?** où va ce bus?; **vá embora!** allez-vous en!
Irlanda do Norte Irlande f du Nord
Irlanda Irlande f
irlandês *(adj)* irlandais(e); *(s)* Irlandais(e) m/f
irmã sœur f
irmão frère m
isqueiro briquet m
isso ça

isto ceci
Itália Italie f
italiano *(adj)* italien(ne); *(s)* Italien(ne)
itinerário itinéraire m

J

já déjà
janeiro janvier m
janela fenêtre f; **assento da ~** siège m côté hublot
jantar dîner m
jaqueta veste f
jardim botânico jardin botanique m
jardim jardin m
jardinagem jardinage m
jardineiro jardinier m
jarra (de água) pichet m (d'eau)
jarro carafe f
jeans jean m/sing
jet-ski scooter m de mer
joalheiro bijoutier m
joalheria bijouterie f
joelho genou m
jogar jouer
jogging jogging m
jogo jeu m; *(disputa)* match m; **~ de cartas** jeu m de cartes
jornal journal m; **banca de ~** kiosque m à journaux
jornaleiro marchand m de journaux
jornalista journaliste m/f
jovem jeune
judeu *(adj)* juif(-ve); *(s)* Juif(-ve) m/f
julho juillet m
junho juin m
junto ensemble

K

ketchup ketchup m
kosher *(adj)* kascher

L

lá là; **~ longe** là-bas
lã laine f
lábio lèvre f

lado côté m; **ao ~ de** à côté de; **do outro ~ de** de l'autre côté de
ladrão voleur m
lago lac m
lagoa étang m
lâmpada lampe f, ampoule f
lamparina veilleuse f
lampião *(querosene)* lampe à pétrole
lancha canot m automobile
lanche casse-croûte m; **~ de bordo** panier m repas m, repas m froid
lanterna lampe f de poche/électrique
lápis crayon m
laranja *(adj)* orange; *(s)* orange f
lata *(bebida)* canette f; *(conserva)* boîte f
latão laiton m
lavabo lavabo m
lavagem nettoyage m; **~ completa** service m de nettoyage complet; **instruções de ~** conseils mpl de lavage
lavanderia pressing m, nettoyage m à sec; **~ automática** laverie f automatique
lavar laver; **~ a seco** nettoyer à sec; **máquina de ~** machine f à laver
lavável a máquina lavable en machine
laxante laxatif m
legal, ser être légal(e)
legendado sous-titré
legging legging m
legumes légumes mpl
leite lait m; **com ~** au lait; **sem ~** sans lait
leito *(trem)* couchette f
leitura lecture f; **óculos para ~** lunettes fpl de vue
lembranças a amitiés à
lembrar: não me lembro je ne me souviens pas
lenço mouchoir m; **~ de papel** mouchoirs mpl en papier
lençol drap m
lenha bois m de chauffage
lentamente lentement
lente *(câmera)* objectif m; *(óculos)* verre m; **~ de contato** lentille f de

contact; **líquido para ~** liquide m pour lentilles de contact
lento(a) lent(e)
leste est m
levar *(pessoa)* emmener; *(objeto)* emporter
leve léger(-ère)
lhe, lhes lui, leur
liberar libérer
libra (esterlina) livre f (sterling)
lição leçon f
licor liqueur f
ligação (telefônica) appel m; **~ a cobrar** appel m en P.C.V.; **~ de longa distância** appel m à longue distance; **quero fazer uma ~ externa** je voudrais appeler à l'extérieur
ligar allumer; *(equipamento)* mettre en marche; téléphoner; **eu ligo de volta** je rappellerai
light allégé(e), à teneur peu élevée en matière grasse
limão citron m
limite de velocidade limite f de vitesse
limpar nettoyer; **eu queria mandar ~ meus sapatos** je voudrais faire nettoyer mes chaussures
limpeza, serviço de service m de nettoyage
limpo(a) propre
lindo(a) beau (belle)
linha *(metrô)* ligne f
linho lin m
liso *(sem padronagem)* uni(e)
lista telefônica annuaire m
listas *(padrão)* à rayures
litro litre m
living salon m, salle f de séjour
livraria librairie f
livre libre
livro livre m; **~ de cozinha** livre m de cuisine
lixeira poubelle f
lixo ordures fpl
local *(adj)* local(e); **anestesia ~** anesthésie f locale; **estrada ~** route f locale/départementale

loção lotion f; **~ desmaquiante** lotion f démaquillante; **~ pós-barba** lotion f après-rasage; **~ pós-sol** lotion f après-soleil
logo bientôt
loja magasin; **~ de artesanato** magasin m d'artisanat; **~ de bricolagem** magasin m de bricolage; **~ de conveniências** mini marché m; **~ de eletrodomésticos** magasin m d'électroménager; **~ de ferragens** quincaillerie f; **~ de fotos** magasin m de photos; **~ de produtos dietéticos** magasin m de diététique
Londres Londres
longe loin; **é ~?** c'est loin?
longo(a) long(ue)
lotado, estar être complet
louça vaisselle f; **lavar a ~** faire la vaisselle
lua-de-mel, estar em être en lune de miel
lugar *(local)* endroit m; *(vaga)* place f
luge luge m; **andar de ~** faire de la luge; **pista de ~** piste f de luge
luva gant m; **~ de banho** gant m de toilette; **~ sem dedos** mouffles fpl
luxado *(músculo)* muscle m froissé
Luxemburgo Luxembourg m
luz lumière f; **~ de emergência** veilleuse f

M

maçã pomme f
maçaneta poignée f
macho mâle m
madeira bois m
mãe mère f
magnésia *(leite)* magnésie f (hydratée)
magnífico(a) magnifique
magro(a) mince
maio mai m
maiô maillot de bain m
mais plus; **eu queria um pouco ~ de** je voudrais un peu plus de
maître *(restaurante)* maître m d'hôtel
mal, sentir-se se sentir malade

mal-entendido, houve um il y a eu un malentendu m
maleta (de documentos) attaché-case, porte-document m
malha *(jogo)* jeu m de palet
malpassado saignant
mamadeira biberon m; **bico de ~** tétine f
mancha tache f
manga *(camisa)* manche f
manhã matin m; **de ~** le matin; **da ~** du matin
manicure manucure f
manteiga beurre m
mão main f; **creme para as ~** crème f pour les mains; **bagagem de ~** bagages mpl à main; **toalha de ~** torchon m/serviette f pour les mains; **lavável a ~** lavable à la main
mapa carte f; **~ da loja** plan m du magasin; **~ das pistas** plan m des pistes; **~ rodoviário** carte f routière
maquiagem maquillage m
mar mer f
maravilhoso(a) superbe
marca marque f
marcar marquer; **~ um encontro/uma consulta** prendre un rendez-vous
março mars m
maré marée f; **~ alta** marée f haute
margarina margarine f
margem *(lago, rio)* rivage m
marido mari m
marrom *(adj)* marron
martelo marteau m
mas mais
máscara (para cílios) mascara m
matinê matinée f
maxilar mâchoire f
me me; *(para mim)* à moi
mechas, fazer faire des mèches
medicamento médicament m
médico médecin m
medidas mesures fpl
médio(a) moyen(ne)
medir mesurer
meia bas mpl; chaussettes fpl

meia-entrada demi-tarif m
meia-noite minuit m
meio(a) demi(e); **... e meio...** et demi
meio-dia midi m
melhor mieux; *(adj)* meilleur(e)
membro membre m
menina fille f
menino garçon m
menos moins; **ao ~** au moins
mensagem massage
menstruação règles fpl; **cólicas menstruais** règles fpl douloureuses
menu menu m; **~ a preço fixo** menu m à prix fixe
mercearia épicerie f
mergulhar plonger
mês mois m
mesa table f; **~ dobrável** table f pliante
mesmo(a) même; **a ~ coisa, por favor** la même chose, s'il vous plaît
mesquita mosquée f
metade moitié f
metal métal m
meteorologia météo f
metrô métro m; **estação de ~** station de métro m
meu, minha mon, ma; **é o meu/a minha** c'est le mien/la mienne
meus, minhas mes; **são os meus/as minhas** ce sont les miens/les miennes
microônibus minibus m
mil mille
milhão million
mínimo *(s)* minimum m
minuto minute f
míope myope
mirante belvédère m, point m de vue
missa messe f
mobilete mobylette f
mobília mobilier m, meubles mpl
mochila sac m à dos
moda, estar na être à la mode; **fora de ~** démodé(e)
moderno(a) moderne; **arte ~** art m moderne
moeda monnaie f, pièce f
moedeiro porte-monnaie m

monitor moniteur m
montanha montagne f; **cadeia de ~** chaîne f de montagnes
monumento monument m; **~ aos mortos** monument m aux morts
morder mordre; **fui mordido(a) por um cachorro** j'ai été mordu(e) par un chien
morrer mourir; **o motor está morrendo** le moteur cale
morto(a) mort(e)
mosca mouche f
mosquito moustique m; **picada de ~** piqûre f de moustique
mostrar montrer; **você pode me ~?** pouvez-vous me montrer?
motocicleta moto f
motor moteur m
motorista conducteur m
mountain bike vélo m tout terrain (VTT)
mousse *(cabelo)* mousse f coiffante
mover déplacer; **não o mova!** ne le déplacez pas!
muçulmano *(adj)* musulman(e); *(s)* Musulman(e) m/f
mudar *(de casa)* déménager; *(de quarto)* changer de chambre
muito *(quantidade)* beaucoup de; *(intensidade)* très
muito bem très bien
muito cozido(a) trop cuit(e)
muletas béquilles fpl
mulher femme f
multa amende f
muralha rempart m
muro mur m
músculo muscle m
museu musée m
música musique f; **caixa de ~** boîte f à musique
músico musicien(ne) m/f

N

nacional national(e)
nacionalidade nationalité f
nada rien; **~ a declarar** rien à déclarer; **~ mais** rien d'autre; **para mim** rien pour moi
nadar nager, se baigner
náilon nylon m
namorado(a) copaine
não non; **este/esta não** pas celui-ci/celle-ci
não-alcoólico(a) non alcoolisé(e)
não-fumante non-fumeur; **área de ~** zone f non-fumeur
nariz nez m; **sangramento do ~** saignement m de nez
nascer: eu nasci em... je suis né(e) à *(lugar)*/en *(ano)*
natação natation f
Natal Noël m
náusea nausée f; **sentir ~** avoir envie de vomir
navio bateau m; navire m
neblina: há neblina il y a du brouillard
necessário(a) nécessaire
negativo *(foto)* négatif m
negócios affaires fpl; **a ~** pour affaires; **homem de ~** homme m d'affaires; **mulher de ~** femme f d'affaires; **viagem de ~** voyage m d'affaires
nenhum(a) aucun(e)
nevar neiger; **está nevando** il neige
neve neige f; **~ derretida** neige f fondue; **ficar retido pela ~** être bloqué par la neige
nightclub nightclub m
ninguém personne
noite soir f, nuit f; **esta ~** ce soir; **para esta ~** pour ce soir; **por ~** par nuit f
noivo(a) fiancé(e) m/f; **estar ~** être fiancé(e)
nojento(a) dégoûtant(e)
nome nom m; **~ de solteira** nom m de jeune fille; **meu ~ é...** je m'appelle...; **qual é o seu ~?** comment vous appelez-vous?
normal *(adj)* normal(e)
norte nord m; **~ verdadeiro** plein nord m
nós nous; **para nós** pour nous

nosso, nossa, nossos, nossas notre, nos

nota *(dinheiro)* billet m; *(recibo)* ticket de caisse m; note f; **~ detalhada** note f détaillée

Nova Zelândia Nouvelle Zélande f

nove neuf

novembro novembre m

novo(a) neuf (neuve)

nublado: o tempo está ~ il y a des nuages

número *(telefone)* numéro m; **lamento, número errado** désolé, faux numéro

número da placa plaque f d'immatriculation

nunca jamais

O

o, os le, les

o que é que...? qu'est-ce que...?

obrigado(a) merci

observatório observatoire m

obturação *(dental)* plombage m

oculista opticien m

óculos lunettes fpl; **~ de proteção** lunettes fpl de protection; **~ escuros** lunettes fpl de soleil; **~ para leitura** lunettes fpl de vue

ocupado(a) occupé(e), pris(e); **estar ~** avoir à faire

oeste ouest m

oi! salut!

oito huit

olá salut, bonjour

óleo huile f

oleoso *(cabelo)* gras

olhar regarder; **só estou olhando** je jette (juste) un coup d'œil

olho œil m *(pl* yeux); **lápis de ~** crayon pour les yeux m

ombro épaule f

ônibus bus m; **~ de viagem** *(auto)*car m; **passe de ~** carte f de bus; **ponto de ~** arrêt m d'autobus; arrêt m de car; **terminal de ~** gare f routière; **trajeto dos ~** itinéraire m des bus

onda vague f

onde? où; **de ~ você é?** d'où êtes-vous?; **~ podemos...?** où pouvons-nous...?

ontem hier

onze onze

ópera opéra m

operação opération f

operador *(teléferico)* conducteur m

opinião avis m; **mudei de ~** j'ai changé d'avis

orelha oreille f

organizado(a) organisé(e)

orquestra orchestre m

osso os m

ou ou; **ou... ou** ou... ou, soit... soit

ouro or m; **folheado a ~** plaqué-or

ouros *(cartas)* carreau m

outono automne m

outro(a) autre; **~ dia** un autre jour; **~ coisa?** autre chose?; **um ~?** un autre?

outubro octobre m

ouvir entendre

P

pá pelle f

paciente patient(e) m/f

pacote paquet m; *(correio)* colis m; **~ de presente** paquet-cadeau

padaria boulangerie f

padre prêtre m

pagar payer; **~ uma multa** payer une amende; **~ com cartão de crédito** payer avec une carte de crédit

pai père m

pais parents mpl

país pays m

paisagem paysage m

País de Gales Pays de Galles m

palácio palais m

pane *(carro)* panne f; **ter uma ~** tomber en panne

pano de limpeza lavette f

panorama panorama m

pantomima pantomime f

pantufa pantoufles fpl

pão pain m

papel papier m; **~ absorvente** papier m absorbant; **~-alumínio** papier m d'aluminium; **~ de carta** papier m à lettres; **~ higiênico** papier m toilette

par de paire de

para pour; **~ quem?** à qui?; **~ viagem** à emporter

parabéns! félicitations! fpl

pára-brisa pare-brise m

parada *(ônibus/trem)* arrêt m, halte f

parafina pétrole m

parafuso vis f

paralisia paralysie f

parar arrêter; **pare aqui** arrêtez-vous ici

parceiro(a) partenaire m/f

parecer com ressembler à

parede mur m

parlamento parlement m

parque parc m; **~ de atrações** parc m d'attractions; **~ de diversões** fête f foraine; **~ natural** parc naturel m

parquímetro parcmètre m

partida *(esporte)* partie f; *(jogo/disputa)* match m; *(transporte)* départ m; **dar a ~** *(carro)* démarrer

partir partir

Páscoa Pâques fpl

passageiro(a) passager(-ère) m/f

passagem subterrânea passage m sous-terrain

passaporte passeport m; **~ conjunto** passeport m joint

passar passer; **~ a ferro** repasser; **posso ~?** est-ce que je peux passer?

pássaro oiseau m

passeio promenade f; **~ de pônei** promenade f sur un poney; **fazer um ~** faire une promenade

pasta de dente dentifrice m

pastor pasteur m

patamar palier m

patim patins mpl; **~ de rodas** patins mpl à roulettes; **pista de ~** patinoire f

pé pied m; **a ~** à pied; **voltar para casa a ~** rentrer chez soi à pied

peças pièces fpl

pedaço morceau m; **um ~ de** un morceau de

pedalinho pédalo m

pedestre piétons m; **faixa de ~** passage m piétons; **zona de ~** zone f piétonnière

pedir demander; **eu pedi...** j'ai demandé...

peito poitrine f

peixaria poissonnerie f

pele peau f

pena: é ~ c'est dommage; **vale a ~ ser visto/visitado?** est-ce que ça vaut la peine d'être vu?

penicilina pénicilline f

pensão pension f; **meia-~** demi-pension f; **~ completa** pension f complète

pensar penser; **eu penso** je pense

pente peigne m

pequeno(a) petit(e)

perda perte f

perder *(objeto)* perdre; *(trem)* rater; **eu perdi...** j'ai perdu...; **eu me perdi...** je me suis perdu(e)

perdido(a), estar être perdu(e)

perigo, sem sans danger

perigoso(a) dangereux(-euse)

período période f; *(menstrual)* règles fpl

permanecer rester

permissão permis m

permitido: é ~? est-ce que c'est permis?

perna jambe f

persiana store m

perto près; **~ daqui** près d'ici

perturbar: não perturbe ne pas déranger

perua *(carro)* (voiture f) break m

pesado(a) lourd(e)

pesar: eu peso... je pèse...

pesca pêche f (à la ligne)

pescar, ir aller à la pêche

pescoço cou m

pessoas gens mpl

pia *(banheiro)* lavabo m; *(cozinha)* évier m

189

DICIONÁRIO PORTUGUÊS-FRANCÊS

piada plaisanterie f
piano piano m
picada (de inseto) piqûre f (d'insecte)
pico pic m, sommet m
pijama pyjama m
pilha pile f
pílula (anticoncepcional) pilule f; **~ do dia seguinte** pilule du lendemain f
pimenta poivre m
pinça pinces fpl, tenailles fpl; pince f à épiler
pinta (medida) pinte f
pintar peindre
pintor(a) peintre m
pior pire; **o(s)/a(s) pior(es)** le/la/(les) pire(s)
piorar: isso piorou ça a empiré
piquenique pique-nique m; **área de ~** aire f de pique-nique
piscina piscine f; **~ coberta** piscine f couverte; **~ descoberta** piscine f en plein air; **~ infantil** petit bassin m
pista (esqui) piste f, pente f; **~ de esqui de fundo** piste f de ski de fond; **~ para principiantes** piste f pour débutants
placa panneau f, (veículo) numéro m d'immatriculation
planos projets mpl
planta plante f
plantão permanence f
plataforma (trem, metrô) quai m
platéia (teatro) parterre m
playground cour f de récréation
plugue prise f, fiche f
pneu pneu m
pochete sac banane m
poder pouvoir; **pode me (dar)…?** est-ce que je peux (avoir)…?; **pode me ajudar?** pouvez-vous m'aider?; **pode me recomendar…?** pouvez-vous recommander…?
polegar pouce m
pólen pollen m; **taxa de ~** taux m de pollen
polícia police f; **delegacia de ~** commissariat m (de police)
ponte pont m
ponto point m; **~ de encontro** point m de rendez-vous; **no ~** à point
pontudo(a) pointu(e)
pop (música) musique f pop
popa (barco) poupe f
popular populaire
por causa de à cause de
por par; **dia** par jour m; **~ um dia** pour une journée; **~ hora** par heure f; **~ noite** par nuit f; **~ semana** par semaine f; **~ uma semana** pour une semaine
por favor s'il vous plaît
por quê? pourquoi
porção portion f
porque parce que
porta porte f; **~ de entrada** porte f d'entrée; **chave da ~** clé f de la porte
portão (aeroporto) porte f
porteiro portier m
porto port m
posologia posologie f
possível possible; **assim que ~** dès que possible
postar poster
posta-restante poste f restante
pôster poster m
posto de gasolina station f service
pote pot m
pouco cozido(a) pas assez cuit(e)
pouco(a) peu; **um ~** un peu
praça place f
praia plage f; **~ de areia** plage f de sable; **~ de nudismo** plage f pour nudistes; **~ de pedras** plage f de galets
prancha de surfe planche f de surf
prata argent m; **folheado a ~** plaqué-argent m
prateleira étagère f
praticar o francês s'entraîner à parler français
prático(a) pratique
prato (refeição) plat m; (utensílio) assiette f
preciso, é il faut + inf.

- **reço** prix m, tarif m; **~ de admissão** prix d'admission m; **~ da entrada** prix m d'entrée
- **rédio** bâtiment m; **~ público** bâtiment m public
- **reencher** remplir
- **reocupar: estou preocupado(a)** je me fais du souci
- **resente** cadeau m; **loja de ~** magasin m de cadeaux
- **reservativos** préservatifs mpl
- **ressa, estar com** être pressé(e)
- **reto(a)** noir(e); **filme ~ e branco** (câmera) pellicule f noir et blanc
- **revisão meteorológica** prévisions fpl météo
- **rimavera** printemps m
- **rimeiro(a)** premier(-ière); **~ classe** première classe f; **~ andar** premier étage m
- **rimo(a)** cousin(e) m/f
- **rincipal** principal(e); **prato ~** plat m principal; **estação ~** gare f principale; **rua ~** rue f principale
- **rioridade** priorité f; droit de passage m
- **risão** prison f
- **roa** (barco) proue f
- **rocurar** chercher
- **rofessor** instituteur m, professeur m
- **rofissão: qual é a sua ~?** quelle est votre profession?
- **rofundo(a)** profond(e)
- **rograma** programme m; **~ de espetáculos** programme m des spectacles
- **roibido(a)** interdit(e)
- **ronto(a), estar** être prêt(e)
- **ronto-socorro** urgences fpl
- **ronunciar** prononcer
- **roprietário(a)** propriétaire m/f
- **rotestante** protestant(e)
- **rotetor labial** stick-lèvres m; **~ solar** crème f solaire
- **rovador** (roupa) cabine f d'essayage
- **rovavelmente** probablement

- **próximo** proche; **o/a mais ~** le/la plus proche; (adj) prochain(e), suivant(e); **~ ponto!** prochain arrêt!
- **pulga** puce f; **mercado de ~** marché m aux puces
- **pulmão** poumon m
- **pulôver** pullover m, pull m
- **pulseira** bracelet m
- **puro(a)** pur(e)

Q

- **quadrado(a)** carré(e)
- **quadriculado** (padrão) à carreaux
- **quadro** tableau m; **~ de avisos** tableau m d'affichage
- **qual** quel(le); **qual dele(a)s?** lequel (laquelle)?
- **qualidade** qualité f
- **quando?** quand?, à quelle heure?
- **quantidade** quantité f; **~ permitida** quantité f autorisée
- **quanto?** combien?; **quantos?** combien?; **quantos anos?** quel âge?; **quanto custa?** ça coûte combien?; **quanto é cada um?** combien chacun?; **quanto lhe devo?** combien vous dois-je?; **quanto tempo?** combien de temps?; **quantas vezes?** combien de fois?; **quantos quilômetros?** à combien de km?, à quelle distance?
- **quarentena** quarantaine f
- **quarta-feira** mercredi m
- **quarto** (de dormir) chambre f; **~ com banho** chambre f avec bain; **~ contíguo** chambre f à côté; **~ desocupado** chambre f libre; **~ e café-da-manhã** chambre f et petit déjeuner m; **~ individual** chambre f à un lit; **serviço de ~** service m de chambre
- **quarto** (numeral) quatrième; **um ~** un quart
- **quartzo** à quartz
- **quase** presque
- **quatorze** quatorze
- **quatro** quatre
- **Québec** Québec m
- **quebequense** québécois m/f

quebra casse f, bris m
quebrado, estar être cassé(e)
quebrar casser
queda: ele teve uma ~/caiu il a fait une chute
queijo fromage m
queimado(a) *(comida)* être brûlé(e)
queimadura brûlure f; **~ de sol** coup m de soleil
quem? qui?
quente chaud(e); **água ~** eau f chaude; **bolsa de água ~** bouillotte f; **mais ~** plus chaud(e); **muito ~** *(clima)* très chaud
querer vouloir
querer: eu queria… je voudrais…; j'aimerais
questão question f
quilo(grama) kilo(gramme) m
quilometragem kilométrage m
quilômetro kilomètre m
quinta-feira jeudi m
quinto cinquième
quinzena quinzaine f
quiosque kiosque m

R

rabino rabbin m
radiador radiateur m; **~ elétrico** radiateur m électrique
rádio radio f
rainha *(cartas, xadrez)* reine f
raio X radio f
ramo *(profissão)* branche f
ranger: a cama range le lit grince
rapel descente f en rappel
rápido(a) rapide; **vá mais ~** allez plus vite
raquete *(tênis, squash)* raquette f
raramente rarement
raso(a) peu profond(e)
rebocar remorquer
reboque, cabo de corde f de remorquage
recado message m
receber *(dinheiro)* encaisser
receita *(médica)* ordonnance f

receitar prescrire
recepção accueil m, réception f
recepcionista réceptionniste m/f
recheio farce f, garniture f
recibo reçu m, ticket de caisse m
reclamar *(restaurante, hotel)* se plaindre, réclamer
recomendar recommander; **você pode me ~…?** pouvez-vous recommander…?
reembolso remboursement m
refeição repas m
refresco boissons fpl
refrigerador réfrigérateur m, frigo m
refrigerante boisson f gazeuse
região région f
regime especial régimes mpl spéciaux
rei *(cartas, xadrez)* roi
Reino Unido Royaume-Uni
relâmpago foudre f
relatar rapporter
religião religion f
relógio *(de pêndulo)* pendule f; *(de pulso)* montre f; **pulseira de ~** bracelet m de montre; **~ digital** montre f à affichage numérique; **~ de luz** compteur m électrique
relojoeiro horloger m
remendar raccommoder
renda *(tecido)* dentelle f
rendondo(a) rond(e)
repelente crème/lotion f contre les insectes
repetir répéter; **você pode ~ isso?** pouvez-vous répéter ça?
representação représentation f
representante représentant m
representar *(teatro, cinema)* jouer
reserva *(mesa)* réservation f; *(hotel)*; *(trem)*; *(restaurante)*; *(avião)*; **balcão de ~** bureau m des réservations
reservar réserver
resfriado *(hotel)* rhume m
resort *(hotel)* station f de vacances
respirar respirer
ressaca gueule f de bois
restaurante restaurant m
restaurante-grill (restaurant)-gril m

retardar retarder
reto(a) droit(e); **sempre ~** tout droit
retornar retourner
retrovisor rétroviseur m
reumatismo rhumatisme m
revelação *(foto)* développement m; **~ em 24 h** développement en 24h
revelar *(fotos)* développer
revista magazine m
revoltante dégoûtant(e)
riacho ruisseau m
rim rein m
rinite alérgica rhume m des foins
rio rivière f; **cruzeiro pelo ~** croisière f sur la rivière
rir rire
rochedo rochers mpl
rodovia autoroute f; **assistência rodoviária** assistance f routière; **mapa rodoviário** carte f routière
rolha bouchon m
rolo *(para cabelo)* bigoudis mpl
romântico(a) romantique
rompido, estar *(músculo)* être déchiré(e)
rosa *(adj)* rose; *(s)* rose
rosto visage m
rota turística route f touristique
rotatória rond-point m
rotisseria traiteur m, charcutier m
roubado(a), ser être volé(e)
roubo vol m, cambriolage m; **isso é um ~!** c'est du vol!
roupa vêtements mpl; **loja de ~** magasin m de vêtements; **pregador de ~** épingles/pinces fpl à linge; **~ de baixo** survêtement m; *(esqui)* combinaison f; **~ de mergulho** combinaison f de plongée
roxo(a) violet(tte)
rua rue f; **~ principal** rue f principale; **~ transversal** rue f transversale
rugby rugby m
ruim mauvais(e)
ruína ruines fpl
rumo vers, en direction de
rush heure f de pointe

S

sábado samedi m
sabão savon m; **~ em pó para lava-louças** poudre pour lave-vaisselle f; **~ para roupa** lessive f
saber savoir; **eu não sei** je ne sais pas
sabonete savon m de toilette; savonnette f
sacar *(dinheiro)* retirer
saca-rolhas tire-bouchon m
saco sac; **~ de lixo** sac m poubelle; **~ plástico** sac (plastique) m
saguão *(hotel, teatro)* hall m d'entrée
saia jupe f
saída sortie f; sortie f (d'autoroute); *(alça de acesso)* bretelle f, intersection f; **na ~** à la sortie
sair sortir; **ele saiu** il est sorti
sal sel m
sala salle f; **~ de espera** salle f d'attente; **~ de jantar** salle f à manger; **~ de jogos** salle f de jeux
salada salade f
salva-vidas maître-nageur m
sandálias sandales fpl
sanduíche sandwich m
sangrar saigner
sangue sang m; **grupo sangüíneo** groupe m sanguin; **pressão sangüínea** tension f (artérielle)
sapateiro cordonnier m
sapato chaussures fpl; **troca da sola do ~** ressemelage m
satisfeito(a): não estou ~ com o serviço je n'en suis pas satisfait(e)/content(e) du service
saúde! *(brinde)* santé!; *(espirro)* à vos souhaits!
sauna sauna m
scooter scooter m
secadora essoreuse f
secretário(a) secrétaire m/f
seda soie f
sedativo sédatif m
sedento(a) assoiffé(e)
seguir suivre

segunda-feira lundi m
segundo(a) second(e), deuxième; ~ **andar** deuxième étage m; ~ **classe** deuxième classe f; **de ~ mão** d'occasion
seguradora compagnie f d'assurance
segurança sécurité f; *(profissional)* garde m chargé de la sécurité; **sentir-se em ~** se sentir en sécurité
seguro assurance f; **~-saúde** assurance f maladie; **~ total** assurance f tous risques; **certificado de ~** certificat m d'assurance; **~ contra terceiros** assurance f au tiers
seio sein m
seis six
self-service self-service m
selo timbre m; **máquina de ~** distributeur m (automatique) de timbres
sem sans
semáforo feu m (rouge)
semana semaine f; **todas as ~** chaque semaine
sempre toujours
senhor monsieur (M.); **caro ~** cher monsieur
senhora madame (Mme.); **cara ~** chère madame
senhoras *(toaletes)* femmes fpl. dames fpl
sentar-se s'asseoir; **sente-se, por favor** asseyez-vous, s'il vous plaît
separadamente séparément
separado(a), ser être séparé(e)
ser ser m; **eu sou** je suis; **nós somos** nous sommes
serrote scie f
serviço service m; **taxa de ~** service m; **o ~ está incluído?** le service est-il compris?
servido, estar *(refeição)* être servi
sete sept
setembro septembre m
seu, sua *(de você)* ton, ta; *(de vocês)* votre; **é o seu/a sua** c'est le tien/la tienne; c'est le/la vôtre; *(dele/dela)* son, sa; *(deles/delas)* leur; **é o seu/a sua** c'est le sien/la sienne; c'est le/la leur
seus, suas *(de você)* tes; *(de vocês)* vos; **são os seus/as suas** ce sont les tiens/les tiennes; ce sont les vôtres; *(dele/dela)* ses; *(deles/delas)* leurs; **são os seus/as suas** c'est les siens/les siennes; ce sont les leurs
sexo *(gênero)* sexe m; *(ato)* rapports mpl sexuels
sexta-feira vendredi m
short short m
show spectacle m; **~ de marionetes** spectacle m de marionnettes
significar signifier
silencioso(a) silencieux(-ieuse)
sim oui
sinagoga synagogue f
sinal, dar *(carro)* mettre son clignotant
sinalização *(rodovia)* pancartes fpl (routières)
sintético synthétique
sintoma symptômes mpl
ski lift remonte-pente m
slalom slalom m
smoking *(vestimenta)* smoking m
snack bar snack bar m, buffet m
snorkel tuba m (plongée)
sob sous
sobrar: sobrou algum? est-ce qu'il en reste?
sobre sur
sobrenome nom m de famille
sobrinha nièce f
sobrinho neveu m
soda-limonada limonade f
sofá canapé m; **~-cama** canapé-lit m
sogra belle-mère f
sogro beau-père m
sola *(sapato)* semelle f
solarium solarium m
soletrar épeler
sólido(a) solide
solteiro, ser être célibataire
soma *(quantia)* somme f, montant m
sombra ombre f; *(maquiagem)* fard m à paupières

sombreado(a) ombragé(e)
sonífero somnifère m
sorbet sorbet m
soropositivo(a) séropositif(-ive)
sorte: boa ~! bonne chance!
sorvete glace f; **~ de casquinha** cornet m de glace; **~ de chocolate** glace f au chocolat
sossegado(a) calme; **mais ~** plus calme
sozinho(a) seul(e), tout(e) seul(e)
squash squash m
subir monter
subsolo sous-sol m
substituição remplacement m; **peça de ~** pièce de rechange f
suco de fruta jus m de fruit
suficiente assez
sugerir suggérer
Suíça Suisse f
suíço(a) *(adj)* suisse; (s) Suisse m/f
sujo(a) sale
sul sud m
sul-africano(a) (s) Sud-africain(e) m/f
sunga slip de bain m
superaquecer surchauffer
superior supérieur(e)
supermercado supermarché m
suplementar supplémentaire
supositórios suppositoires mpl
surdo(a), ser être sourd(e)
suspeito(a) suspect(e)
sutiã soutien-gorge m
suvenir souvenir m

T

tabaco tabac m
tabela de conversão table f de conversion
taco *(golfe)* clubs mpl
talco talc m
talheres couverts mpl
talvez peut-être
tamanho taille f; hauteur f; *(sapatos)* pointure f
também aussi
tampa couvercle m
tapete tapis m; *(camping)* tapis m de sol
tarde tard; **mais ~** plus tard; *(s)* après-midi m; **de ~** l'après-midi m
taxa forfait m, taxe f; **pagar uma ~** payer une taxe; **~ de câmbio** taux m de change; **~ de rendimeto** taux m d'intérêt; **~ sobre valor agregado** taxe f à la valeur ajoutée (TVA)
táxi taxi m; **ponto de ~** station f de taxi
taxímetro compteur m
taxista chauffeur m de taxi
tchau! au revoir!, salut!
teatro théâtre m
tecido tissu m
tedioso(a) ennuyeux(se)
teleférico téléphérique m; *(cadeiras)* télésiège m; *(de arrasto)* remonte-pente m
telefonar téléphoner; **~ a cobrar** appeler en P.C.V.
telefone téléphone m; **cabine de ~** cabine f téléphonique; **cartão de ~** télécarte f, carte f de téléphone; **chamada telefônica** appel m téléphonique, coups mpl de téléphone; **conta de ~** note f de téléphone; **lista telefônica** annuaire m téléphonique; **número de ~** numéro m de téléphone; **~ de linha direta** téléphone m à ligne directe; **~ público** téléphone public m
televisão télévision f; **sala de ~** salle f de télévision; **revista de ~** magazine m de télévision; **~ a cabo** télévision f par câble
temperatura température f
tempo temps m; **muito ~** longtemps; **quanto ~?** combien de temps?; **~ livre** temps m libre
temporário(a) temporaire
tendão tendon m
tênis *(calçado)* (chaussures fpl de) tennis; chaussures fpl de sport
tênis *(jogo)* tennis m; **bola de ~** balle m de tennis; **quadra de ~** court m de tennis; **~ de mesa** tennis m de table
tentar essayer

ter, eu tenho j'ai; **nós temos** nous avons; **você tem…?** avez-vous…?
terça-feira mardi m
terceiro troisième
terço *(numeral)* tiers; **um ~** un tiers; *(s)* chapelet m
termômetro thermomètre m
terno costume m
terraço balcon m
térreo rez-de-chaussée m
terrível *(adj)* terrible
tesoura ciseaux mpl; **~ de unhas** ciseaux mpl à ongles
testemunha témoin m
tétano tétanos m
teto *(casa, carro)* toit m; **fixo no ~** fixe-au-toit m
tia tante f
time équipe f
tímido(a) timide
tio oncle m
típico(a) typique
tipo type m, genre m, sorte f; **de que ~?** quel genre?, quelle sorte?; **um ~ de** une sorte de
tíquete billet m; ticket m; **~ do caixa** ticket m de caisse; **~ do depósito de bagagem** ticket de consigne m
toaletes toilettes fpl; WC mpl
toalha de banho serviette f de bain; **~ de mesa** nappe f; **~ de rosto** serviette f de toilette, essuie-mains m
tocar *(música)* jouer; **~ um instrumento** jouer (d'un instrument); **~ música** jouer (de la musique)
todo(s), toda(s) tout (tous), toute(s)
tomada (elétrica) prise f électrique
tomar *(ônibus, remédio)* prendre
topo sommet m
torcer: torci o tornozelo je me suis foulé la cheville
torcicolo torticolis m
torneira robinet m
torradeira grille-pain m
torre tour f; *(xadrez)*
tosse toux f; **xarope para ~** sirop m contre la toux

tossir tousser
tour tour m; visite f
tóxico toxique
trabalhar travailler
tração nas quatro rodas à quatre roues f motrices
tradicional traditionnel(le)
tradução traduction f
tradutor(a) traducteur(-trice) m/f
traduzir traduire
tráfego circulation f
trailer camping car m; caravane f; **área de ~** terrain de camping/caravaning m
traje tenue f; **~ de noite** tenue f de soirée; **~ de passeio** tenue f de ville
trajeto trajet m
trancado, estar fermé (à clé); **está ~** c'est fermé à clé
trânsito, estar em être en transit
traveler's check chèque m de voyage
travesseiro oreiller m
travessia *(barco)* traversée f
trazer *(pessoa, animal)* amener, *(objeto)* apporter
trekking randonnée f, marche f
trem train m; *(metrô)* rame f
três trois
tribunal de justiça palais de justice m
trilha chemin m, sentier m
trilha natural monitorada circuit forestier éducatif m
trocar *(de ônibus)* changer; *(dinheiro); (reservas); (de trem); (bebê); (de pista); (de roupa)* se changer
troco monnaie f; **fique com o troco** gardez la monnaie
trombose thrombose f
túnel tunnel m
turismo tourisme m; **fazer ~ (a pé)** faire du tourisme (à pied); visiter la ville
turista touriste m

U

UE UE f
úlcera ulcère m
último(a) dernier(-ière)

um(a) un(e); **~ igual a esse(a)** un(e) comme ceci
umidade humidité f
úmido(a) humide
unidade unité f
uniforme uniforme m
universidade université f
urgente urgent
usar utiliser
uso: para meu ~ pessoal pour mon usage personnel
útil utile

V

vacina vaccin m
vacinação vaccination f
vacinado contra, ser être vacciné(e) contre
vaga *(camping)* emplacement m; **preço da ~** prix m de l'emplacement
vagão wagon m; **~-leito** wagon-lit m; **~-restaurante** wagon-restaurant m
vale vallée f
vale-postal mandat m
valete *(cartas)* valet m
validar *(bilhete de trem/ônibus)* composter
válido valable
valor valeur f; **de ~** de (grande) valeur
van monospace m
vara de pesca canne f à pêche
varejo détail m; **venda a ~** vente au détail
vassoura balai m
vazar: ... está vazando ... fuit
vazio(a) vide
vegetariano(a) végétarien(ne) m/f; **ser ~** être végétarien(ne)
veia veine f
veículo véhicule m; **documentos do ~** carte f grise; **~ off-road** véhicule m tout-terrain, quatre-quatre m; **~ de tirar neve** chasse-neige m
vela bougie f
veleiro voilier m, bateau m à voiles
velho(a) vieux (vieille)
veludo velours m

vendedor(a) vendeur(-euse) m/f
vender vendre
veneno poison m
veneziana volet m
ventilador ventilateur m
vento: tem ~ il y a du vent m
ver voir; **~ novamente alguém** revoir quelqu'un
verão été m
verdade: isso não é ~ ce n'est pas vrai; **é ~** c'est vrai
verdadeiro(a) vrai(e); *(legítimo)* véritable
verde vert(e)
verdureiro marchand m de fruits et légumes
verificar vérifier; **você pode ~?** pouvez-vous vérifier?
vermelho rouge
vertigem, ter avoir le vertige
vespa guêpe f
vestiário vestiaire m
vestido robe f
veterinário(a) vétérinaire m
vez fois f; **uma ~ por semana** une fois par semaine; **é a minha ~** c'est ma tournée
via voie f; **~ férrea** voie ferrée f
viagem voyage m
viajar voyager
videocassete magnétoscope m; *(fita)* cassette vidéo f
videogame jeu vidéo m
vidro verre m
vigia gardien(ne) m/f; **~ noturno** gardien de nuit m
vinha vigne f
vinhedo vignoble m
vinho vin m; **caixa de ~** caisse de vins; **carta de ~** carte f des vins; **~ branco** vin m blanc; **~ tinto** vin m rouge
violão guitare f
virar *(direção)* tourner
visita visite f; **horário de ~** heures fpl de visite; **~ guiada** visite f guidée; **~ turística** visite f touristique

visitar visiter; *(pessoa em hospital)* venir voir
vista panorama m; **com ~ para o mar** avec vue sur la mer
visto visa m; **~ de entrada** visa m d'entrée
vitaminas vitamines fpl
vitrine vitrine f
viver vivre; **~ juntos** vivre ensemble
vizinho(a) voisin(e) m/f
você é/está…? est-ce que vous êtes…?
você, vocês tu, vous
volante à direita volant m à droite
voltagem voltage m
voltar revenir; **~ para buscar** revenir chercher
vomitar vomir; **vou ~** je vais vomir
vôo vol m; **número do ~** numéro m de vol; **~ charter** vol m charter; **~ livre** vol m libre; **~ normal** vol m normal; **~ planado** vol m plané
votos: meus melhores ~ para meilleurs vœux à…
voz voix f

W

walkman® baladeur m, walkman® m
windsurf planche f à voile; **praticar ~** faire de la planche à voile

X

xadrez *(jogo)* échecs mpl; jeu m d'échecs
xampu shampooing m; **~ para cabelos secos/oleosos** shampooing m pour cheveux secs/gras
xícara tasse f

Z

zero zéro m
zíper fermeture f éclair
zona zone f
zoologia zoologie f
zoológico zoo m

Dicionário Francês-Português

Este dicionário Francês-Português abrange todas as áreas nas quais você possa precisar entender o francês escrito: hotéis, prédios públicos, restaurantes, lojas, bilheterias e meios de transporte. Também irá ajudar você a entender formulários, mapas, rótulos de produtos, sinalização nas estradas, instruções de uso (telefones, parquímetros etc.). Caso não consiga localizar o termo exato, você poderá encontrar as palavras-chave listadas separadamente.

A

à la... ... à moda de; ao estilo de
abonnement assinatura (de jornal, revista etc.)
abribus abrigo de ônibus
l'accès aux véhicules est interdit pendant la traversée o acesso aos veículos é proibido durante a travessia
accès réservé aux voyageurs munis de billets acesso reservado aos viajantes munidos de bilhete
accôtements non stabilisés acostamento irregular
ACF Associação Automobilística Francesa
acier aço
ACS Associação Automobilística Suíça
administration administração
adresse domicile endereço residencial
adressez-vous à la réception dirija-se à recepção
aérogare aeroporto, terminal aéreo
affranchissement liberação
agence de spectacles agência de espetáculos (venda de ingressos)
agence de voyage agência de viagem
agence immobilière agência imobiliária
agent de la RATP fiscal do metrô
aire de croisement área de passagem
aire de pique-nique área de piquenique
aire de repos/de stationnement área de descanso/de estacionamento
aller-retour ida e volta
aller-simple só ida
allumez vos feux/phares de route/croisement acenda os faróis/ de estrada/cruzamento
alpinisme alpinismo
altitude par rapport au niveau de la mer altitude em relação ao nível do mar
ambassade embaixada
amélioré reformado
ameublement mobiliário
ampoules auto-cassables ampolas autoquebráveis
anglais inglês
annuaire téléphonique lista telefônica
annulé anulado, cancelado
août agosto
appareils photo interdits proibido o uso de câmeras fotográficas
appuyer pour ouvrir apertar para abrir
après-demain depois de amanhã
l'après-midi a tarde
argent dinheiro
arrêt de bus parada, ponto de ônibus
arrêt facultatif parada facultativa
arrêt interdit proibido parar
arrêtez votre moteur desligue o motor
arrivées chegadas
arrondissement distrito
articles vendus avec défaut artigos com defeito
ascenseur elevador
atelier d'artiste ateliê de artista
attachez vos ceintures (de sécurité) apertem os cintos (de segurança)
attendez votre billet espere pelo bilhete/cédula
attendre la tonalité esperar o tom (telefone)
attente d'environ ... mn espera de cerca de... minutos
attention atenção, cuidado

attention à la fermeture automatique des portières atenção: fechamento automático das portas
attention à la marche atenção: degrau
attention bétail atenção: travessia de animais
attention station en courbe atenção: estação em curva (metrô)
auberge de jeunesse albergue da juventude
aujourd'hui hoje
autocar ônibus de viagem
automne outono
autoroute auto-estrada
autoroute à péage auto-estrada pedagiada
autres directions outras direções
avant... antes...
avant les repas antes das refeições
avec douche com chuveiro
avec nos remerciements com nossos agradecimentos
avec plomb com chumbo
avec salle de bains com banheiro (chuveiro)
avec vue sur mer com vista para o mar
avion avião
avis de coup de vent aviso de rajadas de vento
avril abril

B

baie baía
baignade surveillée local de banho supervisionado por salva-vidas
bains publics banhos públicos
bande d'arrêt d'urgence acostamento, faixa de emergência
banlieue subúrbio
banque banco
bassin represa, piscina
bassin d'alimentation reservatório
bateau barco
bateau à vapeur barco a vapor
bateaux-mouches barcos de passeio
bazar bazar
bd (boulevard) bulevar
berge margem (rio, canal)
bibliothèque biblioteca

bienvenue! bem-vindo!
bière cerveja
bijoutier joalheiro
billet bilhete, cédula
billet Section Urbaine bilhete válido para metrô, RER e trem de subúrbio
billets périmés bilhetes sem validade
"le blanc" roupa de casa
blanchisserie lavanderia
bois madeira
boissons bebidas
bonnes affaires pechinchas
bonnets de bain obligatoires toucas de banho obrigatórias
boucherie açougue
bouchons congestionamentos
boulangerie padaria
boules espécie de bocha (jogo)
bourse bolsa de valores
bouteille consignée garrafa retornável
boutique hors-taxes loja *duty-free*
BP caixa postal
braderie liquidação, venda ao ar livre
bricolage et jardinage loja de bricolagem e jardinagem
brocante(ur) loja (vendedor) de objetos antigos/usados
brouillard fréquent neblina freqüente
bureau d'accueil balcão de recepção
bureau d'information balcão de informações
bureau de change casa de câmbio
bureau de vente (des billets) guichê de venda (de bilhetes)
bureau des objets trouvés balcão de achados e perdidos

C

cabine d'essayage provador
cabine de bain cabine de banho
cabine de téléphérique cabine de teleférico
cabinet médical/dentaire consultório médico/dentário
cachets comprimidos, drágeas
cadeau gratuit brinde
cadeaux brindes, presentes
caisse caixa (registradora)

caisse 5 articles embalagem para 5 itens ou menos
caisse d'épargne caixa econômica (poupança)
caisse livraison à domicile caixa para entrega em domicílio
caisse rapide/éclair caixa rápida
caissiers caixa (funcionário)
camion caminhão
canne à pêche vara de pesca
canton cantão, distrito administrativo
caravane trailer
carnet carnê (de bilhetes)
carrosserie carroceria, funilaria
carte d'abonnement carnê de assinatura
carte d'assuré social cartão de segurado social
carte d'embarquement cartão de embarque
carte d'identité carteira de identidade
carte orange bilhete mensal de metrô/ônibus de Paris
carte routière mapa rodoviário
carte téléphonique cartão telefônico
les cartes de crédit ne sont pas acceptées cartões de crédito não são aceitos
caserne de pompiers corpo de bombeiros
casque capacete
casser la vitre en cas d'urgence quebrar o vidro em caso de emergência
ce bus dessert… este ônibus serve…
ce matin esta manhã
ce soir esta noite
ce train desservira les gares de… este trem serve as estações de…
cet appareil rend la monnaie este aparelho fornece troco
cédez le passage dê passagem
ceinture cadeia (montanhas)
ceinture de sauvetage cinto de segurança
centre commercial centro comercial, *shopping center*
centre médico-social centro médico-social, posto de saúde
centre ville centro da cidade
cet après-midi esta tarde
cette machine ne rend pas la monnaie esta máquina não fornece troco
CH Suíça
chaise longue espreguiçadeira
chambre d'hôte quarto com café-da-manhã; **la chambre a besoin d'être faite** o quarto precisa ser arrumado
chambres à louer quartos para alugar
chambres libres quartos vagos
champ campo
change troca, câmbio
changer à… trocar por…
charcuterie *delicatessen*, rotisseria
charge maximum carga máxima
chariots carrinhos
chasse caça
château castelo, residência oficial (de Estado)
chaud quente
chaussée déformée pavimentação irregular
chaussée glissante/verglacée pavimentação escorregadia/com placas de gelo
chaussures sapatos
chemin caminho
(les) chèques ne sont pas acceptés cheques não são aceitos
chez em (na casa de)
chien méchant cão bravo
choisir la destination/la zone escolher o destino/a zona
au choix à escolha
Chronopost® correio expresso
chutes de pierres queda de pedras
cimetière cemitério
cinéma permanent cinema permanente
cinq ampères cinco ampères
circulation interdite tráfego proibido
circulation opposée tráfego em sentido contrário
circulation ralentie tráfego lento
citoyens (non-)européens cidadãos (não-)europeus
classé monument historique classificado como monumento histórico
clé minute chaveiro
climatisé climatizado
club de voile clube de vela

coiffeur cabeleireiro
coiffeur pour hommes cabeleireiro masculino
coiffeur-visagiste cabeleireiro-maquiador
col desfiladeiro
Colissimo envio por correio expresso
collège colégio, ensino secundário
colline colina
commence à... começa às...
commissariat (de police) delegacia (de polícia)
complet completo, lotado
complexe industriel complexo industrial
composez votre code confidentiel digite sua senha
composez votre numéro digite seu número
compostez votre billet valide seu bilhete
compris incluído (no preço)
compteur électrique relógio de luz
comptoir d'enregistrement balcão de registro
concierge zelador
concours concurso
conducteur/conductrice condutor(a), motorista
confiseur confeiteiro
confiture geléia
congelé congelado
conseillé aconselhado, recomendado
conseils de préparation conselhos de preparação
conservateurs conservantes
à conserver au congélateur/réfrigérateur conservar no congelador/freezer
à conserver au frais conservar em local fresco
conservez votre ticket de caisse/titre de transport conserve o tíquete do caixa/bilhete
consigné retornável
consigne automatique depósito automático de bagagens
consigne manuelle depósito manual de bagagens
consommation au comptoir consumo no balcão

à consommer de préférence avant fin... consumir de preferência antes de...
consultations consultas, sala de consultas
conteneur papier recipiente para papel
conteneur verre recipiente para vidro
contre-allée pista lateral
contrôle des douanes controle alfandegário
convient aux végétariens/végétaliens adequado para vegetarianos
convoi exceptionnel veículo longo
cordonnier sapateiro
correspondance conexão, baldeação
côte costa
couloir d'autobus corredor de ônibus
cour pátio
cours du change taxa de câmbio
cousu main costurado à mão
crème peaux grasses/sèches creme para peles oleosas/secas
crème solaire (indice 8) protetor solar (fator 8)
crémerie laticínios (loja, seção)
croisement cruzamento
croisières cruzeiros marítimos
à croquer para mastigar
CRS polícia francesa
c centavo
cuir couro
cuisine cozinha
cuisson sans décongélation aquecer sem descongelar
CV cavalo-vapor (potência)

D

dames senhoras (toaletes)
danger de mort perigo de morte
date d'expiration data de expiração
date de fraîcheur melhor consumir antes de
date de naissance data de nascimento
date de péremption data de validade
date limite de vente data limite de venda
de... à... de... a...
débranché desligado
début d'autoroute início de auto-estrada
déchetterie depósito de lixo
déchirer ici rasgar aqui

décoration decoração
décrochez tire do gancho (telefone)
défense d'entrer proibido entrar
dégustation de vins degustação de vinhos
demain amanhã
demander un vendeur chamar um vendedor
demi-pension meia-pensão
déposer vos clés à la réception entregar as chaves na recepção
dépôt d'ordures interdit proibido depositar lixo
dépôts et retraits depósitos e retiradas
dernière entrée à... última entrada às...
dernière station essence avant l'autoroute/la voie rapide último posto de gasolina antes da auto-estrada/via expressa
descente en rappel rapel
deuxième étage segundo andar
déviation obligatoire pour véhicules lourds desvio obrigatório para veículos pesados
devises étrangères moedas estrangeiras
dimanche domingo
Dimanche de Pâques Domingo de Páscoa
directeur diretor
disquaire vendedor de discos
dissoudre dans un peu d'eau dissolver em um pouco de água
distribanque/distributeur automatique caixa automático
dons doações
dos d'âne (en voie de formation) lombada
douanes alfândega
doublé dublado
douches duchas

E

€ euro
eau courante água corrente
eau (non) potable água (não) potável
échange câmbio
échangeur (d'autoroute) interligação (de auto-estrada)
échelle escada de mão
école escola
écran total bloqueador solar
effets indésirables efeitos colaterais
église igreja
électro-ménager eletrodoméstico
embarquement en cours embarque imediato
embarquement immédiat última chamada (para embarque)
emplacement gravier/herbeux/sableux vaga em *camping* sobre pedra/grama/areia
empruntez le passage souterrain utilize a passagem subterrânea
en bas embaixo
en cas d'accident, prière de téléphoner à.../de contacter... em caso de acidente, favor telefonar para.../entrar em contato com...
en cas d'incendie em caso de incêndio
en chantier em obras
en dehors des repas fora das refeições
en haut em cima
en plein air em pleno ar
en (projet de) construction em (projeto de) construção
en retard atrasado(a)
en vente ici à venda aqui
enceinte muralha (em torno das cidades)
enfants crianças
entre... et... entre... e...
entrée entrada
entrée gratuite entrada gratuita
entrée interdite entrada proibida
entrée – ne pas stationner entrada – não estacionar
entrer par la porte arrière/avant entrar pela porta de trás/da frente
enregistrement check-in
envois en nombre mala direta
épicerie mercearia
épicerie fine mercearia fina
équitation equitação
escalade escalada
escalier de service escada de serviço
espèces dinheiro vivo
essence (sans plomb) gasolina (sem chumbo)
essorage secagem

(d')est (do) leste
étang represa, lago
été verão
éteignez/éteindre apague/apagar
étranger estrangeiro
étudjant estudante
EU (Etats-Unis) Estados Unidos
événement evento
évêque bispo
excédent de bagages excesso de bagagem
exigez votre reçu exija o recibo
exp./expéditeur rem./remetente
extincteur extintor (de incêndio)

F

fabriqué en... fabricado em...
faille falha (geol.)
faire la queue derrière la barrière fazer fila atrás da barreira
fait main feito à mão
fait maison caseiro
fait sur mesure feito sob medida
falaise falésia
farine farinha
fauteuil (près du) hublot assento (perto da) janela
femmes mulheres (toaletes)
fer ferro
ferme fazenda
fermé fechado
fermé pendant les travaux fechado para obras
fermer la porte fechar a porta
fermeture annuelle fechado para férias
fermeture automatique des portières portas automáticas
fête nationale feriado nacional
feux d'artifice fogos de artifício
feux interdits proibido fazer fogo/fogueira
février fevereiro
film en version française/originale filme em versão francesa/original
fin d'autoroute fim de auto-estrada
fin d'interdiction de stationner fim da proibição de estacionar
fin de BAU fim do acostamento
fin de travaux fim das obras (na estrada)

fleuriste florista
foire feira
fois: ... fois par jour ... vezes por dia
forêt floresta
frais fresco
frais d'opérations custo da operação
franc franco (Suíça)
français francês
frapper bater
frère irmão
froid frio
fromage queijo
fumeurs fumantes

G

galerie galeria
garage en sous-sol garagem no subsolo
gardien vigia
gare (ferroviaire/SNCF) estação (ferroviária)
gare routière terminal rodoviário
gas oil diesel
gélules cápsulas gelatinosas
gendarmerie nationale guarda nacional
généraliste clínico geral
gilets de sauvetage coletes salva-vidas
gîte d'étape pousada
gîte rural pousada rural
gouttes dropes
gradin arquibancada
grand grande
grand bassin piscina profunda
grand magasin loja de departamentos
grand teint cor firme
grande surface supermercado, loja de departamentos
grandes lignes grandes linhas (de trem)
gratuit gratuito
gravillons cascalhos (na estrada)
grotte gruta
groupes acceptés grupos aceitos
groupe sanguin grupo sangüíneo
guichet guichê, bilheteria

H

h. hora
habit de rigueur traje a rigor
habitation à loyer modéré (HLM) apartamento de aluguel subvencionado

halle mercado, feira coberta
hammam banho turco
haut-lieu historique local histórico importante
haute tension alta-tensão
hauteur limitée à... m altura limitada a... metros
hebdomadaire semanal
heures d'ouverture horário de abertura
heure hora
heures de levée horário de coleta (do correio)
hippodrome hipódromo
hiver inverno
hommes homens (toaletes)
hôpital hospital
horaires (d'été/d'hiver) horário (de verão/de inverno)
horaires d'ouverture horário de abertura
horaires de vacances horário de férias
horloger relojoeiro
horodateur parquímetro
hors service fora de serviço
hôtel de ville prefeitura
hôtesse de l'air aeromoça
huile óleo
hydroptère aerobarco

I

ici aqui
ici on brade tout em liquidação
ici on vous sert servem-se refeições
immeuble imóvel, prédio de apartamentos
impasse rua sem saída
indéformable não deforma
infirmerie enfermaria
infirmières enfermeiras
information clientèle informação ao cliente
informations de vol informações de vôo
insérez pièce insira uma moeda
insérez votre billet insira o bilhete
insérez votre carte insira o cartão
interactions médicamenteuses interações medicamentosas
interdiction de déposer des ordures proibido jogar lixo
interdit (de)... proibido...
interdit à toute circulation proibido o tráfego (de veículos)
interdit aux deux roues proibido o tráfego de bicicletas e motocicletas
interdit aux enfants de moins de .... proibido para crianças com menos de...
interdit aux mineurs non accompagnés proibido para menores desacompanhados
interdit sauf aux riverains proibido, exceto para moradores
intérieur interior
introduire carte/les pièces introduzir cartão/moedas
issue de secours saída de emergência
itinéraire bis trajeto alternativo
itinéraire de déviation trajeto de desvio
itinéraire obligatoire pour véhicules lourds trajeto obrigatório para veículos pesados

J

janvier janeiro
jardin public jardim público
jardinerie loja de jardinagem
jeudi quinta-feira
à jeun em jejum
jeunesse juventude
jeux de ballon interdits proibido jogar bola
jouets brinquedos
jour de fermeture dia de fechamento
jour férié feriado
le jour de l'An primeiro dia do ano
journal féminin revista feminina
jours de semaine dias úteis
jours pairs/impairs (estacionamento permitido em) dias pares/ímpares
juillet julho
juin junho
jus de fruits suco de frutas
jusqu'à até

L

lac lago
laine lã
laisser descendre les passagers deixe os passageiros descerem
laisser fondre dans l'eau/la bouche deixe dissolver na água/boca
laisser vos sacs à l'entrée du magasin deixe a bolsa/sacola na entrada da loja
langues étrangères línguas estrangeiras
lavable en machine lavável à máquina
lavabo lavabo
lavage à la main lavagem à mão
laver séparément lavar separadamente
layette enxoval de bebê
légumes legumes
lettre recommandée carta registrada
lever de rideau o levantar da cortina
libérer votre chambre avant... libere o quarto antes das...
librairie livraria
libre livre, vago
libre-service bancaire auto-atendimento bancário
lieu de bataille local de batalha
lieu de naissance local de nascimento
lieu touristique local turístico
ligne de bus linha de ônibus
ligne directe linha direta
ligne réservée linha reservada
limitation de vitesse velocidade limitada
lin linho
linge de maison roupa de casa
liquidation liquidação
liquide em dinheiro
livraisons uniquement unicamente entregas
livre sterling libra esterlina
livres de poche livros de bolso
location de voitures locação de carros
locations casas/apartamentos/vagas para temporada
logement acomodações
loisirs lazer, *hobby*
lot lote, pacote (com várias unidades)
lotion après-soleil loção pós-sol
lotissement loteamento
loto loteria
à louer aluga-se
lundi segunda-feira
Lundi de Pâques Pascoela (segunda-feira depois da Páscoa)
lunettes de soleil óculos escuros/de sol
lycée liceu, escola de segundo grau

M

M. (Monsieur) Sr.
magasin d'antiquités loja de antiguidades
magasin de diététique loja de produtos dietéticos
magasin de jouets loja de brinquedos
magasin d'usine loja de fábrica
mai maio
maigre magro, baixo teor de gordura
mairie prefeitura
maison casa
maison de la presse banca de jornais
maison de village casa com varanda
maison à louer casa para alugar
mandats postaux vales postais
manoir solar, residência senhorial
manette du signal d'alarme alavanca do alarme
marais brejo, pântano
marchand de légumes verdureiro, quitandeiro
marchandises hors-taxes mercadorias isentas
marche caminhada, *trekking*
marché mercado, feira
marché aux puces mercado de pulgas
mardi terça-feira
mare charco
mars março
match aller turno (jogo)
match retour returno (jogo)
matière grasse gordura
mazout *diesel*
le matin de manhã
Me. (Maître) advogado (título)
médecin médico
meilleur au monde melhor do mundo
mensuel mensal
menu fixe/à... menu fixo/a... euros
menu minceur cardápio *light*
mer mar
merci pour vos dons obrigado(a) pela doação
mercredi quarta-feira

mère mãe
messieurs senhores (toaletes)
météo meteorologia
métro metrô
mettez vos chaînes utilize correntes (nos pneus sob neve)
mettre la pièce et prendre le ticket insira a moeda e retire o tíquete
meublé mobiliado (alugado com mobília)
meubles móveis
midi meio-dia
(du) midi (do) sul
minuit meia-noite
mise en fourrière immédiate sujeito a guincho
Mlle. (Mademoiselle) Srta.
Mme. (Madame) Sra.
mode d'emploi manual de instruções
au moins ao menos
à moitié prix pela metade do preço
moniteur (de voile) instrutor (de vela)
montagne montanha
montant exact montante exato
monument aux morts monumento aos mortos
monument classé monumento classificado histórico
mosquée mesquita
mouillage interdit proibido ancorar
moulin à vent moinho de vento
mur parede
musée museu

N

natation natação
navette translado gratuito (de ônibus)
ne circule pas le dimanche não circula aos domingos
ne contient pas de... não contém...
ne laissez pas vos bagages sans surveillance nem deixe suas bagagens sem vigilância
ne pas affranchir não é necessário selar
ne pas avaler não engolir
ne pas brûler não aproximar do fogo
ne pas consommer sans avis médical não consumir sem consultar um médico
ne pas courir não correr
ne pas déranger não perturbar
ne pas doubler não ultrapassar
ne pas exposer à la lumière não expor à luz
ne pas fumer dans le pont des véhicules não fumar no convés de veículos
ne pas klaxonner não buzinar
ne pas laisser à la portée des enfants não deixar ao alcance das crianças
ne pas laisser d'objets de valeur dans les voitures não deixar objetos de valor nos carros
ne pas marcher sur les pelouses não pisar na grama
ne pas parler au conducteur não conversar com o motorista
ne pas repasser não passar a ferro
ne pas se pencher hors des fenêtres não se debruçar sobre a janela
ne pas traverser les voies não atravessar as vias
neige glacée neve congelada
neige lourde/mouillée/poudreuse neve pesada/molhada/fresca
nettoyage à sec lavagem a seco
ni repris, ni échange não aceitamos devolução ou troca
nids de poules depressão (na via)
niveau intermédiaire nível intermediário
niveau de la mer nível do mar
Noël Natal
nom de famille sobrenome
nom de jeune fille sobrenome de solteira
nom de l'époux/l'épouse sobrenome do esposo/da esposa
non compris não-incluído (no preço)
non consigné não-retornável
non-fumeurs não-fumantes
(du) nord (do) norte
normal gasolina comum
normes de qualité normas de qualidade
nos suggestions nossas sugestões
notez le numéro de votre emplacement anote o local de estacionamento
n'oubliez pas de... não se esqueça de...
n'oubliez pas de composter votre billet não se esqueça de validar o tíquete
n'oubliez pas le guide não se esqueça do seu guia
nous acceptons les cartes de crédit aceitamos cartões de crédito

nous achetons et revendons compramos e vendemos
nous déclinons toute responsabilité en cas de dommage ou vol não nos responsabilizamos em caso de dano ou furto
nouveau novo
nouveautés novidades
Nouvel An Ano Novo
nouvelle signalisation novo sistema de sinalização
nouvelles notícias
nuit noite
numéro d'immatriculation placa do veículo
numéro de secours número de emergência
numéro de siège número do assento
numéro de vol número do vôo
numéro vert chamada gratuita
numérotez disque, tecle

O

objets perdus/trouvés objetos perdidos/achados
occasions objetos usados
(d')occident (do) ocidente
office du matin missa da manhã
office du soir missa da noite
l'office est commencé missa iniciada
on achète à... compra-se a...
on demande des... exige-se...
on n'accepte pas les cartes de crédit não aceitamos cartões de crédito
on parle portugais fala-se português
on vend à... vende-se a...
opticien/optique óptica
or ouro
ordinaire gasolina comum
ordinateurs computadores
ordonnance receita médica
(de l')orient (do) oriente
orientations orientação, direção
(de l')ouest (do) oeste
ouvert aberto
ouvert 24 heures sur 24 aberto 24 horas
ouvert le/les ... aberto às/aos...
ouvert(ure) abertura
ouvrir ici abrir aqui

P

pages jaunes páginas amarelas
pain pão
palais de justice tribunal de justiça
palais des congrès palácio das convenções
panier cesta de compras
papiers papéis
papeterie papelaria
Pâques Páscoa
paquets pacotes
par jour/semaine por dia/semana
parapente parapente
parc d'attractions parque de diversões
parcmètre parquímetro
parcotrain estacionamento para usuários do trem
parfum perfume, sabor
parking à étages estacionamento em níveis
parking clients/clientèle estacionamento para clientes
parking longue/courte durée estacionamento de longa/curta duração
parking payant estacionamento pago
paroisse paróquia
parterre platéia (teatro)
à partir de... a partir de...
passage à niveau automatique/manuel passagem de nível automática/manual
passage clouté faixa de pedestres
passage interdit passagem proibida
passage piétons faixa de pedestres
passage sous-terrain passagem subterrânea
passe au lave-vaisselle vai no lava-louças
passe au micro-ondes vai no microondas
pâtes massas
patientez aguarde
patinage patinação
patins à glaces patins de gelo
pâtisserie doceria
pavillon pavilhão
pavillon de banlieue bangalô
payez à l'horodateur pague no parquímetro

payez à l'ordre de... pague à ordem de...
payer au guichet pagar no guichê
payez avant de vous servir pague antes de se servir
payer comptant pagar em dinheiro
payez en entrant pague na entrada
PCV ligação a cobrar
péage pedágio
pêche à la ligne pesca com linha
pêche interdite proibido pescar
peinture fraîche pintura fresca
pendant... jours durante... dias
pendant le service durante o serviço
pendant les repas durante as refeições
péniches barcaças
péninsule península
pension complète pensão completa
pension de famille pensão familiar
pente declive
Père/père fr. Pai (rel.)/pai
périphérique (extérieur/intérieur) anel viário (exterior/interior)
permis de conduire habilitação, carteira de motorista
permis obligatoire permissão obrigatória
pétanque espécie de jogo de malha
petit pequeno
petit bassin piscina rasa
petit déjeuner café-da-manhã
p. ex. por exemplo
phare farol
pharmacie (de garde) farmácia (de plantão)
pièce moeda
piétons pedestres
piscine (dé)couverte piscina (des)coberta
piste pista (de esqui)
piste bleue pista para esquiadores intermediários
piste cyclable ciclovia
piste de cours pista de corrida
piste rouge/noire pista para esquiadores experientes/avançados
piste verte pista para esquiadores principiantes
PJ departamento de investigações criminais
place praça

placer le ticket derrière le pare-brise colocar o tíquete por trás do pára-brisa
places assises seulement somente lugares sentados
plage (nudiste) praia (de nudismo)
plan du magasin mapa da loja
planche à voile windsurf
planche de surf prancha de surf
plaque minéralogique placa do veículo
plongée interdite proibido mergulhar/nadar
plat du jour prato do dia
plats à emporter comida para viagem
plongeoir trampolim
poids de bagages autorisé peso de bagagem autorizado
poids lourd carga pesada
poids maximum autorisé en charge peso máximo de carga autorizado
poids net peso líquido
point d'eau ponto de água
point de rassemblement ponto de encontro
point de rendez-vous/rencontre ponto de encontro
point de vue mirante
point noir ponto cego
point téléphone telefone público
poisson peixe
poissonnerie peixaria
police (de la route) polícia rodoviária
pompe à essence bomba de gasolina
pompiers bombeiros
pont ponte
pont basculant ponte móvel
pont cabines convés com cabines (navio)
pont des véhicules convés de veículos (navio)
pont promenade convés principal
port porto
port du casque obligatoire uso do capacete obrigatório
porte (d'embarquement) portão (de embarque)
porte anti-incendie porta corta-fogo
porte de secours porta de emergência

les portes seront fermées... minutes après le début de la représentation as portas serão fechadas... minutos após o início da apresentação
portier de nuit porteiro noturno
posologie posologia
poste (agência de) correio
poulailler galinheiro; galeria (de teatro)
pour cheveux gras/normaux/secs para cabelos oleosos/normais/secos
pour débutants para principiantes
pour deux personnes para duas pessoas
pour obtenir la réception, composez le... para falar com a recepção, disque/tecle...
pour obtenir un numéro à l'extérieur, composez le... para ligações externas, disque/tecle...
pour tout échange, conservez votre ticket de caisse para qualquer troca, conserve o tíquete do caixa
pour tous renseignements, s'adresser à para todas as informações, dirija-se a...
pour usage externe para uso externo
2 pour le prix de 1 leve dois e pague um
pourboire gorjeta
pousser empurrar
précautions d'emploi precauções de uso
premier balcon balcão nobre
premier étage primeiro andar
première classe primeira classe
premiers secours primeiros socorros
prendre/prenez le ticket pegar/pegue o tíquete
à prendre après les repas/à la fin des repas tomar após/no final das refeições
prenez un jeton à la caisse pegue uma ficha no caixa
préparation rapide preparação rápida
présentez vos papiers apresente seus documentos
présenter vos sacs ouverts à la sortie du magasin apresente sua bolsa/sacola aberta na saída da loja
pressing lavanderia (a seco)
prière de... favor...
prière de présenter la somme exacte favor apresentar a quantia exata (não damos troco)

prière de s'essuyer les pieds avant d'entrer favor limpar os pés antes de entrar
prières orações
primeur (frutas e legumes) fora de época
printemps primavera
priorité à droite prioridade à direita
prise en charge taxa mínima
prise pour rasoirs seulement tomada somente para barbeadores
privé privado
prix au litre preço por litro
prix cassés preços reduzidos
prix des chambres preço dos quartos
prix nets sem desconto
prochain arrêt próxima parada
prochaine levée à... h próxima coleta às... horas
prochaine séance/visite à... próxima sessão/visita às...
proche des commerces/plages próximo do comércio/da praia
produits congelés produtos congelados
produits diététiques produtos dietéticos
produits laitiers laticínios
propriété privée propriedade privada
P&T correio e telecomunicações
PTT correio, telégrafo e telefone (Bélg., Suíça)
puits poço
PV tíquete de estacionamento

Q

quai cais
quartier d'affaires bairro de negócios
quincaillerie loja de ferragens

R

rabais abatimento
radeaux de sauvetage botes salva-vidas
rafraîchissements refrescos
ralentir diminuir a velocidade
ralentissement diminuição da velocidade
ralentisseurs lombadas
Rameaux (Domingo de) Ramos
rangée fileira
RATP transporte público parisiense
rayon departamento (de lojas)
réactualisé renovado

réduction redução
refermer la barrière fechar novamente a barreira
régime dieta
remboursement reembolso
remis à jour reatualizado
renseignements informações
réparations consertos
représentation apresentação
RER trens metropolitanos parisienses
réseau rede
réservations faites à l'avance reservas antecipadas
réservations pour la représentation de ce soir reservas para a apresentação desta noite
réservé reservado
réservé au fret somente para frete
réservé aux riverains (acesso) reservado aos moradores
réservés aux abonnés reservados aos assinantes
résidence residência
résiste aux chocs resistente aos impactos
restez en première mantenha (o carro) em primeira
retard de... mn/h atraso de... minutos/horas
retardé adiado
retirez votre argent/carte retire seu dinheiro/cartão
retrait des bagages retirada de bagagens
retraits retiradas
revue revista
revue de bandes dessinées revista em quadrinhos
rez-de-chaussée térreo
rez-de-jardin apartamento térreo com jardim
RF República Francesa
rien à déclarer nada a declarar
risque d'orages risco de tempestade
riverains autorisés moradores autorizados
rivière rio
RN rodovia nacional
rocade anel viário
romans romance, novela
rond-point rotatória
roulez à droite conduza à direita

roulez au pas conduza devagar
route estrada
route à péage estrada pedagiada
route à quatre voies estrada de quatro faixas
route départementale estrada secundária
route en travaux estrada em obras
route étroite estrada estreita
route fermée estrada fechada
route nationale estrada principal
route verglacée estrada com placas de gelo
RU (Royaume-Uni) Reino Unido
rue rua
rue à double sens rua de mão dupla
rue à sens unique rua de mão única
ruelle ruela
ruisseau riacho

S

s/ sobre
SA S.A.
sables mouvants areia movediça
la Saint-Sylvestre São Silvestre (véspera de Ano Novo)
salle sala
salle à manger sala de jantar
salle d'attente sala de espera
salle de bains sala de banho, banheiro (com chuveiro)
salle de jeux sala de jogos
salle de petit déjeuner sala de café-da-manhã
salle de réunion sala de reunião
salle en étage sala em mezanino
salon salão
samedi sábado
SAMU serviço médico de emergência
sanisette banheiro público automático
sans arrêt jusqu'à... sem parada até...
sans entracte sem intervalo
sans issue sem saída
sans plomb sem chumbo
sans sucre sem açúcar
sauf le... exceto...
saut à l'élastique *bungee-jumping*
scooter de mer *jet-ski*
sèche-cheveux secador de cabelo
secours emergência

sel sal
self restaurante self-service
selon arrivage/disponibilité conforme a chegada/disponibilidade
selon saison conforme a estação
(à la) semaine (por) semana
la semaine seulement somente por semana
sens interdit sentido proibido
sens unique sentido único
sentier (balisé) trilha (balizada)
serez à droite mantenha à direita
serez à gauche mantenha à esquerda
service serviço; departamento
service clientèle serviço ao cliente
service compris serviço incluído
service des chambres serviço de quarto
service non compris serviço não-incluído
service omnibus serviço de ônibus
le service n'est pas compris serviço não está incluído
services de secours serviços de emergência
SI centro de informação ao turista
servir froid servir frio
seulement somente
siège (près de l')allée assento (perto) do corredor
siège réservé aux personnes ayant des difficultés à se tenir debout assento reservado para portadores de necessidades especiais
signal d'alarme sinal de alarme
ski de descente esqui de descida
ski de fond/de randonnée esqui de fundo
ski hors-piste interdit proibido esquiar fora das pistas
ski nautique esqui aquático
société de dépannage serviço de socorro/guincho
soie seda
soins de beauté tratamento de beleza
soins intensifs tratamento intensivo
soldes saldos
soldes avant changement d'activités saldos para mudança de atividade
les soldes ne seront pas échangés não trocamos peças de liquidação
sommet cume

sonner, SVP toque a campainha, por favor
sonnette de nuit campainha noturna
sortie saída
sortie de poids lourds/de camions saída de veículos pesados/caminhões
sortie de secours saída de emergência
sortie interdite saída proibida
sortir par la porte arrière/avant saída pela porta de trás/da frente
SOS amitié serviço de apoio psicológico (por telefone)
sous peine d'amende/de poursuites sob pena de multa/processo
sous-titré legendado
sous-vêtements roupa de baixo
soyez prudent seja prudente, tenha cuidado
spectacle espetáculo
stade estádio
standardiste telefonista
station de gonflage ar comprimido (em posto de gasolina)
station de péage pedágio
station de taxis ponto de táxi
stationnement autorisé estacionamento permitido
stationnement gênant não estacione
stationnement interdit estacionamento proibido
station essence/service posto de gasolina
sucre açúcar
(du) sud (do) sul
suivre le mode d'emploi siga o manual de instruções
super gasolina aditivada
sur sobre
sur commande sob encomenda
surf des neiges *snowboard*
surveillée vigiado
SVP (s'il vous plaît) por favor
syndicat d'initiative centro de informação ao turista

T

taille économique embalagem econômica
taille unique tamanho único
tarif de jour/nuit tarifa diurna/noturna
tarif des consommations lista de preços

tarif normal/réduit tarifa normal/reduzida
tarif postaux intérieurs/pour l'étranger tarifa postal nacional/internacional
tarif réduit/spécial tarifa reduzida/especial
tarifs tarifas
taux d'achat taxa de compra
taux de change taxa de câmbio
taux de vente taxa de venda
télécarte cartão telefônico
télécopie fax
téléphérique teleférico
téléphone à cartes telefone de cartão
téléphone bureau telefone comercial
téléphone de secours telefone de emergência
téléphone domicile telefone residencial
télévision dans toutes les chambres televisão em todos os quartos
tenez votre droite mantenha a sua direita
tenir au frais et au sec manter em local fresco e seco
tenue de ville traje de passeio
tergal® tergal®
terminer le traitement terminar o tratamento
terrain d'aviation campo de aviação
terrain vague terreno vago
tête de station ponto de táxi
TGV (train à grande vitesse) trem de alta velocidade
théâtre de boulevard comédia leve
timbres selos
tir à l'arc arco e flecha
tire-fesses ski lifts, teleférico de arrasto
tirer puxar
tissus tecidos
tissus d'ameublement tecidos para decoração
titre de transport tíquete
tour de hanches/poitrine/taille medida de quadril/peito/cintura
tour torre
tous les jours sauf... todos os dias, exceto…
tous les plats ci-dessus sont servis accompagnés de... todos os pratos acima são acompanhados de…

tout article cassé doit être payé todo artigo quebrado deverá ser pago
tout compris tudo incluído
tout contrevenant sera puni todo infrator será punido (por não validar o tíquete)
tout public (para) todos os públicos
toutes directions todas as direções
toutes les ... heures a cada… horas
toutes opérations todas as operações
train à supplément suplemento pago no trem
train auto-couchettes auto trem (transporte de carros por trem)
train corail trem local
train de nuit trem noturno
train grandes lignes trem intermunicipal
train omnibus trem local
tranchée trincheira
travaux em obras
tribunal tribunal
trousse de secours kit de primeiros socorros
TTC todas as taxas incluídas
TVA comprise TVA/taxa sobre venda incluída

U

UE União Européia
un train peut en cacher un autre um trem pode ocultar outro
une collation vous sera servie será servido um lanche
une pièce d'identité sera exigée será exigido um documento de identidade
uniquement unicamente
... unités disponibles … unidades disponíveis…
utiliser avant... utilizar antes de…
urgences emergência, pronto-socorro
usage externe uso externo
usine fábrica

V

vacances férias
valable jusqu'au... válido até…
valeur nutritionnelle valor nutricional
valide jusqu'au ... válido até…
validez valide (o bilhete)

variétés variedades, música e canções populares
véhicules lents veículos lentos
véhicules lourds veículos pesados
veilleuses luzes de emergência
vélo bicicleta
vélomoteur motocicletas (de 50 a 125 cilindradas)
à vendre à venda
vendredi sexta-feira
verglas placa de gelo
vérifier votre monnaie verifique o troco
vernissage *vernissage*, inauguração
verre vidro
vestiaires vestiários
vêtements pour femmes/hommes vestuário feminino/masculino
veuillez... queira...
veuillez attendre votre tour queira esperar sua vez
veuillez composter votre titre de transport queira validar seu tíquete
veuillez laisser descendre les passagers queira deixar os passageiros descerem
veuillez payer avant de vous servir queira pagar antes de consumir
veuillez respecter ce lieu de culte queira respeitar este local de culto
viande carne
vidange graissage troca de óleo
vignes vinhas
vignoble vinhedo
villa individuelle casa isolada
village de vacances vila de férias
ville cidade

vin vinho
virage dangereux curva perigosa
viseur visor
vitesse limitée à ... velocidade limitada a...
vitesse maximum velocidade máxima
VO versão original (filme)
voie via
voie à double sens via de mão dupla
voie ferrée via férrea
voie rapide via expressa
voie sans issue via sem saída
voile vela (barco)
voir date fond de la boîte ver data no fundo da embalagem
voiture carro, automóvel
vols intérieurs vôos domésticos
vous êtes ici você está aqui
voyages viagens
vu a ... visto em ...

W

wagon-lit vagão-leito, vagão-dormitório

Z

zone à stationnement limité zona de estacionamento limitado
zone bleue zona azul
zone commerciale zona comercial
zone de déchargement zona de descarga (caminhão)
zone piétonne zona de pedestres

Referência

Gramática

Tempos e verbos

Três tipos de verbos seguem uma conjugação regular, e seus infinitivos terminam em **-er**, **-ir** e **-re**, p. ex.: falar **parler**, acabar **finir**, voltar **rendre**. Os tempos verbais mais usados são o presente, o passado e o futuro.

	Presente	Passado	Futuro
je/j' *eu*	**parle**	**ai parlé**	**parlerai**
tu *você* (informal)	**parles**	**as parlé**	**parleras**
il/elle *ele/ela*	**parle**	**a parlé**	**parlera**
nous *nós*	**parlons**	**avons parlé**	**parlerons**
vous *você* (formal)/*vocês*	**parlez**	**avez parlé**	**parlerez**
ils/elles *eles*	**parlent**	**ont parlé**	**parleront**
je/j' *eu*	**finis**	**ai fini**	**finirai**
tu *você* (informal)	**finis**	**as fini**	**finiras**
il/elle *ele/ela*	**finit**	**a fini**	**finira**
nous *nós*	**finissons**	**avons fini**	**finirons**
vous *você* (formal)/*vocês*	**finissez**	**avez fini**	**finirez**
ils/elles *eles*	**finissent**	**ont fini**	**finiront**
je/j' *eu*	**rends**	**ai rendu**	**rendrai**
tu *você* (informal)	**rends**	**as rendu**	**rendras**
il/elle *ele/ela*	**rend**	**a rendu**	**rendra**
nous *nós*	**rendons**	**avons rendu**	**rendrons**
vous *você* (formal)/*vocês*	**rendez**	**avez rendu**	**rendrez**
ils/elles *eles*	**rendent**	**ont rendu**	**rendront**

Exemplos: **J'aime la musique.** *Eu gosto de música.*
Parlez-vous portugais? *Você fala português?*

Há muitos vebos irregulares cujas formas variam consideravelmente.

A maneira mais usual de expressar o passado é usar a forma conjugada do verbo *ter* **avoir** mais o particípio passado do verbo principal, como indicado a seguir. Muitos verbos, em especial os verbos de movimento, são conjugados com o verbo *ser* **être**. Nesse caso, o particípio concorda em gênero e número com o sujeito.

AVOIR TER
j'ai *eu tenho*
tu as *tu tens/você tem*
il/elle a *ele/ela tem*
nous avons *nós temos*
vous avez *vós tendes/vocês têm*
ils/elles ont *eles/elas têm*

ÊTRE SER
je suis *eu sou*
tu es *tu és/você é*
il/elle est *ele/ela é*
nous sommes *nós somos*
vous êtes *vós sois/vocês são*
ils/elles sont *eles/elas são*

Exemplos: **Nous avons visité Paris.** *Nós visitamos Paris.*
Elle est arrivée en retard. *Ela chegou atrasada.*
Elles sont allées au cinéma. *Elas foram ao cinema.*

Substantivos e seus determinantes

Em francês, os substantivos são masculinos ou femininos. Em geral, os substantivos terminados em **-e**, **-té** e **-tion** são femininos. Não há nenhuma outra regra que defina o gênero. Os artigos definidos são **le** (masc.) e **la** (fem.). No plural (**les**), as terminações são **-s** ou **-x**, mas a terminação **s** ou **x** não é pronunciada.

Exemplos: Singular **le train** *o trem* Plural **les trains** *os trens*
la table *a mesa* **les tables** *as mesas*

Os artigos indefinidos também indicam o gênero: **un** (masculino), **une** (feminino), **des** (plural masculino e feminino).

Exemplos: Singular **un livre** *um livro* Plural **des livres** *uns livros*
une porte *uma porta* **des portes** *umas portas*

Os pronomes possessivos concordam em gênero e número com o substantivo:

	MASCULINO	FEMININO	PLURAL
meu/minha/meus/minhas	**mon**	**ma**	**mes**
seu/sua/seus/suas	**ton**	**ta**	**tes**
seu/sua/seus/suas (dele/dela)	**son**	**sa**	**ses**
nosso/nossa/nossos/nossas	**notre**	**notre**	**nos**
seu/sua/seus/suas	**votre**	**votre**	**vos**
seu/sua/seus/suas (deles/delas)	**leur**	**leur**	**leurs**

Exemplos: **Je cherche leurs clés.** *Estou procurando suas chaves (deles/delas).*
Où est votre billet? *Onde está seu bilhete?*
C'est ma place. *Este é meu lugar.*

Ordem das palavras

Os verbos conjugados vêm depois do sujeito.

Exemplo: **Nous habitons à Lyon.** *Nós moramos em Lyon.*

As perguntas são formadas simplesmente pela elevação da voz no final da frase, pelo acréscimo de **Est-ce que** no início da frase ou pela inversão da ordem sujeito e verbo. Sujeito e verbo são invertidos quando se usam palavras-chave tais como *onde* **où**.

Exemplos:
Vous avez des cartes?	*Você tem mapas?*
Est-ce que tu es en vacances?	*Você está de férias?*
Où est la banque?	*Onde é o banco?*

Negação

Frases negativas são geralmente formadas pelo acréscimo de **ne** antes do verbo e **pas** depois dele.

Exemplos:
Nous ne fumons pas.	*Nós não fumamos.*
Ce n'est pas neuf.	*Isso não é novo.*
Tu n'as pas acheté ça?	*Você não comprou isso?*

Imperativo (frases de comando)

Frases imperativas são formadas da raiz do vrebo acrescida da terminação apropriada:

tu *você* (informal)	**Parle!** *Fale!*
nous *nós*	**Parlons!** *Falemos!*
vous *você* (formal)/*vocês*	**Parlez!** *Fale!*
tu *você* (informal)	**Finis!** *Acabe!*
nous *nós*	**Finissons!** *Acabemos!*
vous *você* (formal)/*vocês*	**Finissez!** *Acabe!*

Comparativo e superlativo

O comparativo e o superlativo são formados pelo acréscimo de *mais* **plus** ou *menos* **moins**, **le/la plus**, **le/la moins** antes do adjetivo.

Adjetivo	Comparativo	Superlativo
grand	**plus grand/e**	**le/la/les plus grand/e**
grande	*maior*	*o/a/os/as maior(es)*
cher	**moins cher**	**le/la/les moins cher**
caro(a)	*menos caro(a)*	*o/a/os/as menos caro(a)(s)*

Exemplo: **Où est la pharmacie la plus proche?**
Onde é a farmácia mais próxima?

Pronomes substantivos

Nesse caso, os pronomes substituem um substantivo, indicando o gênero e número deste.

	SINGULAR	PLURAL
o meu/a minha	**le mien/la mienne**	**les miens/les miennes**
o seu/a sua (informal)	**le tien/la tienne**	**les tiens/les tiennes**
o dele/o dela	**le sien/la sienne**	**les siens/les siennes**
o nosso	**le/la nôtre**	**les nôtres**
o seu/a sua (formal)	**le/la vôtre**	**les vôtres**
o deles/os delas	**le/la leur**	**les leurs**

Exemplos: **Nos passeports? Le mien est dans mon sac et le tien est dans la valise.**
Nossos passaportes? O meu está na minha bolsa e o seu está na mala.

Pronomes demonstrativos

Os seguintes pronomes são usados para diferenciar este/esta (ou esse/essa) e aquele/aquela:

este/esta	**celui-ci** (sing. masc.)	**celle-ci** (sing. fem.)
aquele/aquela	**celui-là** (sing. masc.)	**celle-là** (sing. fem.)
estes/estas	**ceux-ci** (pl. masc.)	**celles-ci** (pl. fem.)
aqueles/aquelas	**ceux-là** (pl. masc.)	**celles-là** (pl. fem.)

Exemplos: **Celui-ci coûte moins cher.** *Este custa menos (caro).*
Je préfère celle-là. *Eu prefiro aquela.*

Adjetivos

Os adjetivos qualificam os substantivos. Eles variam em gênero e número de acordo com o substantivo. A maioria deles forma o feminino a partir do acréscimo de **-e** ao masculino, exceto se a palavra já terminar em **-e**. Para formar o plural, acrescente **-s**. A maioria dos adjetivos vem depois do substantivo.

Exemplos: **J'ai une auto américaine.** *Eu tenho um carro americano.*
Mon patron est agréable. *Meu patrão é agradável.*

Advérbios e locuções adverbiais

Os advérbios modificam os verbos. Os advérbios de modo são formados a partir do acréscimo de **-ment** à forma feminina do adjetivo.

Exemplos: **Jean conduit lentement.** *Jean dirige lentamente.*
Robert conduit rapidement. *Robert dirige rapidamente.*

Algumas das locuções adverbiais de tempo mais usadas:

tout de suite *imediatamente* **pas encore** *ainda não* **encore** *ainda*
avant *antes* **déjà** *já* **ne ... jamais** *nunca*

NÚMEROS

Assim como em português, os franceses usam vírgula para determinar as casas decimais e ponto ou espaço para separar milhares e milhões, ou seja, 4.575.000, 265 932; 4,95.

0	**zéro** *zêrrô*		81	**quatre-vingt-un** *katrr vẽ ẽ*
1	**un** *ẽ*		90	**quatre-vingt-dix** *katrr vẽ dis*
2	**deux** *dö*		100	**cent** *sã*
3	**trois** *trruá*		101	**cent un** *sã ẽ*
4	**quatre** *katrr*		200	**deux cents** *dö sã*
5	**cinq** *sẽk*		1 000	**mille** *mil*
6	**six** *sis*		10 000	**dix mille** *di mil*
7	**sept** *sét*		1 000 000	**un million** *ẽ miliõ*
8	**huit** *ûît*		2001	**deux mille un** *dö mil ẽ*
9	**neuf** *nœf*			
10	**dix** *dis*			
11	**onze** *õz*			
12	**douze** *duz*		primeiro(a)	**premier(-ière)** *prrømiê*
13	**treize** *trréz*		segundo(a)	**second/deuxième** *søgõ/döziémm*
14	**quatorze** *ka<u>tó</u>rrz*		terceiro(a)	**troisième** *trruaziémm*
15	**quinze** *kẽz*		quarto(a)	**quatrième** *katrriémm*
16	**seize** *séz*		quinto(a)	**cinquième** *sẽkiémm*
17	**dix-sept** *deesset*		uma vez	**une fois** *ûnn fuá*
18	**dix-huit** *deezweet*		duas vezes	**deux fois** *dö fuá*
19	**dix-neuf** *diznœf*		metade	**une moitié** *ûnn mua<u>tiê</u>*
20	**vingt** *vẽ*		meio tanque	**un demi réservoir** *ẽ dø<u>mi</u> rrêzérrr<u>v</u>uarr*
21	**vingt et un** *vẽt ê ẽ*			
22	**vingt-deux** *vẽt dö*		um quarto	**un quart** *ẽ karr*
30	**trente** *trrãt*		um terço	**un tiers** *ẽ tiérr*
31	**trente et un** *trrãt ê ẽ*		dois/um	**deux/une paire de** *dö/ûnn pérr dø*
32	**trente-deux** *trrãt dö*		par de	
40	**quarante** *ka<u>rrã</u>t*		uma dúzia	**une douzaine de** *ûnn du<u>zénn</u> dø*
50	**cinquante** *sẽ<u>kã</u>t*			
60	**soixante** *sua<u>sã</u>t*			
70	**soixante-dix** *sua<u>sã</u>t dis*			
71	**soixante et onze** *sua<u>sã</u>t ê õnz*			
80	**quatre-vingts** *katrr vẽ*			

DIAS

Segunda-feira	**Lundi**	*lẽdi*
Terça-feira	**Mardi**	*marrdi*
Quarta-feira	**Mercredi**	*mérrkrrødi*
Quinta-feira	**Jeudi**	*jödi*
Sexta-feira	**Vendredi**	*vãdrrødi*
Sábado	**Samedi**	*samødi*
Domingo	**Dimanche**	*dimãch*

MESES

Janeiro	**Janvier**	*jãviê*
Fevereiro	**Février**	*fêvrriê*
Março	**Mars**	*marss*
Abril	**Avril**	*avrril*
Maio	**Mai**	*mê*
Junho	**Juin**	*jue*
Julho	**Juillet**	*jûíyé*
Agosto	**Août**	*ut*
Setembro	**Septembre**	*séptãbrr*
Outubro	**Octobre**	*októbrr*
Novembro	**Novembre**	*novãbrr*
Dezembro	**Décembre**	*dêssãbrr*

DATAS

Hoje é...	**Nous sommes...**	*nu sómm*
10 de julho	**le dix juillet**	*lø di jûíyé*
terça-feira, 1º de março	**mardi premier mars**	*marrdi prrømiê marss*
ontem	**hier**	*iyérr*
hoje	**aujourd'hui**	*ôjurrdûí*
amanhã	**demain**	*dømẽ*
este.../... passado	**ce.../...dernier**	*sø.../...dérrniê*
na próxima semana	**la semaine prochaine**	*la søménn prrochénn*
todos os meses/anos	**tous les mois/ans**	*tu lê muá/zã*
no (durante o) fim de semana	**(pendant) le weekend**	*(pãdã) lø uíkénd*

ESTAÇÕES DO ANO

a primavera	**le printemps**	*lø prrētã*
o verão	**l'été**	*lêtê*
o outono	**l'automne**	*lotónn*
o inverno	**l'hiver**	*livérr*
na primavera	**au printemps**	*ô prrētã*
durante o verão	**pendant l'été**	*pãdã lêtê*

VOTOS

Feliz aniversário!	**Bon anniversaire!**	*bónn anivérrsérr*
Feliz Natal!	**Joyeux Noël!**	*juayõ noél*
Feliz/Bom Ano Novo!	**Bonne année!**	*bónn anê*
Felicidades!	**Meilleurs vœux!**	*méyœrr vö*
Parabéns!	**Félicitations!**	*fêlissitassiõ*
Boa sorte!	**Bonne chance!**	*bónn chãs*
Boa viagem!	**Bon voyage!**	*bõ vuayaj*

FERIADOS

Feriados na França (F), Bélgica (B) e Suíça (S):

1º de janeiro	**Nouvel An**	Ano Novo	F	S	B
2 de janeiro				S	
1º de maio	**Fête du Travail**	Dia do Trabalho	F		
8 de maio	**Fête de la Libération**	Dia da Libertação	F		
14 de julho	**Fête Nationale**	Queda da Bastilha	F		
21 de julho	**Fête Nationale**	Feriado Nacional			B
1º de agosto	**Fête Nationale**	Feriado Nacional		S	
15 de agosto	**Assomption**	Assunção	F		B
1º de novembro	**Toussaint**	Todos os Santos	F		B
11 de novembro	**Armistice**	Armistício	F		B
25 de dezembro	**Noël**	Natal	F	S	B
26 de dezembro	**Saint-Etienne**	Dia de Santo Estêvão		S	

Datas variáveis:

Vendredi-Saint	Sexta-Feira Santa		S	
Lundi de Pâques	Páscoa	F	S	B
Ascension	Ascensão	F	S	B
Lundi de Pentecôte	Segunda-Feira de Pentecostes	F	S	B

HORA

O sistema oficial é de 24 horas, assim como no Brasil. Entretanto, em conversas informais, o horário geralmente é expresso como mostrado abaixo, geralmente acompanhado de **du matin** (da manhã), de **l'après-midi** (da tarde) ou **du soir** (da noite).

(Relógio ilustrativo com as expressões:)
- une heure
- une heure cinq
- une heure et quart
- une heure vingt
- une heure vingt-cinq
- une heure et demie
- deux heures moins vingt-cinq
- deux heures moins vingt
- deux heures moins le quart
- deux heures moins dix
- deux heures moins cinq

Com licença. Podo me dizer as horas?	**Pardon. Pouvez-vous me dire l'heure?** *parrdõ. puvê vu mø dirr lœrr*
São ...	**Il est ...** *il é*
uma e cinco	**une heure cinq** *ûnn œrr sẽk*
duas e dez	**deux heures dix** *dö zœrr dis*
três e quinze	**trois heures et quart** *trruá zœrr ê karr*
quatro e vinte	**quatre heures vingt** *katrr œrr vẽ*
cinco e vinte e cinco	**cinq heures vingt-cinq** *sẽk œrr vẽt sẽk*
seis e meia	**six heures et demie** *siz œrr ê dømi*
vinte e cinco para as sete	**sept heures moins vingt-cinq** *set œrr muẽ vẽt sẽk*
vinte para as oito	**huit heures moins vingt** *ûít œrr muẽ vẽ*
quinze para as nove	**neuf heures moins le quart** *nœv œrr muẽ lø karr*
dez para as dez	**dix heures moins dix** *diz œrr muẽ dis*
cinco para as onze	**onze heures moins cinq** *õz œrr muẽ sẽk*

meio-dia/meia-noite	**midi/minuit** *midi/minûi*
ao amanhecer	**à l'aube** *a lôb*
de manhã	**le matin** *lø matẽ*
durante o dia	**pendant la journée** *pãdã la jurrnê*
antes da refeição	**avant le repas** *avã lø rrøpa*
depois da refeição	**après le repas** *aprré lø rrøpa*
de tarde	**dans l'après-midi** *dã laprré midi*
à noite (do anoitecer à hora de dormir)	**dans la soirée** *dã la suarrê*
à noite (da hora de dormir ao amanhecer)	**la nuit** *la nûi*
Estarei pronto(a) em cinco minutos.	**Je serai prêt(e) dans cinq minutes.** *jø sørrê prré (prrét) dã sẽ minût*
Ele estará de volta em quinze minutos.	**Il sera de retour dans un quart d'heure.** *il sørra dø rrøturr dãz ẽ karr dœrr*
Ela chegou há uma hora.	**Elle est arrivée il y a une heure.** *il é tarrivê il i a ûnn œrr*
O trem parte às...	**Le train part à...** *lø trrẽ parr a*
13h04	**treize heures quatre** *trréz œrr katrr*
0h40	**zéro heures quarante** *zêrrô œrr karrãt*
10 minutos atrasado/adiantado	**dix minutes en retard/en avance** *di minût dø rrøtarr/ã navãs*
5 segundos mais rápido/mais devagar	**cinq secondes d'avance/de retard** *sẽk søgõd davãs/dø rrøtarr*
das 9 horas às 5/17 horas	**de neuf heures à cinq/dix-sept heures** *dø nœv œrr a sẽk/dissét œrr*
entre 8 horas e 2/14 horas	**entre huit heures et deux/quatorze heures** *ãtrr ûît œrr ê dö/katórrz œrr*
Partirei antes das...	**Je partirai avant...** *jø parrtirrê avã*
Você voltará antes das...?	**Est-ce que vous serez revenu(e)/de retour avant...?** *ésk vu sørrê røvønû/dø rrøturr avã*
Nós ficaremos aqui até às...	**Nous serons ici jusqu'à...** *nu sørrõ issi jûska*

Map of França

REINO UNIDO
HOLANDA
BÉLGICA
ALEMA[NHA]
LUXEMBU[RGO]
SUÍÇA
ITÁLIA
ESPANHA
CÓRSE[GA]

Canal da Mancha
Oceano Atlântico
Mar Mediterrâneo

Rios: Loire, Sena, Saône, Ródano, Garonne

Cidades:
- Brest
- Cherbourg
- Le Havre
- Rouen
- Lille
- Bruxelas
- Caen
- Deauville
- Reims
- Metz
- Rennes
- Versailles
- Paris
- Nancy
- Nantes
- Tours
- Orléans
- Strasbourg
- Dijon
- Besançon
- Poitiers
- Berna
- Limoges
- Chamonix
- Bordeaux
- Lyon
- Grenoble
- Toulouse
- Nîmes
- Avignon
- Lourdes
- Carcassonne
- Grasse
- Nice
- Perpignan
- Marselha
- Cannes
- Toulon

FRANÇA